FACULTÉ DE DROIT DE PARIS

THÈSE

POUR

LE DOCTORAT

PAR

SÉBASTIEN WIES

AVOCAT A LA COUR D'APPEL DE LYON

LYON
IMPRIMERIE PITRAT AINÉ
4, RUE GENTIL
—
1878

THÈSE

pour

LE DOCTORAT

FACULTÉ DE DROIT DE PARIS

THÈSE

POUR

LE DOCTORAT

PAR

SÉBASTIEN WIES

AVOCAT À LA COUR D'APPEL DE LYON

L'acte public sera soutenu le mercredi 51 juillet 1878,
à une heure et demie.

PRÉSIDENT: M. DESJARDINS, PROFESSEUR

	MM. DEMANTE.	
SUFFRAGANTS	LABBÉ.	PROFESSEURS
	BEUDANT,	AGRÉGÉS

LYON
IMPRIMERIE PITRAT AINÉ
6 RUE GENTIL
1878

UTRIUSQUE PARENTIS

MEMORIÆ

DROIT ROMAIN

DES DIFFÉRENTES CLASSES D'HÉRITIERS
DE LA DÉLATION
ET DE L'ACQUISITION DE L'HÉRÉDITÉ TESTAMENTAIRE

CHAPITRE PREMIER
DE LA SUCCESSION TESTAMENTAIRE EN GÉNÉRAL

A Rome, la succession testamentaire fut toujours considérée comme préférable à la succession *ab intestat*. Le citoyen romain tenait à honneur de désigner son héritier, *heres*, celui qui devait le représenter après sa mort, continuer son culte domestique, recueillir tout son patrimoine et succéder à toutes ses obligations.

Il est même probable qu'à l'origine les *heredes sui* étaient seuls appelés à la succession légitime, et qu'en dehors de cette classe d'héritiers *ab intestat*, il n'existait que des héritiers testamentaires : le père de famille faisait dans l'assemblée du peuple la désignation de l'héritier qui devait lui succéder. Si le citoyen romain n'avait pas institué un héritier ou si la personne instituée ne se présentait pas pour recueillir la succession, le patrimoine du défunt était, à défaut d'héritiers siens, considéré comme étant sans maître. De nombreux textes du Digeste nous représentent les biens de l'hérédité comme *res nullius*, tant que l'héritier institué ne se présente pas ; Gaïus nous dit : *nam res hereditariæ, antequam aliquis heres existat, nullius in bonis sunt*[1]. C'est ainsi que peut s'expliquer d'une manière naturelle l'origine de l'ancienne *usucapio pro herede* : l'hérédité étant *res nullius*, tant qu'aucun héritier ne se présente, le premier venu peut, en se mettant en possession des biens héréditaires, accomplir l'usucapion *pro herede*. En fait, il arrivait le plus souvent que la possession des biens du défunt restait aux personnes qui dépendaient de sa famille, à ses agnats, ou à ses *gentiles ;* mais à l'origine, ces parents du défunt avaient eux-mêmes besoin de l'usucapion pour consacrer définitivement leur droit. Toutes les fois qu'un héritier sien était appelé à l'hérédité, l'usucapion *pro herede* n'était pas possible[2].

C'est par suite de cette usucapion ordinaire de l'hérédité par les agnats ou par les *gentiles*, que s'établit peu à peu non pas à côté, mais au dessous de la succession testamentaire, le système des successions *ab intestat*. La loi des

---

[1] L. 1. pr. D. de divis. rerum, 1. 8. — V. aussi L. 3. pr. D. de peculio xv. 1. — L. 61, D. de hered inst. xxviii. 5. — L. 13, § 5. D. quod vi aut clam, xliii 24.

[2] Le § 58 du commentaire II de Gaius doit être lu ainsi qu'il suit : *Necessario tamen herede existante nihil ipso jure pro herede usucapi potest Institutes* de Gaius, édit. Studemund, 1877. Le § 211, lu dans le texte original, reproduit la même règle.

XII Tables consacra le droit des parents du défunt, autres
que les *heredes sui*, de réclamer la succession *ab intestat*, mais reconnut tout d'abord le pouvoir absolu du
père de famille de disposer de son patrimoine : *uti le-
gassit super pecuniâ tutelâ re suæ rei, ita jus esto* (ta-
bula quinta ii).

Cette antériorité et cette prédominance de la succession
testamentaire sont du reste en rapport avec l'organisation
de la famille romaine et le pouvoir du père de famille,
pouvoir absolu et sans limites à l'origine. Ce système
était favorable au maintien de la famille civile, et surtout
à la prééminence de la famille mâle.

Lorsque plus tard la succession *ab intestat* eut été or-
ganisée, on comprend encore que la succession testamentaire restât en grande faveur à Rome. En effet, le citoyen
romain attachait la plus grande importance à la continuation des *sacra privata*, du culte privé de la famille[1], et
la désignation d'un héritier par testament assurait la continuation de ce culte, d'une manière plus certaine que
la simple succession d'un héritier légitime ; car, d'une
part, le testament donnait au citoyen romain le moyen de
choisir celui qui devait continuer son culte domestique ;
d'autre part, l'héritier testamentaire ne pouvait pas avant
d'avoir fait adition, investir un tiers de l'hérédité en la lui
cédant *in jure*, tandis que cette opération faite par un héritier *ab intestat*, avant l'adition, était valable. Il en résultait
cette différence au point de vue du culte domestique, que
l'héritier testamentaire ne pouvait s'en décharger qu'en

[1] V. Gaius, c. II. § 55.

répudiant l'hérédité, extrémité à laquelle il ne se décidait pas facilement, si la succession était bonne, tandis que l'héritier *ab intestat* pouvait exiger un prix de la cession qu'il consentait et se décharger ainsi de la continuation des *sacra privata ;* le citoyen romain tenait donc à avoir un successeur testamentaire, qui devait être d'une façon presque certaine le continuateur de son culte domestique.

Le testament était encore un moyen d'écarter les héritiers appelés par la loi ou de modifier les parts que la loi leur attribuait. Enfin, si le père de famille voulait faire un legs quelque minime qu'il fût, donner un tuteur à son fils, affranchir un de ses esclaves, il ne le pouvait qu'en faisant un testament, c'est-à-dire en instituant un héritier, puisque l'institution d'héritier était la condition nécessaire pour que le testament existât. Il arrivait donc fréquemment que le testateur instituait précisément les personnes qui fussent venues *ab intestat* à sa succession, et cela sans rien changer à la distribution légale des parts.

— La succession *ab intestat* ne s'ouvrait qu'à défaut de testament [1]. Toutes les fois qu'il existait un testament, lors même que le testateur n'avait disposé que d'une partie de sa fortune, lors même que l'un seul des institués pouvait devenir héritier en faisant adition, l'existence de ce testament faisait obstacle à l'ouverture de la succession *ab intestat* [2]. C'était la conséquence de cette règle importante : *nemo partim testatus, partim intes-*

---

[1] L. 39, D. de acq. vel om. hered. xxix. 2.

[2] *Institutes*, § 5, De hered. instit. II, 14. — L. 8, C. comm. de success. vi, 59.

latus decedere potest. Les militaires seuls étaient affranchis de cette règle. Le jurisconsulte Pomponius posant la règle que nous venons de citer l'explique en disant qu'il y a comme un antagonisme naturel entre ces deux termes, la succession testamentaire et la succession *ab intestat : earumque rerum naturaliter inter se pugna est (testatus et intestatus[1]).* Malgré cette affirmation de Pomponius, il est difficile de comprendre quelle a été à l'origine la raison de cette règle que le jurisconsulte paraît trouver évidente. Les auteurs modernes ont proposé plusieurs explications de cette maxime. On a dit que la qualité d'héritier était indivisible, qu'elle donnait une vocation éventuelle au tout; on en a conclu que l'héritier institué exclut nécessairement l'héritier légitime, parce que, s'il ne l'excluait pas, il n'aurait pas cette vocation éventuelle au tout. Mais ce raisonnement ne prouve qu'une chose, à savoir que l'héritier institué même pour une part n'en est pas moins appelé à la totalité de l'hérédité, s'il n'existe pas d'héritiers *ab intestat* pouvant recueillir le surplus de l'hérédité : mais il ne prouve pas qu'il ne puisse exister en même temps des héritiers testamentaires et des héritiers *ab intestat*, appelés les uns par le testament, les autres par la loi à une part de l'hérédité. On a voulu aussi rattacher l'origine de la règle à la forme dans laquelle se faisaient le *sacra privata ;* mais c'est là une supposition toute gratuite, que rien ne vient corroborer. Peut-être faut-il tout simplement se reporter à la forme dans laquelle intervenait à l'origine le testament

---

[1] L. 7, D. de Reg. Juris, 1, 17.

du citoyen romain : ce dernier déclarait dans l'assemblée du peuple, avec les formes usitées, qu'il instituait pour héritiers Titius et Mœvius. Titius meurt avant le *de cujus* ou se trouve incapable de recueillir à l'ouverture de la succession ; les héritiers *ab intestat* du défunt se présentent pour recueillir la part que Titius aurait eue, s'il fût venu à l'hérédité. Mœvius élève une prétention contraire. Il s'agit d'interpréter la volonté du défunt, et cette volonté a bien été d'avoir pour héritiers Titius et Mœvius et de n'en avoir pas d'autres ; on attribue donc l'hérédité entière à Mœvius. Cette solution était très naturelle, et on avait pu l'expliquer par la règle dont nous cherchons l'origine : *(Testator) pro parte testatus, pro parte intestatus decedere non potest*. Une fois cette règle posée, on fut amené par la suite à en faire des applications moins directes, et à en tirer des conséquences qui ne résultaient pas de la nature des choses ; tel était le cas où le testateur n'avait pas disposé de la totalité de son patrimoine. Cette explication est donnée par M. Maynz dans son cours de droit romain [1].

La règle : *nemo partim testatus, partim intestatus decedere potest* a ce premier effet que nul ne peut avoir simultanément un héritier testamentaire et un héritier *ab intestat*. Si le testateur n'a disposé que d'une quote-part de son hérédité ou même d'un objet déterminé, il est impossible d'exécuter cette disposition ; car l'application du testament donnerait ouverture à la succession *ab intestat* pour tout ce qui n'est pas compris dans la succession tes-

[1] T. III, p. 195.

tamentaire. On présume donc que le testateur a voulu disposer de la totalité de son patrimoine et on suppose que l'institution embrasse toute l'hérédité[1].

— Cette règle reçoit cette seconde application que nul ne peut avoir successivement un héritier testamentaire et un héritier *ab intestat*. Ainsi, lorsqu'une institution d'héritier était faite *ex die* ou *ad diem*, les Romains supprimaient le terme apposé par le testateur[2]. On réputait également non écrite la condition dont l'arrivée devait résoudre le droit de l'institué ; car l'événement de cette condition aurait eu pour résultat de faire succéder un hétier *ab intestat* à un héritier testamentaire. Au contraire, la condition *ex quâ* ou *sub quâ*, c'est-à-dire celle qui suspend le droit de l'institué, était valablement écrite dans un testament[3]. La règle : *nemo partim testatus, partim intestatus decedere potest* ne s'y opposait pas ; car l'adition ne pouvant pas être faite par l'héritier tant qu'il n'est pas certain de l'ouverture de son droit, la condition mise à l'institution empêche toute adition valable soit de la part de l'institué, soit de la part de l'héritier *ab intestat*. Tant que la condition était pendante, l'héritier légitime ne pouvait pas plus faire adition que l'héritier testamen taire.

— Nous avons dit qu'à l'origine, le père de famille était absolument libre de disposer comme il l'entendait de son patrimoine : la loi des XII Tables consacrait le principe

---

[1] *Institutes.* § 5, de hered. instit. ii, 14. – L. 41, § 8, D. de vulg. et pup. subst. xxviii. 6.

[2] *Institutes*, § 9, de hered. inst., ii, 14.

[3] *Institutes.* § 9, de hered. inst. ii, 14.

de cette liberté sans bornes. Toutefois, les anciennes
formes du testament, l'approbation qui devait être donnée
à cet acte par les comices, et surtout l'esprit de famille
qui régnait dans les premiers siècles de Rome enlevaient
à cette liberté absolue ses plus grands dangers. Mais de
graves abus durent se produire lorsque les anciennes
formes testamentaires eurent disparu.

On arriva donc à poser des limites à ce pouvoir absolu
du père de famille et à l'obliger à instituer ou tout au
moins à exhéréder ses enfants ; les conséquences de ces
principes nouveaux, introduits par la coutume, furent dans
certains cas contraires à la règle qui prohibait le concours
d'héritiers testamentaires et d'héritiers *ab intestat*. Nous
ne parlons pas des fils, dont l'omission ou l'exhérédation
irrégulière entraînait la nullité du testament[1], mais des
filles ou des petits fils omis : le droit civil les appelle en
concours avec l'institué. Il paraît bien résulter d'un pareil
système qu'il y aura concours d'un héritier testamentaire
et d'un héritier *ab intestat*. Mais on avait tourné la difficulté en disant que la fille ou le petit fils viendraient à la
succession en vertu d'un *jus adcrescendi*, c'est-à-dire
qu'on augmentait fictivement le nombre des héritiers testamentaires, et qu'on réputait institués la fille ou le petit
fils[2]. Il résultait de cette idée que la fille ou le petit enfant devaient être soumis, comme s'ils étaient institués,
à l'acquittement des legs et des autres charges de l'hérédité testamentaire.

[1] Gaïus, c. II. § 123. — Inst. pr. de exhered. liber.. II, 13.
[2] Gaïus, c. II. § 124.

Le préteur était allé plus loin que le droit civil et avait
mis de nouveaux obstacles à la liberté de disposition du
père de famille, en exigeant l'institution ou l'exhérédation d'enfants qui n'étaient pas des *sui* à l'égard du testateur, notamment des enfants émancipés[1], et des enfants
donnés en adoption et émancipés par l'adoptant[2]. Le système prétorien était moins respectueux du testament que
le droit civil ; il promettait à tous les descendants, non-
seulement à ceux qu'il appelait, mais encore à ceux que
le droit civil considérait comme omis ou exhérédés injuste-
ment, la *bonorum possessio contra tabulas*, qui avait pour
effet d'annuler complétement le testament ; il n'y avait
donc pas dans le système prétorien un *jus adcrescendi*.
Les fils ou descendants mâles omis ou exhérédés irrégulièrement et les filles omises étaient appelés par le préteur
à la succession *ab intestat ;* le testament tombait entièrement avec tous les legs et toutes les charges qu'il contenait.
Cependant un rescrit d'Antonin le Pieux modifiala système
du préteur, et décida que les femmes en demandant la *bonorum possessio contra tabulas* n'auraient rien de plus
que par l'ancien *jus adcrescendi* et acquitteraient pour
leur part les legs et charges de l'hérédité[3]. On fut encore
obligé dans ce cas de recourir à la fiction du *jus adcrescendi*
pour ne pas violer la règle *nemo partim testatus, partim
intestatus decedere potest.* A un autre point de vue, le
préteur fit une innovation qui assurait dans certains cas
le maintien du testament du *de cujus* ; le droit civil déci-

---

[1] Gaius, c. ii, § 135. — *Institutes*, § 3, de exhered. liber.. ii, 13.
[2] Gaius, c. ii. § 137. — *Institutes*, § 4. eodem titulo.
[3] Gaius, c. ii, § 125 et 126.

dait que le testament du père de famille qui avait omis ou
mal exhérédé son fils était nul quoi qu'il arrivât par la
suite, alors même qu'au moment du décès du *de cujus* ce
fils serait déjà décédé ou devenu incapable[1]. C'était l'opinion de l'école Sabinienne. Le préteur suit au contraire
l'opinion Proculienne, et se plaçant à l'époque de la mort
du *de cujus* tient le testament pour valable, si à ce moment l'héritier omis ou mal exhérédé, que ce soit un *heres
suus* appelé par le droit civil ou un héritier du droit prétorien, était décédé ou devenu incapable, ou s'il ne demandait pas la *bonorum possessio* dans les délais déterminés. Justinien revint sur ce point à l'opinion Sabinienne ; ce retour à l'ancien système n'était certainement
pas justifié. Justinien abrogea avec plus de raison le rescrit d'Antonin le Pieux et décida que les filles ou autres
descendantes omises ou irrégulièrement exhérédées auraient les mêmes droits que les descendants du sexe mas-
culin. Dès lors, le père fut tenu d'instituer ou d'exhéréder
nominatim tous ses descendants ; l'omission ou l'exhérédation irrégulière entraîna dans tous les cas la nullité du
testament[2].

— Les règles tracées par le droit civil et le préteur en ce
qui concerne l'institution et l'exhérédation des descendants
n'avaient pas eu pour conséquence de violer directement
la règle *nemo partim testatus, partim intestatus decedere potest* : il n'en fut pas de même de la *querela inofficiosi testamenti* qui assura plus énergiquement et plus

[1] Gaï..., II, p. 123.
[2] L. 4. C. de lib. præter., vi, 28.

complétement les droits des héritiers légitimes exclus ou
omis par le testateur. Le résultat ordinaire de cette action était de faire tomber le testament attaqué comme
inofficieux ; mais elle ne le faisait pas toujours rescinder
tout entier. En effet le *querelans* ne pouvait pas obtenir
une part de l'hérédité plus grande que celle qu'il aurait eue
ab intestat, et cette part héréditaire ne lui était pas attribuée en vertu d'un *jus adcrescendi*, mais bien comme
une part de la succession *ab intestat*. On arrivait donc
ainsi au concours des deux successions testamentaire et
ab intestat. Les jurisconsultes Papinien et Ulpien reconnaissent formellement que le résultat de la *querela* peut
être une violation de la règle *nemo partim testatus,
partim intestatus decedere potest* [1]. Nous citerons comme
exemple le cas où de plusieurs héritiers *ab intestat* un
seul intente la *querela* : s'il obtient gain de cause, il
n'aura pas plus que sa part *ab intestat ;* le surplus de la
succession restera à l'institué. Papinien, dans la loi 15
§ 2, que nous avons citée, nous indique un autre cas : il
suppose qu'il existe deux institués, contre lesquels un
héritier appelé à toute la succession *ab intestat* intente
la *querela* ; il obtient gain de cause contre l'un des institués et succombe à l'égard de l'autre : le *querelans*
viendra donc en concours avec celui des institués dont
l'institution a été maintenue. Quelles seront les conséquences de ce concours des deux héritiers appelés l'un
par le testament et l'autre par la loi, en supposant que
chacun prenne la moitié de la succession ? Le *querelans*

---

[1] L. 15, § 2, Infine, et l. 21, D. de inoff. test . v. 2.

se trouve propriétaire pour moitié de l'hérédité ; les
créances se divisent de plein droit entre lui et l'héritier légitime : il peut donc poursuivre pour moitié
les débiteurs de la succession. A l'inverse, il peut être
poursuivi pour moitié par les créanciers du défunt.
Quant aux legs faits par le *de cujus*, il ne saurait en être
question à l'égard du *querelans* qui est un héritier *ab
intestat :* les légataires ne pourront donc obtenir de l'in·
stitué que la moitié de ce qui leur a été légué[1]. Mais il
n'est pas toujours possible de faire subir au légataire
cette réduction ; c'est ce qui arrive lorsque la chose léguée est indivisible. Dans la loi 76 pr. que nous venons
de citer, Papinien suppose qu'un legs de liberté a été fait
par le défunt ; il décide que la liberté sera acquise à l'esclave légataire ; mais il ajoute dans une autre décision[2]
qu'une somme égale à la valeur de la moitié de l'esclave
affranchi sera due par ce dernier au *querelans* pour l'indemniser de ce qu'il supporte en réalité la moitié d'un
legs qui n'est nullement à sa charge. S'il s'agissait du
legs d'une servitude prédiale, Papinien nous dit dans la
même loi 76 pr. qu'il ne faudrait pas décider de même
que pour le legs de liberté ; le légataire n'obtiendrait de
l'institué que la valeur estimative de la moitié de la servitude, à moins cependant que le légitimaire ne fût prêt à
constituer la servitude à condition de recevoir le prix
de la moitié de sa valeur : dans ce cas, le légataire qui
se refuserait à payer cette somme serait repoussé par

[1] L. 76, pr. D. de legatis 2°. xxxi.
[2] L. 28, pr. D. de except. rei jud., xliv, 2.

l'exception de dol. On peut se demander d'où provient cette différence entre le legs de deux choses également indivisibles, la liberté et une servitude prédiale : cette différence tient à ce que la valeur de la moitié de la servitude peut être appréciée en argent, tandis que le legs de la liberté est évidemment une chose inappréciable, *quoniam nec pretii computatio pro libertate fieri potest*, nous dit Ulpien[1].

La *querela inofficiosi testamenti* avait donc pour résultat de violer la règle *nemo partim testatus, partim intestatus decedere potest*, lorsqu'elle ne faisait pas tomber le testament tout entier. Un texte de Marcellus[2] nous montre que les Romains avaient toujours une tendance à valider le testament : le jurisconsulte suppose que le tribunal centumviral, devant lequel est portée la question d'inofficiosité, se divise ; le testament sera-t-il rescindé ou maintenu ? Le jurisconsulte paraît bien décider que le testament sera maintenu.

—Tout le système de l'institution des posthumes et quasi posthumes, qui fut en grande partie l'œuvre des jurisconsultes, tendait à éviter la rupture du testament en donnant au testateur les moyens de prévenir les conséquences de l'agnation d'un *heres suus* survenue depuis son décès ou même dans l'intervalle qui séparait la confection du testament et la mort du *de cujus*. Certainement on n'alla pas jusqu'à permettre au testateur d'éviter dans tous les cas la rupture du testament résultant de l'agna-

---

[1] T. II, p. § 11.
[2] L. 10, pr. D. de inoff. test., l. V, t. 2.

tion d'un *suus* ; mais les cas dans lesquels cette rupture du testament resta possible, et ne put être prévenue par la précaution d'une institution ou d'une exhérédation éventuelles, étaient ordinairement la suite de faits volontaires de la part du testateur, qui était ainsi lui-même la cause de la nullité de ses dispositions testamentaires.

—Le grand respect des Romains pour les dispositions testamentaires s'accuse encore dans la règle que toute condition impossible ou contraire aux lois ou aux bonnes mœurs est réputée non écrite dans un testament[1]. Tandis qu'une pareille condition rend nul tout contrat auquel elle est apposée, on décide qu'écrite dans un testament elle est réputée inexistante : l'institution devient pure et simple. Très probablement les Romains partent de cette idée, que placé dans l'alternative de voir annuler son testament ou de supprimer la condition, le testateur n'eût pas hésité à opter pour la suppression de la condition. Cette même règle fut étendue au legs[2].

[1] *Institutes.* § 10, de hered. inst., l. li, t. 14. — L. 20. pr. D. de cond. inst., l. XXVIII, t. 7. — L. 6, pr. D. de cond. et dem., l. XXXV. t. 1.
[2] Gaïus, c. iii. § 98.

CHAPITRE II

DE L'INSTITUTION D'HÉRITIER EN GÉNÉRAL

Tout testament doit contenir une institution d'héritier, c'est-à-dire la désignation de celui ou de ceux auxquels le testateur veut laisser son patrimoine.

Gaïus nous dit que l'institution d'héritier *est velut caput et fundamentum totius testamenti*[1]. Le testament n'existe donc que s'il contient une institution d'héritier formelle. Ce n'est que lorsque l'institution d'héritier existe, que d'autres dispositions deviennent possibles, telles que les legs, les fidéicommis, les affranchissements, les nominations de tuteurs. Si l'institution d'héritier ne peut produire ses effets pour une cause quelconque, toutes ces dispositions restent sans valeur[2].

A l'origine, l'institution devait être écrite en tête de l'acte, et toutes les autres dispositions qui se trouvaient

[1] Gaïus, c. II. § 229.
[2] L. 181. D. de Regulis juris. I, 17.

avant cette institution étaient regardées comme nulles, *quia testamenta vim ex institutione heredis accipiunt*, nous dit Gaïus[1]. Mais cette rigueur fut adoucie soit par la jurisprudence, soit par les constitutions ; ainsi on admit de bonne heure que la dation d'un tuteur même faite avant l'institution d'héritier était valable [2].

Dans l'ancien droit, l'institution d'héritier ne peut être faite qu'en termes impératifs et solennels : c'est une vé·ritable loi que le testateur dicte dans l'assemblée des comices. *Solemnis autem institutio hæc est*, dit Gaïus : *Titius heres esto. Sed et illa jam comprobata videtur : Titium heredem esse jubeo. At illa non est comprobata : Titium heredem esse volo. Sed et illæ a plerisque improbatæ sunt : heredem instituo ; idem : heredem facio*[3]. Ces exigences formalistes disparurent peu à peu ; déjà les jurisconsultes tenaient pour valable toute formule qui pouvait être regardée comme une abréviation de celles ordinairement usitées[4]. Une constitution de l'empereur Constantin, de l'année 339, permit au testateur d'exprimer sa volonté d'une manière quelconque[5].

Le testateur peut n'instituer qu'un seul héritier ; mais il est libre d'en instituer plusieurs qui sont appelés à succéder ensemble à l'universalité du patrimoine. Lorsque l'institution comprend plusieurs personnes, la part de chacune est pour ainsi dire déterminée par le concours des autres. L'hérédité est indivisible et ne peut être

---

[1] C. II, § 229. — V. aussi I. 1 pr. D. de hered. inst. XXVIII, 5
[2] Gaïus, c. II, § 231.
[3] C. II, § 116 et 117.
[4] L. 1, § 5 à 7, D. de hered. inst., XXVIII, 5.
[5] L. 15, C. de testam., VI, 23.

acquise pour partie, d'après la règle *nemo partim testatus, partim intestatus decedere potest*. Chaque héritier a donc vocation à l'intégralité de l'hérédité. Si l'un des institués ne peut faire adition ou renonce à la succession, sa part accroît aux autres institués ; c'est ce qu'on appelle le *jus accrescendi*.

Le droit d'accroissement n'est pas un droit nouveau, qui échoit au cohéritier qui en profite : c'est son propre droit qu'il exerce avec plus d'étendue, parce que ce droit n'est plus limité et pour ainsi dire refoulé par la présence d'un autre cohéritier. On a dit avec raison que c'était plutôt un *jus non decrescendi* qu'un *jus accrescendi*.

Le droit d'accroissement subit une très grave atteinte sous l'empire des lois caducaires. Justinien le rétablit tel qu'il existait à l'origine.

—Le testateur, pour être plus sûr que sa succession ne sera pas déférée *ab intestat*, peut instituer plusieurs héritiers successivement et subsidiairement, de telle façon que le second héritier ne viendra qu'à défaut du premier et le troisième à défaut du second. Cette institution conditionnelle, faite pour le cas où un précédent institué ne succéderait pas, est ce qu'on appelle une substitution vulgaire[1]. Ces substitutions devinrent très fréquentes, lorsque les lois *Julia* et *Pappia Poppæa* eurent établi des cas nombreux de caducité des dispositions testamentaires.

---

[1] Gaius, c. II, § 174.

CHAPITRE III

Nous avons vu que la succession d'une personne peut être déférée soit par testament, soit *ab intestat*, par la volonté de l'homme ou par la loi ; nous avons vu également que l'existence d'un testament régulier exclut complétement la succession *ab intestat*, que cette succession ne s'ouvre que lorsqu'il n'y a pas de testament ou que le testament ne peut produire ses effets même partiellement.

Que la succession soit testamentaire ou qu'elle soit *ab intestat*, il faut distinguer avec soin la délation et l'acquisition de l'hérédité.

L'hérédité est déférée au moment où l'héritier est appelé à la succession par le testament ou par la loi. Ce moment est le plus souvent le moment même de la mort du *de cujus ;* cependant, comme d'une part une condition peut être mise à l'institution, et que d'autre part un testament existant au jour du décès peut devenir nul par une cause postérieure à ce décès, la succession *ab intestat* s'ouvre dans ces deux cas lorsqu'il est certain que le testament ne peut produire ses effets. Il est donc plus exact de dire que l'hérédité est déférée, lorsque l'héritier institué ou *ab intestat* peut l'acquérir en faisant adition ; c'est ce que nous dit le jurisconsulte Terentius Clemens : *Delata hereditas intelligitur, quam quis possit adeundo consequi*[1].

La délation ne donne à l'héritier qu'un droit personnel et éventuel, une faculté dont il est libre d'user ou de ne pas user. L'héritier est appelé à l'hérédité ; mais il doit par un acte de sa volonté confirmer en sa personne la vocation éventuelle que le testament ou la loi lui a conférée ou plutôt offerte. Si cet acte de sa volonté intervient, l'hérédité lui est définitivement acquise et se confond avec son propre patrimoine. Si au contraire cet héritier meurt ou devient incapable avant d'avoir usé de la faculté qui lui était ouverte, il ne transmet pas son droit à ses propres héritiers ; l'hérédité passe à ceux qui sont appelés à la succession à son défaut.

Du reste, le droit romain présente cette particularité, que pour certains héritiers le moment de la délation de de l'hérédité se confond avec celui de l'acquisition. Ces héritiers sont ceux appelés *necessarii* ou *sui et necessarii*, dont nous aurons à parler plus loin. Ces héritiers acquièrent l'hérédité au moment même où elle leur est déférée, et indépendamment de tout acte de volonté de leur part[2].

Les effets de cette acquisition forcée de la succession

---

[1] L. 151, D. de verb. signif., L. 16.
[2] Gaïus, c. ii, § 153 et 157. — Ulpien, t. XXII, § 24.

pouvaient être désastreux pour les héritiers ; aussi furent-ils corrigés par le préteur, qui accorda aux héritiers nécessaires de condition libre, un bénéfice appelé *facultas abstinendi*, et aux esclaves, héritiers nécessaires proprement dits, la séparation des patrimoines.

CHAPITRE IV

Le droit romain distingue trois classes d'héritiers, les héritiers nécessaires, les héritiers siens et nécessaires, et les héritiers externes ou volontaires. C'est ce que nous disent dans les mêmes termes Gaïus et les Institutes [1]. Les héritiers nécessaires sont ainsi appelés, parce qu'ils acquièrent l'hérédité par cela seul qu'elle leur est déférée et forcément, *sive volint, sive nolint*. Au contraire, les héritiers externes sont libres d'acquérir ou de ne pas acquérir l'hérédité qui leur est déférée.

Les héritiers siens et nécessaires et les héritiers volontaires peuvent être appelés par un testament, *ex testamento*, ou venir à la succession *ab intestat ;* au contraire l'héritier nécessaire ne peut jamais être qu'un héritier testamentaire.

---

[1] Gaïus, c. ii. § 152. — Inst. pr. de hered. qual. et diff. II, 19.

§ 1. — DE L'HÉRITIER NÉCESSAIRE

L'*heres necessarius* est l'esclave que son maître institue héritier en lui laissant la liberté. Il est appelé nécessaire, parce qu'à la mort du testateur il devient immédiatement, qu'il le veuille ou ne le veuille pas, libre et héritier du défunt[1].

Le citoyen romain attachait une grande importance à ne pas mourir intestat, et cette éventualité le préoccupait surtout, lorsqu'il savait que sa succession serait obérée. La précaution qu'il prenait d'instituer un ou plusieurs héritiers et même de substituer d'autres personnes à cet héritier ou à ces héritiers pouvait devenir inutile, si sa succession était mauvaise ; car il pouvait arriver qu'aucun des institués ou substitués, peu soucieux de la mémoire du défunt, ne consentît à devenir son héritier. C'est alors que l'institution d'un esclave devient très utile ; car cet esclave est forcément héritier et ne saurait se soustraire à la charge qui lui incombe.

Le plus souvent, quand le maître appelle son esclave à l'hérédité, il l'institue en qualité de dernier substitué, *novissimo loco in subsidium ;* c'est une dernière garantie qui assure au moins un héritier nécessaire au testateur qui n'est pas sûr d'en avoir un autre.

Si la succession est mauvaise, si les créanciers héréditaires ne sont pas payés, les biens seront vendus sous le

---

[1] Gaïus, c. II. § 153. — Inst.. § 1, de hered. qual. et diff. n. 19

nom de l'héritier nécessaire et non sous celui du défunt ; c'est le nom de l'affranchi qui figurera sur les affiches, *proscriptiones*, apposées pour appeler les acheteurs ; c'est l'affranchi qui encourra l'infamie qui atteint ceux dont le patrimoine est vendu par la *venditio bonorum*. En outre, si les biens du défunt sont insuffisants pour désintéresser ses créanciers, l'héritier nécessaire sera personnellement tenu d'acquitter le surplus des dettes de son patron, de sorte que le produit de son travail sera peut-être pendant de longues années absorbé pour l'acquittement des dettes de son ancien maître.

Il paraît que Sabinus avait trouvé injuste que la volonté d'un testateur pût ainsi infliger la note d'infamie à un homme qui n'avait rien fait pour la mériter ; mais cette objection n'avait pas arrêté les jurisconsultes romains, comme nous le dit Gaïus[1]. Sans doute on avait donné cette mauvaise raison, que le pouvoir du maître sur son esclave allait bien au delà de l'infamie dont il le frappait, et que l'affranchi devait s'estimer heureux d'acheter à ce prix sa liberté. Cette législation fut maintenue tant que subsista la *venditio bonorum*, c'est-à dire jusqu'à la fin de l'époque classique.

Dans le droit de Justinien nous ne trouvons plus cette *venditio bonorum*, cette vente en bloc des biens du débiteur qui ne paie pas ses créanciers ; l'infamie qui en était la conséquence forcée ne frappe donc plus l'esclave héritier nécessaire. Les créanciers se font envoyer en possession des biens par le préteur ; ils acquièrent ainsi sur ces

____

[1] C. ii. § 14.

biens un *pignus prætorium* ; puis ils procèdent à la vente
en détail ou se partagent entre eux le patrimoine[1].

— A l'origine, le maître qui instituait son esclave de -
vait lui donner expressément la liberté ; à défaut de cet
affranchissement testamentaire l'institution n'était pas
valable[2]. Si le maître avait institué son esclave sans lui
donner la liberté, l'affranchissement qu'il faisait quelque
temps après, bien loin de valider l'institution, la frappait au contraire de nullité, *quia*, dit Gaïus, *institutio in
personâ ejus non constitit*[3]. Déjà au commencement de
l'Empire, le jurisconsulte Atilicinus avait enseigné une
opinion plus favorable à la liberté des esclaves. Justinien
corrigea complétement la rigueur de l'ancien droit et décida qu'à l'avenir le maître devait être considéré comme
affranchissant son esclave par cela seul qu'il l'instituait
héritier[4].

Pour que l'esclave puisse être institué héritier, il faut
qu'il puisse être affranchi ; là où l'affranchissement ne
peut avoir lieu, l'institution se produirait inutilement.
Justinien rapporte une constitution des empereurs Sévère
et Antonin indiquant un cas particulier dans lequel l'affran -
chissement et l'institution ne peuvent être faits[5]; il s'agit
d'un esclave qui est accusé d'avoir commis un adultère
avec sa maîtresse : cette dernière ne peut pas l'affranchir
par son testament avant la sentence ; *quare sequitur ut*

---

[1] *Institutes*, § 1, de hered. qual. et diff , ii, 19.
[2] Gaïus, c. ii, § 186 et 187.
[3] C. ii, § 187.
[4] *Institutes*, pr. de hered. inst., ii, 14. — L. 5, C. de necess. hered., vi, 2.
[5] *Institutes*, pr. 3ᵉ al. de hered. inst. ii, 14.

in eumdem à dominâ collata institutio nihil momenti habeat[1].

On peut du reste citer beaucoup d'autres cas dans lesquels l'affranchissement n'est pas possible. Ainsi, le maître qui est sous le coup d'une accusation capitale ne peut pas affranchir ses esclaves[2]. De même, toutes les fois qu'il y a divorce, la femme est incapable pendant les soixante jours qui suivent d'affranchir ses esclaves ; il faut cependant excepter de cette défense la femme qui divorce *bonâ gratiâ*[3].

Certains esclaves sont privés de la possibilité d'arriver à la liberté, les uns parce qu'il est dit dans le testament de leur maître qu'il ne pourront être affranchis ou qu'ils ont été vendus avec la condition *ne manumitta-tur*, les autres parce que le Préfet ou le Président de la province les a frappés à titre de peine de cette incapacité[4].

Lorsqu'un esclave a commis le délit de *plagium*, c'est-à-dire de séquestration d'une personne, et que le maître a été frappé de la peine pécuniaire édictée par la loi Fabia[5], l'affranchissement ne peut avoir lieu pendant dix années. Toutefois, il faut pour appliquer cette prohibition considérer non pas le moment de la confection du testament, mais celui où la liberté peut en résulter, c'est-à-dire l'instant de la mort du testateur. C'est ce que nous

---

[1] L. 48, § 2, D. de hered. inst , xxviii, 5.
[2] L. 8, § 1, D. de manum., xl, 1.
[3] L. 12 et L. 14, D. qui et a quibus manum, xl, 9.
[4] L. 9, D. de manum, xl, 9.
[5] V. au Digeste le titre : de Lege Fabia de plagiariis, xlviii, 15, et au Code. le même titre, ix, 20.

dit Paul : *in hoc tamen non testamenti facti tempus, sed mortis intuebimur*[1].

L'esclave condamné *in temporaria vincula* ne peut pas être affranchi pendant la durée de sa peine. *Si autem beneficium libertatis*, dit Papinien, *in vinculis veniat, ratio juris et verba constitutionis libertati refragantur*[2].

Nous pouvons encore indiquer un cas assez remarquable. Un esclave a été légué sous condition ; le testateur est mort et l'héritier a fait adition. A qui appartient cet esclave pendant que la condition est en suspens ? L'héritier, d'après la doctrine des Sabiniens, en est propriétaire ; mais peut-il l'affranchir ? Paul[3] et Gaïus[4] s'accordent à dire que cela ne saurait lui être permis *ne legatario injuria fieret*.

— Pour que l'esclave puisse être valablement institué par son maître, il ne faut pas seulement qu'il puisse être affranchi ; il est encore nécessaire qu'il puisse devenir citoyen romain. Si l'esclave devenait *latin*, il ne recueillerait pas, n'ayant pas le *jus capiendi*[5] ; s'il devenait *dediticé*, il n'aurait pas la *testamenti factio* avec son maître.

Cependant, nous devons faire à cet égard une observation importante. La loi *Ælia Sentia* contenait quatre dispositions principales qui pouvaient faire obstacle à la vocation héréditaire de l'esclave ; ces dispositions ne s'appliquaient pas lorsqu'il devait en résulter que le maître

---

[1] L. 12, D. de manum. XL, 1.
[2] L. 33, D. de Pœnis, XLVIII, 19.
[3] L. 11, D. de manum, XL, 1.
[4] L. 29, § 1, D. qui et a quibus manum, XL, 9.
[5] Ulpien, t. XXII, § 8.

n'aurait pas d'héritier testamentaire et mourrait insolvable. Le jurisconsulte Scœvola fait allusion à cette exception, lorsqu'il dit : *Si non lex Ælia Sentia, sed alia lex,
vel senatusconsultum, aut etiam constitutio servi libertatem impediat, is necessarius fieri non potest, etiamsi
non sit solvendo testator*[1].

Les quatre dispositions de la loi Ælia Sentia peuvent
être formulées ainsi qu'il suit :

1° L'esclave mineur de trente ans ne peut pas être affranchi *sine justâ causâ à consilio probatâ ;* si ces conditions ne sont pas remplies, l'esclave affranchi devient
latin. Gaïus fait une exception formelle à la règle dans le
cas qui nous occupe et dit que l'esclave peut devenir citoyen romain[2].

2° L'esclave affranchi qui a subi une peine infamante
devient *dediticе*. Ulpien dit formellement que l'esclave
affranchi par le testament de son maître et qui se trouve
dans une position telle qu'il eût dû devenir *dediticе,*
échappe à l'application de la loi, si le maître meurt insolvable et n'a pas d'autre héritier[3].

3° La loi Ælia Sentia déclare nul l'affranchissement
fait par un maître *in fraudem creditorum ;* mais la loi
elle-même faisait une exception en faveur de l'esclave
institué par un maître insolvable, qui n'a pas d'autre
héritier[4].

---

[1] L. 83, pr. D. de hered. inst., xxviii. 5.
[2] C. i, § 21.
[3] Ulpien, t. i. § 14.
[4] *Institutes,* § 1, qui quibus ex causis manum, i. 6. — V. aussi L. 64,
D. de hered. inst. xxviii. 5 — Ulpien, t. I, § 14.

4° Un mineur de vingt ans ne peut pas affranchir son esclave sans avoir une *justa causa* et sans l'avoir fait approuver par un *consilium*. Mais lorsqu'il s'agit d'un affranchissement testamentaire fait par un mineur de vingt ans qui meurt insolvable, on admet toujours qu'il y a *justa causa manumissionis. Qui potuerunt apud consilium manumittendo ad libertatem perducere, possunt etiam necessarium heredem facere, ut hæc ipsa necessitas probabilem faciat manumissionem*[1].

— Nous supposons l'esclave valablement institué dans le testament de son maître ; s'il reste dans cette condition jusqu'au moment du décès du testateur, il devient, à l'instant de la mort, libre et héritier nécessaire. Mais s'il a été affranchi entre vifs par son maître, ne recevant pas la liberté *ex testamento*, il n'est plus *heres necessarius*, mais *heres voluntarius* : il fera adition, si bon lui semble[2]. On peut encore supposer que le maître, après avoir institué son esclave, l'aliène entre-vifs ; cette aliénation est considérée comme une révocation du legs de la liberté. Mais elle laisse subsiter l'institution, qui ne peut être anéantie que par une institution nouvelle : l'esclave institué pourra faire adition sur l'ordre de son nouveau maître[3].

— Le testateur peut affranchir et instituer son esclave purement et simplement ou sous condition. S'il l'affranchit sous condition et l'institue purement, on attend pour lui déférer l'hérédité que la condition mise à l'affranchis-

---

[1] L. 27, D. de manum. testam, xL, 4.
[2] Gaïus, c. ii, § 188.
[3] Gaïus, c. ii, § 188. — L. 9, § 16, D. de hered. inst. xxviii, 5.

sement s'accomplisse: la condition mise à l'affranchissement est réputée mise à l'institution.

Cependant il faut se garder de croire qu'il soit in-
différent d'apposer la condition seulement à l'affranchissement ou de la faire porter tout à la fois sur l'affranchissement et l'institution. Julien nous dit que, si le testateur
affranchit son esclave sous condition et l'institue purement, puis qu'il le vende, l'institution subsiste comme
institution pure et simple [1]; elle est assimilée à celle
qui serait faite en faveur d'un *servus alienus*: elle
subsiste donc, quoique la condition apposée à l'affranchissement vienne à défaillir. Si au contraire la condition
porte tout à la fois sur l'affranchissement et l'institution,
l'affranchissement ou la vente de l'esclave laisse bien subsister l'institution mais en tant que conditionnelle. Si la
condition était déjà défaillie au moment de l'affranchissement ou de la vente, il ne pourrait plus être question
de l'institution, qui s'est complétement évanouie par suite
de la défaillance de la condition mise à l'affranchissement
testamentaire.

Quand l'esclave est affranchi purement et institué sous
condition, Pomponius nous dit que la condition est réputée mise à l'affranchissement comme à l'institution,
utrumque ex conditione pendet [2]. Quand la condition s'accomplit, l'institué acquiert au même moment la liberté
et l'hérédité; si la liberté eût été donnée à l'esclave avant
l'arrivée de la condition mise à l'institution, il n'aurait

---

[1] L. 38, § 2, D. de hered. inst. xxviii, 5.
[2] L. 21, § 1, D. eodem titulo.

pas été héritier nécessaire, résultat contraire à la volonté du défunt. Mais si la condition vient à défaillir, l'esclave profite de la dation de la liberté mais non de celle de l'hérédité ; l'esclave devient libre, à condition toutefois que le testament contienne une autre institution qui produise ses effets[1].

— Le testateur qui institue son esclave doit avoir le *dominium ex jure Quiritium* à deux époques différentes, au moment de la confection du testament et à l'instant de sa mort[2]. Cette exigence se rattache aux règles rigoureuses suivies en matière de legs *per vindicationem ;* Gaïus nous dit qu'on ne peut léguer que la chose dont on est propriétaire à ces deux mêmes époques[3]. Du reste, il suffit que l'esclave ait appartenu au testateur à ces deux époques, et peu importe qu'il ait dans l'intervalle cessé de lui appartenir ; Ulpien le dit formellement : l'esclave a été aliéné, *sed si redemptus sit a testatore, institutio valet, et necessarius heres erit*[4]. C'est une application de la règle *media tempora non nocent* posée par les Institutes à l'égard des héritiers externes[5].

Quand l'institution est conditionnelle, l'esclave institué ne devient héritier nécessaire, que lorsqu'il se trouve encore *in hereditate* au moment où la condition s'accomplit. Le jurisconsulte Tryphoninus suppose que l'esclave a été institué sous condition *cum libertate ;* le testateur

---

[1] Julien, L. 22, D. de hered. inst., xxviii, 5.
[2] Ulpien, t. I, § 23, et t. XXII, § 8.
[3] C. 11, § 196.
[4] L. 9, § 16, D. de hered. inst., xxviii, 5. — V. aussi L. 50, pr. eodem tit.
[5] *Institut* r, § 4. de hered. qual. et diff., 11, 19.

périt de mort violente, et *pendente conditione* l'esclave *necem domini detexit :* le préteur pour le récompenser lui donne la liberté. Le jurisconsulte remarque que ce n'est pas le testament du maître qui a affranchi l'esclave, *aliundè liber est ;* par suite il n'est qu'un simple héritier volontaire.

— L'esclave ne devient héritier nécessaire, que lorsqu'il reçoit de la volonté même du testateur la liberté et l'hérédité. Si le maître est obligé d'affranchir son esclave, il ne peut pas le faire son héritier nécessaire. Ce sont des hypothèses de ce genre que prévoit Paul dans la loi 84 *de heredibus instituendis* (D. l. xxviii, t. 5). Il suppose d'abord qu'un testateur en instituant le maître d'un esclave, de Stichus par exemple, a laissé à ce dernier la liberté par fidéicommis ; puis l'institué teste à son tour et institue l'esclave Stichus. Faut-il tenir cet esclave pour héritier nécessaire ? Le jurisconsulte répond négativement ; cette solution lui paraît commandée par l'équité et par la raison : car, dit-il, l'esclave n'a pas reçu de son maître le bienfait de la liberté, *nihil commodi sensisse, sed magis debitam sibi accepisse libertatem* (loi citée pr.). Paul prévoit ensuite (§ 1, même loi) que le testateur institue un esclave qu'il avait acheté avec la clause qu'il l'affranchirait ; cet esclave ne sera pas un héritier nécessaire, parce que, indépendamment de l'affranchissement testamentaire, il avait le droit d'invoquer la clause de la vente et de se faire affranchir. Enfin, dans le § 2, la même solution est donnée relativement à un esclave qui s'est fait acheter par un tiers de ses propres deniers. Ulpien nous explique comment il est possible qu'un esclave qui ne peut rien posséder en propre parvienne cependant à se faire acheter *nummis suis*[1]. Le jurisconsulte remarque que ce n'est pas à proprement parler de ses propres deniers que l'esclave paie le prix ; on dit que l'esclave est acquis *nummis suis*, lorsqu'il se fait acheter avec des deniers provenant du pécule et du consentement de son maître, ou bien lorsqu'un tiers a la générosité de fournir la somme nécessaire pour payer le prix de l'esclave ou de prendre envers le maître l'engagement de le payer. Dans tous ces cas, Marc-Aurèle avait permis à l'esclave d'exiger de son nouveau maître qu'il le fît arriver à la liberté[2].

— Nous devons remarquer que lorsqu'un testateur substitue pupillairement à son enfant son propre esclave, ce dernier devient, si la substitution s'ouvre, héritier nécessaire du fils impubère, bien qu'il n'ait jamais été sous sa puissance. Ulpien le dit positivement : *quos possum heredes mihi facere necessarios, possum et filio*[3].

— Un maître ne peut pas instituer un esclave dont il n'est que nu-propriétaire, parce qu'il ne peut pas le rendre libre tant que dure l'usufruit. Cette institution est impossible ; en effet l'esclave affranchi par le nu-propriétaire deviendrait un *servus sine domino*. C'est l'observation que fait Ulpien[4]. Dans le droit de Justinien, l'esclave dont nous parlons devient libre et héritier nécessaire, *salvo jure fructuarii*[5].

---

[1] L. 4, § 1, D. de manum., LX, 1.
[2] L. 4, pr. et l. 5 pr. D. eodem titulo.
[3] L. 10, § 1, D. de vulg. et pup. subst. xxviii, 6.
[4] T. 1, §. 19.
[5] *Institutes*, pr. 2e al. de hered. Inst., ii, 14. — L. 1. C. comm. de manum, vii, 15.

— On peut instituer l'esclave d'autrui, pourvu que l'on puisse instituer le maître lui-même, pourvu que l'on ait la *factio testamenti* avec ce maître[1]. Il faut assimiler à l'esclave d'autrui celui dont on a seulement l'usufruit[2].

Un esclave appartenant à autrui est donc valablement institué; mais il n'est qu'un héritier volontaire. On ne peut savoir qu'au moment de l'adition à qui profitera l'institution ; si l'esclave est devenu libre à ce moment, il acquiert pour lui-même l'hérédité. S'il est encore esclave, il ne peut faire adition que sur l'ordre de son maitre, et ce dernier recueille tout le bénéfice de l'institution, comme s'il était personnellement institué. Le jurisconsulte Ulpien dit avec raison, en parlant de l'institution d'un *servus alienus*, que cette institution *ambulat cum dominio*[3]. Si l'institution est conditionnelle, il faut se placer au moment de l'arrivée de la condition pour savoir à qui profitera l'institution ; la condition n'a pas d'effet rétroactif dans les dispositions testamentaires.

L'institution d'un esclave commun à plusieurs maîtres est-elle faite valablement ? Oui, si le testateur a la *factio testamenti* avec l'un des co-propriétaires de cet esclave; le bénéfice de l'hérédité se partagera entre tous les co-propriétaires sur l'ordre desquels l'esclave fera adition[4] ? La question devient plus délicate, lorsque parmi les co-propriétaires se trouve le testateur lui-même. Si l'esclave est institué *cum libertate*, il ne deviendra héritier néces-

---

[1] Ulpien, t. XXII. § 9.

[2] *Institutes*, pr. in fine de hered. inst., II, 14.

[3] L. 2, § 9, D. de bon poss. sec. tab. XXXVII, 11.

[4] *Institutes*. § 3, de hered. inst., II, 14.

saire du testateur, que dans le cas où ce dernier aura acquis et conservé jusqu'à sa mort les parts de ses co-propriétaires[1]. Si au contraire le testateur n'est pas au moment de son décès seul propriétaire, l'esclave acquerra l'hérédité pour les autres co-propriétaires, peu importe qu'il ait été institué *cum libertate* ou *sine libertate*. Justinien décida que dans tous les cas cet esclave deviendrait libre et héritier nécessaire, sauf à payer une indemnité aux autres co-propriétaires[2].

L'esclave *hereditarius*, c'est-à-dire dépendant d'une hérédité jacente, peut être institué valablement, pourvu que le testateur ait la *factio testamenti* avec le défunt[3]. Nous aurons à examiner plus spécialement cette question en traitant de l'hérédité jacente.

Bénéfice de séparation.

Le droit civil était d'une rigueur extrême pour l'esclave héritier nécessaire; quand la succession était ouverte, les créanciers procédaient à la vente des biens héréditaires et y comprenaient même les biens que pouvait avoir acquis l'héritier affranchi avant ou après la *bonorum venditio* par son travail, par des libéralités qui lui étaient faites, ou par d'autres causes. En effet, l'esclave était tenu personnellement des dettes de son maître, et il restait obligé, même après la vente de tout le patrimoine du testateur, pour ce qui restait dû aux créanciers ; tout

---

[1] L. 6. § 3. D. de hered. inst. xxviii. 5. — Ulpien. t. XXII, § 10.
[2] L. 1. § 1. C. de com. servo manum., vii, 7.
[3] L. 52. D. de hered. inst., xxviii, 5.

ce qu'il acquérait devenait donc le gage des créanciers que la volonté de son maître lui avait imposés. Cet esclave était soumis aux voies d'exécution les plus rigoureuses, et sa condition était en fait, quoiqu'il fût libre, pire que sa condition antérieure.

Le préteur vint au secours d'une position aussi digne d'intérêt, et tout en laissant l'esclave atteint par la note d'infamie, il lui permit d'échapper au moyen du *bénéfice de séparation* à la ruine et à la misère.

L'esclave qui voulait profiter du bénéfice de séparation était obligé de le demander au préteur, différence remarquable entre ce bénéfice et le *jus abstinendi* accordé aux héritiers siens, dont nous aurons à nous occuper plus loin. Ce bénéfice ne lui était accordé qu'à la condition qu'il n'eût commis aucune immixtion dans les affaires de l'hérédité[1].

L'effet de ce bénéfice n'est pas d'enlever à l'esclave la qualité d'héritier nécessaire, puisqu'il reste toujours noté d'infamie, mais de l'affranchir de toute obligation personnelle envers les créanciers de son maître et de lui permettre de soustraire aux poursuites de ces créanciers les biens qu'il a acquis depuis la mort du *de cujus*, même dans le cas où ces créanciers ne seraient par intégralement payés. A ce propos Gaïus fait cette remarque : *cum cæterorum hominum quorum bona venierint pro portione, si quid posteà adquirant, etiàm sæpius eorum bona venire soleant*[2].

[1] L. 1, § 18. D. de separat., XLII, 6.
[2] C. II. § 155.

Mais le bénéfice de séparation doit être limité aux biens acquis par l'esclave depuis qu'il a obtenu la liberté; il ne comprend pas ceux qui peuvent lui provenir *ex hereditariâ causâ*. Ainsi Gaïus cite un cas assez remarquable d'acquisition *ex hereditariâ causâ* [1]. Il faut supposer que le défunt avait deux esclaves, Stichus et Pamphile; il a affranchi Stichus entre-vifs dans des conditions telles que l'affranchi est devenu seulement Latin Junien. Quant à Pamphile, il l'a affranchi par son testament et l'a institué son héritier nécessaire. Stichus, depuis qu'il est libre, a pu acquérir quelques biens; ses acquisitions lui profitent pendant sa vie; il en a la libre disposition: le patron n'en a pas la propriété. Mais le Latin Junien ne peut pas faire un testament; au jour de sa mort il ne laisse pas de succession: son patron lui succède *jure peculii*. Justinien exprime cette idée d'une manière saisissante: *Latinorum legitimæ successiones nullæ penitùs erant, qui, licet ut liberi vitam suam peragebant, attamen ipso ultimo spiritu simul animam atque libertatem amittebant* [2]. Si Stichus meurt après son patron, à qui appartiendront ses biens? *Pertinent tanquàm peculia servorum etiam ad extraneos heredes* [3]. Ils sont donc recueillis dans notre hypothèse par Pamphile, héritier nécessaire du patron; mais, quoique Pamphile ait obtenu le bénéfice de séparation, il ne pourra pas cependant séparer les biens de Stichus des biens héréditaires, parce que le pécule de Stichus provient *ex hereditate*. Ce patrimoine

---

[1] C., II, § 55.

[2] *Institutes*, § 4, de success. libert., III, 7.

[3] Gaïus, c. III, § 58, in fine.

servira, comme les autres biens de la succession, à désintéresser les créanciers du défunt.

Il peut du reste arriver que l'héritier nécessaire retienne en vertu du bénéfice de séparation autre chose que ce qu'il a acquis depuis son affranchissement ; Ulpien nous dit que l'esclave peut séparer ce qui lui est dû par le testateur : *sed et si quid ei à testatore debetur*[1]. Il est assez difficile de savoir quel sens le jurisconsulte a voulu attacher à ces derniers mots. Cette phrase ne peut pas s'appliquer à l'actif du pécule ; car l'actif du pécule est une portion de l'actif de la succession et comme tel répond du paiement des dettes du défunt. D'un autre côté, il ne peut être question d'un legs du pécule fait à l'esclave ; car ce dernier étant seul héritier, il ne peut pas y avoir de *prælegatum* ; puis, comme la succession est insolvable, les créanciers ont le droit de se prévaloir de la règle qui leur permet de se faire payer avant les légataires. Il nous semble que, pour trouver une application de la décision donnée par Ulpien, il faut supposer que la créance tout en se rattachant à un fait antérieur à l'affranchissement ne prend cependant naissance que depuis la mort du maître ; tel est le cas où le maître aurait recueilli une succession, à la charge de laquelle était un legs au profit de l'esclave sous cette condition : *si liber factus fuerit*. Gaïus nous rapporte que les Proculiens niaient la validité d'un pareil legs, mais que l'opinion contraire des Sabiniens avait prévalu[2]. La condition mise au legs s'est

---

[1] L. 1, § 18, D. de separat., XLII, 6.
[2] C. II, § 245. — V. aussi *Institutes*, § 32, de legatis, II, 20.

accomplie par la mort du maître : le legs profite donc à l'affranchi, qui pourra distraire à son profit l'objet légué, s'il s'agit d'un legs *per vindicationem*. Mais Ulpien paraît supposer que le legs est fait *per damnationem* : dans ce cas, l'affranchi pourra concourir avec les créanciers héréditaires sur le prix de la *venditio bonorum*[1].

§ 2. — DE L'HÉRITIER SIEN ET NÉCESSAIRE.

L'héritier sien et nécessaire est celui qui est immédiatement soumis à la puissance du *de cujus* au moment de sa mort[2]. S'il s'agit d'une succession *ab intestat*, le petit-enfant ne devient héritier sien et nécessaire, que si, du vivant même de l'aïeul, son père a cessé d'être héritier sien, a été enlevé à la famille soit par la mort, soit par toute autre cause qui a fait cesser la puissance paternelle. Il en est de même de la succession testamentaire, en ce sens que le petit-fils institué ne devient lui-même héritier sien que dans le cas où il n'est plus précédé par son père dans la famille ; mais il faut ajouter qu'il suffit que le petit-fils se trouve sous la puissance du testateur et qu'il soit valablement institué par lui, alors même qu'il est précédé par son père, pour qu'il y ait un héritier sien et nécessaire : Ulpien le dit formellement[3]. Si l'aïeul exhérède ainsi son fils pour instituer son petit-fils, ce dernier ne

---

[1] V. M. Machelard, *Obligations naturelles*, p. 191. — M. Demangeat, *Cours de Droit romain*, t. I, p. 711 et 712. — M. Accarias, *Précis de Droit romain*, t. I, p. 820, note 4.

[2] *Institutes*, § 2, de hered. qual. et diff., II, 19.

[3] L. 6, § 5, D. de acq. vel om. hered., XXIX, 2.

peut pas devenir héritier sien et nécessaire à la mort de
l'aïeul ; c'est le fils exhérédé qui est héritier nécessaire
par l'entremise du petit-fils institué : *patrem enim suum*,
dit Ulpien, *sine aditione faciet heredem, et quidem necessarium*.

Il est évident que le petit-fils institué serait héritier
nécessaire, si le fils exhérédé mourait avant le testateur.
Il en serait de même, si, le petit-fils étant institué sous
une condition, le fils exhérédé mourait *pendente adhuc
conditione* et que la condition se réalisât plus tard.

Ces héritiers sont appelés *sui*, parce qu'ils se succèdent
en quelque sorte à eux-mêmes, c'est-à-dire qu'ils conti-
nuent la propriété collective de la famille : *domestici heredes sunt et viro quoque parente quodammodò domini
existimantur*[1]. La famille romaine formait comme un
être collectif, dont tous les membres étaient co-propriétaires du patrimoine commun ; le jurisconsulte Paul va
jusqu'à nous dire qu'il n'y a pas à proprement parler
succession après la mort du père : *in suis heredibus evi-
dentiùs apparet continuationem dominii eo' rem perducere, ut nulla videatur hereditas fuisse… ; itàque post
mortem patris non hereditatem percipere videntur,
sed magis liberam bonorum administrationem conse-
quuntur*[2].

— Les enfants qui se trouvent sous la puissance du
testateur au moment de sa mort sont héritiers nécessaires
comme les esclaves[3]. Ils sont investis de l'hérédité sans

---

[1] *Institutes*, § 2, de hered. qual. et diff., L. II, t. 19.
[2] L. 11, D. de lib. et posth., XXVIII, 2.
[3] Gaius, c. II, § 157. — *Institutes*, § 2, de hered. qual. et diff., l. II, t. 19.

aucun acte de volonté, même à leur insu et malgré eux ;
il en résulte qu'ils succèdent au défunt, bien qu'ils soient
fous ou en tutelle, et sans l'intervention de leur curateur
ou de leur tuteur [1].

Il est à remarquer que le testateur peut instituer un
suus de manière à en faire un véritable héritier volontaire : il arrive à ce résultat en faisant dépendre l'institution d'une condition potestative pour ce *suus: Eâ conditione instituti*, dit le jurisconsulte Mæcien, *jam non ut
necessarii, sed suâ sponte heredes exstiterunt* [2]. Dans ce
cas le *suus* n'a pas besoin de recourir au bénéfice d'abstention dont nous allons nous occuper ; la condition mise
à son institution le soustrait à l'investiture forcée de
l'hérédité et le transforme en *heres voluntarius* [3].

Bénéfice d'abstention.

Le préteur intervint en faveur des héritiers siens, comme
en faveur des héritiers nécessaires, pour corriger la rigueur du droit civil : il édicta un bénéfice appelé *bénéfice
d'abstention* [4], et se montra même plus favorable pour
les héritiers siens que pour les héritiers nécessaires, puisqu'en s'abstenant de l'hérédité ils échappent à l'infamie
résultant de la *venditio bonorum ;* les biens du défunt
mort insolvable ne sont pas vendus sous leur nom.

---

[1] L. 43, D. de acq. vel om. hered., xxix, 2.
[2] L. 86, §1, D. de hered. inst., xxviii, 5.
[3] L. 12, D. de cond. inst., xxviii, 7.
[4] Gaïus, c. ii, § 158. — *Institutes*, § 2, in fine de hered. qual. et diff.,
L. ii, t. 19.

D'autre part, tandis que le bénéfice de séparation doit être demandé au préteur et obtenu de lui, le bénéfice d'abstention résulte d'une simple déclaration. Mais de ce que l'héritier sien n'a pas à obtenir du préteur un acte de juridiction gracieuse, il ne s'ensuit pas qu'il n'ait absolument rien à faire pour jouir du bénéfice d'abstention. Nous croyons au contraire qu'il doit manifester sa volonté de s'abstenir par une déclaration; Ulpien le suppose, quand il parle d'un héritier qui commet un détournement avant ou après son abstention[1] ; en outre, dans le § 4 de la même loi, il est question d'un *suus qui dicit retinere hereditatem nolle*.

Le *suus* peut-il toujours demander le bénéfice d'abstention ? Ulpien, tout en nous montrant qu'il n'est pas nécessaire de demander au préteur le bénéfice, *adire prætorem*, ajoute, *sufficit se non miscuisse hereditati*[2]. Il faut en conclure que les héritiers siens perdent la faculté de se prévaloir du bénéfice d'abstention, quand ils s'immiscent dans la succession; les mêmes actes qui constituent pour l'héritier volontaire une *pro herede gestio* sont, lorsqu'ils émanent d'un *suus*, une *immixtio* qui le prive du bénéfice d'abstention[3]. Mais le préteur accordait l'exception résultant du bénéfice aux impubères qui s'étaient immiscés dans l'hérédité[4], et quant aux mineurs de vingt-cinq ans, il leur donnait en connaissance de cause la *restitutio in integrum*. C'est

<hr>

[1] L. 71, § 4, D. de acq. vel om. hered., XXIX, 2.
[2] L. 12, D. eodem titulo.
[3] L. 20, pr., et § 1, D. eodem titulo.
[4] L. 11, D. eodem titulo.

ce que nous explique Gaïus dans un fragment inséré au Digeste [1].

Le *suus* qui soustrait ou détourne quelque chose de la succession perd la faculté de s'abstenir [2]. Si la soustraction intervenait après que l'héritier s'est abstenu, elle n'aurait pas pour effet d'annuler le bénéfice accordé au *suus*. Ulpien partage sur ce point l'opinion des Sabiniens : *scilicet ut furti potius actione creditoribus teneatur; etenim qui semel se abstinuit, quemadmodùm ex post delicto teneatur* [3].

Tant que le *suus* n'a rien fait qui puisse le priver du bénéfice d'abstention, il n'a rien à craindre des créanciers du défunt ; s'il est poursuivi par eux, il peut demander au préteur un délai pour délibérer sur le parti qu'il doit prendre [4].

— Le bénéfice d'abstention n'a pas les effets d'une répudiation ; il n'ôte pas au *suus* sa qualité d'héritier. Ulpien dit en effet : *non est sine herede, qui suum heredem habet, licet abstinentem se* [5]. De ce que le *suus* qui s'abstient reste néanmoins héritier résultent les conséquences suivantes :

1° L'abstention du *suus* ne le dégage pas à l'égard des créanciers de la succession, mais lui permet seulement de leur opposer une exception *non adfectatæ hereditatis* [6].

---

[1] L. 57, pr., et § 1, D. de acqu vel om. hered. xxix. 2 — V. aussi, l. 12, § 1, eodem titulo, et l. 7, § 5, D. de minor. XXV annis, iv. 4.

[2] L. 71, § 3-9, D. de acq. vel om., xxix. 2.

[3] L. 71, p 9, D. eodem titulo.

[4] L. 7, pr. D. de jure delib., xxviii, 8.

[5] L. 30, § 10, D. de fideicom. libert., xl. 5.

[6] L. 12, pr. de interr. in jure. xi. 1.

2° Dans l'ancien droit le *suus* peut, jusqu'à la vente des biens héréditaires par les créanciers du défunt, revenir sur son abstention et reprendre l'hérédité, en supposant bien entendu qu'aucun autre héritier n'ait fait adition [1]. Aucun délai n'est imposé au *suus* à cet égard ; Justinien fixe un délai de trois ans probablement à partir de la déclaration d'abstention [2]. La vente des biens enlève toujours au *suus* qui s'est abstenu la faculté de rétracter sa renonciation.

3° Si la vente des biens donne un prix supérieur au montant des dettes du défunt, c'est au *suus* qu'appartient l'excédant [3].

4° Tous les affranchissements testamentaires produisent leurs effets [4]. Les fidéicommis universels sont maintenus [5].

5° La substitution pupillaire subsiste, alors même que le *suus* qui s'abstient serait seul institué dans le testament paternel [6].

Mais, si l'abstention du *suus* ne constitue pas une répudiation, au point de vue pratique elle produit à peu près les mêmes effets. C'est avec raison que Paul, parlant du *suus* qui s'est abstenu, dit : *hunc qui se abstinuit prætor non habet heredis loco* [7], et Ulpien caractérise l'état de cet héritier en disant qu'il n'est héritier que de nom, *nomine*

---

[1] L. 8, D. de jure delib., xxviii. 8.
[2] L. 6, C. de repud. vel abst. hered., vi, 31.
[3] L. 6, pr. D. de rebus auct. jud., xlii, 5. — L. 70, D. ad scs. Trebell. xxxvi, 1.
[4] L. 32, D. de manum. test., xi, 4.
[5] L. 27. § 3, D. ad scs. Trebell., xxxvi, 1.
[6] L. 2, § 1, in fine D. de vulg. et pup. subst.. xxviii. 6. — L. 42, pr.. D. de acq. vel om. hered., xxix, 2.
[7] L. 12, pr. in fine D. de interr. in jure. xi, 1.

heres[1]. Nous avons déjà dit que le *suus* qui s'abstient est protégé par une exception contre les créanciers du défunt[2]. Le résultat sera le même *jure prætorio* pour le *suus* après son abstention, que s'il s'agissait d'un fils émancipé ayant répudié l'hérédité[3]. Après l'abstention le *suus* ne peut plus poursuivre les débiteurs du défunt[4]. Le préteur donne des actions utiles au co-héritier du *suus* qui profite de l'abstention.

Le rapport n'est pas dû par le *suus* qui s'abstient à ses co-héritiers. Les textes le décident formellement à propos de la *collatio dotis*[5]. Enfin tous les droits éteints par la confusion. qui s'est opérée par suite de l'acquisition de l'hérédité par le *suus* sont rétablis à son profit ou contre lui[6].

— L'abstention de l'héritier sien et nécessaire donne ouverture *jure prætorio* à la succession *ab intestat*, si le *suus* était seul institué. Il est donc possible que le *suus*, qui s'est abstenu de l'hérédité testamentaire, vienne à la succession *ab intestat*[7].

L'abstention appelle à l'hérédité le substitué vulgaire, si le testateur en a nommé un[8].

Mais donne-t-elle lieu au droit d'accroissement, s'il y avait un autre institué? Nous le croyons; les textes

---

[1] L. 6. § 2, D. de bonis libert., xxxviii, 8.
[2] L. 12, pr. D. de inteir. in jure. xi, 1.
[3] L. 20, § 4, et L. 57, pr., D. de acq. vel om. hered., xxix, 2.
[4] L. 99, D. eodem titulo.
[5] L. 8 et 9, D. de dotis collat., xxxvii, 7.
[6] L. 87, pr. D. de acq. vel om. hered., xxix, 2.
[7] L. 1, § 7 D. si quis om. causa test., xxix, 4.
[8] L 44, D. de re judicata, xlii, 1.

nous paraissent formels à cet égard[1]; mais cet accroissement s'écarte des principes ordinaires du *jus accrescendi*, en ce que le cohéritier du *suus* qui s'abstient, bien qu'il soit lui-même déjà lié par l'adition ou l'immixtion, reste encore libre ou de prendre toute l'hérédité, ou de l'abandonner tout entière. Tel est le sens d'un texte de Marcien[2]. Le jurisconsulte ajoute que, si le cohéritier déjà lié pour moitié envers les créanciers héréditaires se dispose à répudier toute la succession, les créanciers peuvent l'en empêcher en déclarant qu'ils se borneront à lui demander la moitié, dont il est déjà tenu dans les dettes du défunt : il résulte de cet arrangement, que le cohéritier du *suus* prendra tout l'actif héréditaire et ne devra acquitter que la moitié du passif.

Si, à la suite de l'abstention du *suus*, personne ne se présente pour recueillir la succession, les créanciers se feront envoyer en possession des biens héréditaires et procéderont à la vente[3]. Cette *venditio bonorum* n'entraîne pas l'infamie pour le *suus* qui s'abstient.

— Nous avons dit que le préteur accordait la restitution en entier contre l'immixtion; il en était de même de l'abstention. Il résultait de cette restitution que le *suus* qui s'était abstenu redevenait héritier nécessaire.

— Gaïus nous dit[4] que le préteur accorde le bénéfice d'abstention à la femme qui se trouvait *in manu* du tes-

---

[1] L. 99, D. de acq., vel. om. hered., xix, 2. — L. 38, D. eodem titulo. — L. 38, D. de re judicata, xlii, 1.

[2] L. 55, D. de acq. vel om. hered., xxix, 2.

[3] *Institutes*, § 2, de hered. qual. et diff., L. ii, t. XIX.

[4] Gaïus, c. ii, § 150.

tateur, et à la bru qui était sous la *manus* de son fils ; en effet, ces personnes sont pour le testateur *loco filiæ*, *loco neptis*.

Enfin, le préteur fait la même faveur à celui *qui in causâ mancipii est, id est mancipato, cùm liber et heres institutus sit* [1]. Et cependant Gaïus remarque avec raison que cette personne n'est vraiment pas un *suus* pour le testateur, mais un héritier nécessaire, comme l'est un esclave. C'est là une différence remarquable entre la condition de l'individu *in mancipio* et celle de l'esclave.

§ 3. — DE L'HÉRITIER EXTERNE OU VOLONTAIRE.

L'héritier externe est celui qui n'a jamais été sous la puissance du testateur, ou qui tout au moins n'y est pas au moment de sa mort. Il faut donc ranger parmi les héritiers externes les enfants émancipés institués par leur père, les enfants légitimes ou naturels institués par leur mère, l'esclave institué par son maitre puis affranchi ou aliéné par lui avant l'ouverture de sa succession [2].

Nous avons vu que les héritiers nécessaires acquièrent l'hérédité au moment même où elle s'ouvre ; ici, au contraire, le moment de l'ouverture de la succession ne se confond pas avec celui de l'acquisition. L'institué n'est vraiment héritier qu'au moment où il fait adition, c'est pour cette raison que l'héritier externe est aussi appelé

---

[1] Gaius, c. ii, § 160.

[2] Gaius, c. ii. § 161. — *Institutes,* § 3, de hered. qual. et diff., l. ii, t. XIX.

volontaire ; il dépend, en effet, de lui d'être ou de n'être pas héritier.

— Mais avant de traiter de l'adition et de la répudiation de l'hérédité par l'héritier externe, nous devons examiner rapidement les conditions de capacité exigées en la personne de l'institué.

Il est de règle en droit romain que celui-là seul peut acquérir une hérédité, qui a la *factio testamenti* avec le testateur, c'est à-dire qui est capable de recevoir. Ulpien nous dit : *heredes institui possunt, qui testamenti factionem cum testatore habent*[1]. Mais quelle époque devons-nous considérer pour constater si cette faculté existe en la personne de l'institué ? Le droit romain se montre exigeant à ce point de vue ; il veut que la capacité existe à trois époques différentes. C'est ce que nous dit le jurisconsulte Florentinus[2], dont la décision à été reproduite dans les Institutes[3]. La *testamenti factio* doit exister en la personne de l'institué au moment de la confection du testament, au moment de la mort du testateur et à celui de l'adition d'hérédité.

1° La *factio testamenti* passive doit exister lors de la confection du testament. Voilà une disposition bien sévère et dont on ne comprendrait pas l'existence, si on ne se rappelait les anciennes formes testamentaires employées par les Romains ; le testament, qui se faisait *calatis comitiis*, exigeait que l'héritier fût présent et capable au moment où il était agréé par les comices comme successeur.

---

[1] T. XXII, § 1. — L. 49, § 1, D. de hered. inst., xxviii. 5.
[2] L. 49, § 1, D. eodem titulo.
[3] *Institutes*, § 4, de hered. qual. et diff., l. ii. t. XIX.

Plus tard, quand on testa *per æs et libram*, l'héritier devait intervenir dans la mancipation en qualité d'*emptor familiæ*. Ces anciennes formes disparurent ; mais on conserva respectueusement le principe de la capacité de l'héritier nécessaire au moment de la confection du testament. Le droit français, au contraire, n'exige aucune condition de capacité de la part de l'institué au moment où le testament est rédigé.

Nous devons noter qu'à cette première époque la *factio testamenti* passive est seule requise de l'institué, et qu'on ne lui demande pas d'avoir le *jus capiendi*. Le *jus capiendi* doit exister au moment du décès du testateur ou de l'évènement de la condition, et au moment de l'adition d'hérédité. On peut même échapper aux déchéances résultant des lois caducaires dans le délai des cent jours qui suivent la délation de l'hérédité[1]. On alla même plus loin et l'on admit que l'institué recueillerait l'hérédité à quelque époque qu'il acquît le *jus capiendi*, si le testateur l'avait indiqué formellement dans son testament, c'est-à-dire si le testateur avait subordonné l'existence de l'institution à cette condition : *quum capere potuerit, quum liberos habuerit*. Modestin nous dit que c'est là une dérogation aux principes admise par bienveillance en faveur de l'héritier[2]. En effet, les lois caducaires furent toujours impopulaires à Rome ; aussi les testateurs s'efforçaient-ils d'en écarter l'application et nous voyons par la décision de Modestin que la jurisprudence subissait l'influence de cette réprobation de l'opinion publique.

[1] Ulpien. t. XVII, § 1.
[2] L. 62, pr. D. de hered. inst. xxviii, 2.

2° La *factio testamenti* passive doit exister à la mort du testateur, si l'institution est pure et simple, à l'arrivée de la condition, si elle est conditionnelle[1]. L'institué doit être vivant et capable au moment de l'évènement de la condition, comme il doit l'être au moment de la confection du testament.

Mais peu importe qu'entre la première et la seconde époque l'institué ait perdu la *factio testamenti ;* il suffit qu'il l'ait au moment de la mort du testateur ou de l'arrivée de la condition ; ce qui s'est passé dans l'intervalle n'a aucune influence sur sa capacité. Ainsi, supposons que l'institué est du vivant du testateur condamné à l'interdiction de l'eau et du feu ; s'il redevient *civis romanus* avant la mort du testateur, cette interruption de capacité ne l'empêche pas d'acquérir l'hérédité[2]. C'est ce résultat qu'on exprime par la formule *media tempora non nocent,* formule qui est écrite par Ulpien, dans la loi 6, § 2, de *heredibus instituendis.* Il en est différemment de la *factio testamenti* active, qui doit persister en la personne du testateur sans aucune interruption ; dès que ce dernier subit une *capitis dominutio,* eût-il recouvré au moment de sa mort l'état qu'il avait lors de la confection du testament, le testament est *irritum.* Toutefois le droit prétorien validait dans ce cas le testament au moyen de la *bonorum possessio secundùm tabulas*[3].

3° La *factio testamenti* passive doit toujours exister en la personne de l'institué au moment où il fait adition.

---

[1] *Institutes,* § 4, de hered. qual. et diff. L. II, t. 19.
[2] L. 59, § 4, D. de hered. inst. xxviii, 2
[3] L. 1, § 8, in fine, D. de B. P. secund. tab. xxxvii, 11.

Les Institutes expliquent cette nécessité en disant : *nàm jus heredis eo rel maximè tempore inspiciendum est quo adquirit hereditatem*[1].

Les règles du droit romain sont très sévères pour ce second intervalle, qui sépare l'ouverture du droit de l'acquisition de l'hérédité par l'héritier externe ; il faut que la *factio testamenti* n'ait pas cessé d'exister à un seul moment, que l'institué ait été capable pendant tout le temps écoulé depuis la mort du testateur jusqu'au moment de l'adition de l'hérédité. Si l'institué perd un seul instant sa capacité pendant cette seconde période, la vocation héréditaire lui est enlevée complétement et passe aux personnes appelées avec lui ou à son défaut.

Nous devons maintenant exposer en détail comment l'héritier externe acquiert l'hérédité. Nous avons déjà dit que pour l'héritier externe, à la différence de l'héritier nécessaire, il fallait soigneusement distinguer l'ouverture de son droit et l'acquisition de ce même droit.

---

[1] § 4, de hered. qual. et diff., l. ii, t. XIX.

CHAPITRE V

Les héritiers *extranei*, qui ne sont pas soumis à la puissance du *de cujus*, sont libres d'acquérir ou de ne pas acquérir l'hérédité qui leur est offerte ; c'est pour cette raison qu'ils sont nommés *heredes voluntarii*. Il faut donc un acte de volonté de leur part pour les constituer héritiers.

L'héritier institué acquiert définitivement l'hérédité soit par une déclaration expresse et formelle, *cretio*, soit *nudâ voluntate*, c'est-à-dire par un acte quelconque qui manifeste d'une manière certaine l'intention d'être héritier, *aditio* proprement dit, ou *pro herede gestio*.

La *cretio* ayant été abolie par Justinien, l'héritier institué n'aquiert l'hérédité dans le dernier état du droit que par une *aditio* ou une *pro herede gestio*.

Du reste il faut bien remarquer que le mot *aditio* peut s'entendre dans deux sens : dans un sens restreint, c'est une manifestation expresse au moyen d'une déclaration

qui n'est pas soumise à des formes rigoureuses ; dans un
sens large, c'est toute manifestation de volonté, et même
une manifestation implicite résultant d'actes qui supposent
l'intention d'être héritier, c'est-à-dire la *pro herede
gestio* proprement dite.

Avant d'étudier l'adition d'hérédité et la *pro herede
gestio*, nous devons dire quelques mots de l'ancienne institution appelée *cretio*.

§ 1. — DE LA CRETIO

On trouve dans l'ancien droit une intitution remarquable, c'est la *cretio* ; quand un héritier est institué *cum
cretione*, il doit manifester son intention d'acquérir l'hérédité dans un certain délai et en prononçant certaines
paroles consacrées. Gaïus nous donne quelques détails
sur cette manière d'instituer un héritier ; voici comment
était conçue l'institution : *Heres Titius esto, cernito que
in centum diebus proxumis quibus scies poterisque ; quôd
ni itâ creveris, exheres esto*[1]. L'institué *cum cretione*
manifestait son intention dans le délai fixé en prononçant
les paroles suivantes : *quôd me Publius Mævius testamento suo heredem instituit, eam hereditatem adeo cerno
que*[2]. Si le délai s'écoule sans que l'institué accomplisse
cette formalité, il est définitivement exclu ; peu importe
qu'il se soit jusque là comporté en héritier : rien ne sup-
plée la manifestation solennelle de la volonté.

[1] Gaïus, c. II. § 165.
[2] Gaïus, c. II, § 166.

Nous avons supposé que la *cretio* est accompagnée d'une clause, par laquelle le testateur exhérède l'institué qui laisse passer le délai sans prononcer la formule solennelle ; dans ce cas la *cretio* est *perfecta*. Si la clause d'exhérédation manque, la *cretio* est *imperfecta*. Cette distinction présente un très grand intérêt ; quand la *cretio* est *perfecta*, l'héritier n'est investi de la succession qu'en prononçant les paroles solennelles[1]. Si la *cretio* est *imperfecta*, l'institué peut accepter la succession soit en prononçant la formule solennelle, soit en faisant une *pro herede gestio*.

A un autre point de vue, on distingue deux espèces de crétion ; dans l'une, appelée crétion vulgaire parce qu'on l'employait habituellement, on ne compte que les jours utiles ; dans l'autre, appelée crétion continue, on compte tous les jours à partir de la mort du testateur, sans se préoccuper de l'ignorance de l'héritier ou de l'impossibilité dans laquelle il se trouvait d'accepter l'hérédité[2].

D'après une loi insérée au Code[3], l'institution *cum cretione* aurait été abolie par les empereurs Arcadius et Honorius ; mais il paraît assez probable qu'elle n'a été supprimée définitivement que par Justinien.

---

[1] Gaïus, c. ii, § 166 et 168.
[2] Gaïus, c. ii, § 170-173.
[3] L. 17, C. de jure delib., vi, 30.

§ 2. — DE L'ADITION D'HÉRÉDITÉ

L'adition d'hérédité proprement dite n'est soumise à aucune formalité ; elle n'exige pas le concours de l'autorité judiciaire. Nous ne trouvons dans les textes aucune trace de formalités, qui auraient été requises pour la validité de cet acte. Mais si l'adition n'est soumise à aucune formalité, elle n'en est pas moins régie par des règles très rigoureuses ; ce sont ces règles que nous devons examiner en détail.

I° L'hérédité doit être acceptée telle qu'elle est déférée ; il ne peut dépendre de la personne appelée au droit héréditaire de changer le titre de sa vocation. Ainsi l'adition ne peut être que pure et simple. Papinien la met au nombre des *actus legitimi* qui sont rendus nuls *per temporis vel conditionis adjectionem*[1]. Si l'institué en faisant un acte d'héritier voulait en restreindre l'effet en ajoutant des réserves relatives à une condition ou à un terme, ces réserves seraient non avenues et l'institué demeurerait purement et simplement héritier[2].

Une adition partielle a la même valeur qu'une adition totale ; car elle a pour effet de faire arriver l'acceptant à l'hérédité ; or il ne peut y arriver pour partie en vertu de la règle *nemo partim testatus, partim intestatus decedere potest*[3].

---

[1] L. 77, D. de regulis juris. L. 17. — V. aussi L. 51. § 2. D. de acqu. vel om. hered., XXIX. 2.

[2] L. 10. D. de acq. vel om. hered., XXIX, 2.

[3] L. 1. 2. 10, 53, pr.. 80 pr., et § 1 D. eodem titulo.

Mais lorsque l'institué décède avant d'avoir fait adition, et qu'il laisse plusieurs héritiers, chacun de ces derniers peut accepter ou répudier pour sa quote-part l'hérédité qui était échue à son auteur[1]. Du reste, cette décision ne peut s'appliquer qu'à l'époque où la transmission de l'hérédité est admise.

II° L'adition ne peut être faite que par l'institué en personne ; elle nécessite une manifestation de volonté de la part de l'héritier appelé lui-même.

La question de savoir si l'adition d'hérédité peut être faite par l'intermédiaire d'un mandataire a divisé les commentateurs. Nous pensons que l'ad.....n proprement dite, l'adition expresse, ne peut être valablement faite que par l'héritier lui-même ; on ne comprend pas en effet un mandat, qui porterait sur une déclaration expresse qui n'exige aucune formalité spéciale : l'héritier fait ou ne fait pas la déclaration qui constitue l'adition. Mais l'hériter peut charger un mandataire de gérer *pro herede*, et en cela il n'y a aucune dérogation au principe de la personnalité de l'adition : car ce mandat, lors même qu'il serait inexécuté, suppose la volonté d'être héritier de la part du mandant[2]. La *bonorum possessio*, qui devait être demandée au préteur, pouvait être obtenue par l'intermédiaire d'un mandataire[3].

L'esclave et le fils de famille institués doivent faire adition eux-mêmes, lors même qu'ils n'acquièrent pas

[1] Arg. de la loi 38 pr. D. de legatis 1°, xxx.
[2] L. 1 et 17, C. de jure delib.. vi. 30.
[3] L. 3, § 7, D. de bon. possess. xxxvii. 1.

l'hérédité pour leur propre compte. Cet acte ne saurait être accompli par le maitre ou le *paterfamiliás*[1]; mais il est nécessaire que celui, qui a la *patria* ou la *dominica potestas*, donne un ordre spécial, *jussus*. Gaïus nous dit que l'adition faite par le fils de famille sur l'ordre de son père fait acquérir l'hérédité par ce dernier *proinde atque si ipse heres institutus esset*[2]. Ulpien explique pourquoi le *jussus patris* est nécessaire pour l'adition faite par le *filiusfamiliás : qui in alienâ est potestate, non potest invitum hereditati obligare eum in cujus est potestate, ne æri alieno pater obligaretur*[3]. Dans une autre décision, le même jurisconsulte indique la différence qui sépare le *jussus patris* et l'autorisation du tuteur ; l'ordre de faire adition doit être donné avant l'acceptation et peut l'être *per internuntium vel per epistolam ;* au contraire, dit Ulpien, *l'auctoritas tutoris interponitur perfecto negotio*[4].

Le sens de ce texte n'est pas que *l'auctoritas* peut être donnée après coup par le tuteur ; car d'autres textes nous disent formellement que le tuteur qui autorise doit intervenir *in ipso negotio,* au moment même où le pupille accomplit l'acte[5]. Ulpien fait simplement ressortir cette différence entre le *jussus* et *l'auctoritas*, que le *jussus* est donné avant l'acte accompli par le fils de famille et peut être transmis par un messager ou par une lettre,

---

[1] L. 13, § 3. de acq. vel om. hered., xxix, 2.
[2] C. ii. § 87. — V. aussi L. 79, D. de acq. vel om. hered., xxix, 2.
[3] L. 6. pr., D. eodem titulo.
[4] L. 25, § 4, D. eodem titulo.
[5] *Institutes*, § 2. de auct. tut., L. I, t. 21. — L. 9. § 5, D. de auct. et cons. tut. xxvi. 8.

tandis que l'*auctoritas* nécessite la présence du tuteur au moment même où le pupille fait l'acte autorisé. Tel est le véritable sens de ces mots : *interponitur perfecto negotio.*

— Lorsqu'un esclave dont quelqu'un a l'usufruit a été institué héritier, c'est en général le nu-propriétaire qui profite de l'hérédité et c'est lui par conséquent qui doit donner le *jussus*[1]. Cependant, s'il était établi que l'esclave a été institué *contemplatione usufructuarii*, c'est à l'usufruitier que l'hérédité serait acquise et c'est lui qui donnerait le *jussus ;* c'est la distinction que faisait Labéon, d'après ce que rapporte Ulpien[2].

Si une personne donne le *jussus adeundi* à un *servus alienus*, l'adition faite par l'esclave est tenue pour nulle, lors même que cet esclave serait possédé de bonne foi par celui qui a donné le *jussus*[3]; cependant il fallait excepter le cas où cet esclave avait été institué en consi-dération de celui qui a donné l'ordre d'adition.

Que doit-on décider s'il s'agit d'un homme libre que je possède *ex justâ causâ* et de bonne foi, comme étant mon esclave ? Pomponius relate plusieurs opinions professées par les anciens jurisconsultes[4]. D'après Ariston je ne peux en aucun cas acquérir par cet homme libre l'hérédité, *etiàm si testator ad me voluisset pertinere.* Pomponius ajoute que, *si voluntas evidens testatoris appa-*

[1] Gaius, c. 11. § 91 in fine.   *Institutes.* § 1, per quas personas nobis adq. L. 11. t. 9. — L. 25, pr. D. de acq. vel om. hered., XXIX, 2

[2] L. 21, D. de usufructu, VI, 1.

[3] L. 25, pr. D. de acq. vel om. hered., XXIX 2.

[4] L. 19, D. de acq. rerum dom., XLI. 1.

reat, cet homme libre acquiert bien l'hérédité pour lui-même, mais à charge de me la restituer. Julien et d'autres jurisconsultes allaient plus loin et soutenaient que cet homme libre pouvait acquérir pour moi l'hérédité en faisant adition sur mon ordre[1]. Telles étaient les solutions professées, lorsque l'institution était faite en vue de la personne du maître supposé de l'homme libre. En dehors de cette hypothèse spéciale, Trébatius soutenait que l'homme libre en faisant adition sur mon ordre devenait lui-même héritier. Labéon distinguait : il suivait l'opinion de Trébatius quand l'homme libre avait fait adition pour devenir héritier, quand il y avait eu volonté de sa part; au contraire, il regardait l'adition comme nulle, lorsqu'elle avait été faite *ex necessitate*, pour obéir à l'ordre du possesseur de l'homme libre qui lui-même se croyait esclave[2].

— La nécessité d'une manifestation de volonté de la part de l'héritier présentait des difficultés spéciales, lorsque cet héritier ne pouvait pas avoir de volonté, lorsqu'il était *infans* ou *furiosus*, ou qu'il s'agissait d'une personne morale.

1° Que se passait il si un pupille *infans* était appelé à l'hérédité? On se trouvait en présence d'une difficulté qui paraissait insoluble : d'une part l'adition d'hérédité était un de ces actes solennels qui n'admettaient pas la représentation par le tuteur; d'autre part le pupille *infans* ne pouvait pas agir en personne, pas même *tutore auctore :*

---

[1] L. 45. § 4. D. de acq. vel om. heret. xxix. 2.
[2] L. 19. in fine D. de acq. rerum dom. xli. 1.

il était absolument incapable. *Infans non multum à fu-
rioso differt, quià hujus ætatis pupilli nullum intellec-
tur habent*[1]. La conséquence de cette incapacité était
très rigoureuse ; le pupille ne pouvait pas, tant qu'il était
infans, tant qu'il n'avait pas sept ans, acquérir une hé -
rédité qui lui était déférée. Aussi divers expédients
avaient été admis en pratique ; nous en trouvons la
trace dans la loi 65, § 3, au Digeste *ad Scs. Trebellia-
num ;* le jurisconsulte Mæcien nous indique incidemment
comment on arrivait à faire acquérir une hérédité par un
pupille *infans* : *Sive enim heres institutus esset, non
dubiè pro herede tutore auctore, gerere posse videtur.*
On faisait donc accomplir par l'*infans, tutore auctore,*
un acte de gestion impliquant acceptation de l'hérédité.
Il paraît même que, si le pupille pouvait parler avant
l'âge de sept ans, on admettait qu'il pouvait faire une
adition proprement dite *tutore auctore*[2]. Une innovation
considérable fut réalisée par les empereurs Théodose le
Jeune et Valentinien ; ils décidèrent que le tuteur ou le
père pourrait faire adition de l'hérédité au nom de l'*infans*, sans distinguer si ce dernier pouvait ou ne pouvait
pas parler[3]. La constitution de Théodose et Valentinien
avait été précédée d'une autre constitution, rendue en
l'année 407 par les empereurs Arcadius, Honorius et
Théodose, et qui figurait au Code Théodosien[4]. C'était
là une extension considérable du système de la représen-

[1] Gaius. c. III. § 109.
[2] L. 9, D. de acq. vel om. hered.. XXIX. 2.
[3] L. 18. pr. C. de jure delib. VI, 30.
[4] L. 8. C. Th. de Bon. mat., VIII. 18

tation du pupille par son tuteur ; ces constitutions apportaient, comme on le voit, une dérogation considérable à la règle que l'adition de l'hérédité doit émaner de l'héritier lui-même. Depuis lors, le pupille *infans* fut représenté par son tuteur pour l'adition d'hérédité ; mais dès qu'il cessait d'être *infans*, c'est-à-dire dès qu'il atteignait l'âge de sept ans, le pupille faisait adition lui-même, *tutore auctore*.

Telle était la portée de la constitution de Théodose et Valentinien, qui n'avait pas pour objet, comme on l'a soutenu, de fixer à l'âge de sept années révolues le terme de l'*infantia*.

Il paraît certain que, même avant l'innovation de Théodose et Valentinien, le tuteur pouvait représenter le pupille *infans*, à l'effet de demander ou de répudier en son nom une *bonorum possessio* qui lui était déférée[1].

Le fils de famille *infans* se trouvait, avant la constitution de Théodose et Valentinien, dans une situation identique à celle du pupille, et les mêmes dérogations à la règle de l'incapacité absolue de l'*infans* paraissent avoir été admises en sa faveur au point de vue unique de l'adition d'hérédité[2]. Depuis l'innovation de Théodose et Valentinien, le père de l'*infans* peut faire adition au nom de son fils ; ce dernier, dès qu'il était sorti de l'*infantia*, faisait adition lui-même sur l'ordre de son père.

2° Le *furiosus* ne peut pas faire adition, à moins qu'il

---

[1] L. 11, D. de auct. et cons. tut. XXVI, 8. — L. 7, § 1, et l. 8, D. de Bon poss., XXXVII, 1.

[2] L. 8, § 1, D. de acq. vel om. hered., XXIX, 2.}

ne se trouve dans un intervalle lucide [1], et le curateur ne peut pas faire adition aux lieu et place du *furiosus* [2] ; mais ce curateur pourrait donner le *jussus adeundi* à la personne placée sous la puissance du fou.

La loi 7, § 3, au Code *de curatore furiosi*, témoigne des difficultés, qui s'étaient élevées au sujet de l'adition d'une hérédité par le *furiosus* et des dissentiments des jurisconsultes sur la question de savoir, si le curateur du *furiosus* pouvait demander la *bonorum possessio : juris auctores ex utroque latere magnum habuére certamen.*

Dans le droit de Justinien, il est constant que le curateur du *furiosus* peut faire adition au nom de ce dernier [3].

3° Personne morale. — Ulpien nous apprend qu'un sénatus-consulte avait permis l'institution des municipes par leurs affranchis [4]. Il est probable qu'il fut admis que les représentants des personnes morales instituées pouvaient faire adition en leur nom [5]. Du reste le préteur consacrait l'institution des personnes morales au moyen de la *bonorum possessio secundùm tabulas* [6].

III° En principe l'adition doit émaner d'une personne capable de s'obliger ; il faut que l'héritier puisse se soumettre aux charges héréditaires. Cependant nous avons déjà vu, en traitant du pupille *infans* et du *furiosus*, que

---

[1] L. 63, D. de acq. vel om. hered. xxix, 2.
[2] L. 90, pr. D. eodem titulo.
[3] L. 7. § 3, C. de curat. furiosi, v. 70.
[4] T. XXII, § 5.
[5] L. 6, § 4, D. ad Scs. Trebell . xxvi. 4. — L. 1, § 1, D. de libertis univers.. xxxviii, 3.
[6] L. 3. § 4. D. de bon. poss , xxxvii, 1.

de graves exceptions avaient été faites à cette règle. Nous devons ajouter que le prodigue peut faire adition, quoi-qu'il soit interdit[1] ; mais il doit avoir le consentement de son curateur.

Le pupille ne peut accepter la succession qui lui est échue qu'avec l'*auctoritas tutoris*. Cette *auctoritas* est nécessaire lors même que la succession est très opulente ; Justinien, après avoir posé la règle que les pupilles n'ont pas besoin de l'*auctoritas tutoris* pour rendre leur condition meilleure, ajoute : *neque tamen hereditatem adire, neque bonorum possessionem petere, neque hereditatem ex fideicommisso suscipere aliter possunt nisi tutoris auctoritate, quamvis illis lucrosa sit nec ullum damnum habeat*[2]. La raison de cette règle est qu'en acceptant l'hérédité le pupille s'oblige toujours à payer quelque chose, tout au moins les frais funéraires.

Cette *auctoritas tutoris* est un acte solennel ; le tuteur doit assister le pupille au moment de l'adition et donner son consentement au moment même de l'acte et dans une certaine forme[3]. L'*auctoritas* ne peut pas intervenir après coup.

Quant au fils de famille impubère, il est complétement incapable de s'obliger[4] ; cette règle appliquée à la rigueur eût conduit à décider qu'il ne pouvait pas acquérir une hérédité, tant qu'il n'était pas pubère. Mais nous avons

---

[1] L. 5, § 1, D. de acq. vel. om. hered., xxix, 2.

[2] *Institutes*, § 1, de auct. tut., l. 1, t. 21. — V. L. 8, D. de acq. vel. om. hered.

[3] *Institutes*, § 2, de auct. tut., l. I. t. 21. — L. 8, § 5, D. de auct. et cons. tut. xxvi. 8.

[4] L. 141. § 2. D. de verb. oblig., xlv. 1.

déjà vu que cette rigueur du droit fut adoucie en ce qui concerne l'adition d'hérédité ; on admit favorablement que le fils de famille impubère, quoique frappé de l'incapacité absolue de rendre sa condition pire, même alors qu'il n'était plus *infans*, pourrait sur l'ordre son père acquérir une hérédité. Ce que nous disons du pupille s'applique donc à l'impubère qui se trouve placé sous la puissance paternelle, avec cette différence qu'au lieu de l'*auctoritas tutoris*, c'est le *jussus patris* qui est nécessaire pour l'adition [1]. Nous avons déjà dit que ce *jussus* devait précéder l'adition, et qu'à la différence de l'*auctoritas*, il pouvait résulter d'une lettre, être envoyé par un messager et n'exigeait aucune condition de forme.

L'esclave institué acquiert l'hérédité sur l'ordre de son maître.

Un sourd ou un muet peut acquérir l'hérédité qui lui est déférée, pourvu qu'il comprenne bien la portée de l'acte qu'il accomplit [2].

IV° Pour être valable l'adition doit se rapporter à une hérédité déjà ouverte ou déférée, sinon l'acceptation manque d'objet. C'est ce que nous dit Ulpien dans la loi 21, § 2, au Digeste *de acquirendâ vel omittendâ hereditate* [3].

A quel moment l'hérédité est-elle ouverte ou déférée ? Dans l'ancien droit on s'en tient au moment de la mort du testateur ou de l'arrivée de la condition. Plus tard la loi

---

[1] L. 8. § 1, D. de acq. vel om. hered., XXIX. 2.
[2] *Institutes*, § 7, de hered. qual. et diff. l. II, t. 19.
[3] V. aussi l. 3 et l. 27, D. eodem titulo.

Pappia Poppæa, pour augmenter les chances de caducité des dispositions testamentaires, décida que l'adition
ne pourrait être utilement faite qu'après l'ouverture solennelle des tablettes du testament. Cette règle ne s'appli-
quait pas, lorsqu'il n'y avait qu'un seul institué[1]. On
trouve dans les sentences de Paul, au titre *de vicesima*[2],
des détails curieux sur l'ouverture des testaments ; cette
ouverture se faisait ordinairement dans les trois ou cinq
jours après le décès. Justinien supprima cette disposition
de la loi *Pappia Poppæa* en abolissant le système des
lois caducaires[3].

Il ne peut y avoir adition en vertu d'une institution
conditionnelle que lorsque la condition est accomplie[4].
Mais, dans le cas où l'institution dépend d'une condition
potestative négativement formulée, il peut y avoir lieu
d'admettre l'adition moyennant une caution, *cautio Mu-
ciana*. De plus, le préteur accordait le *bonorum possessio
secundùm tabulas* à l'institué sous condition, si toutefois
la condition n'était pas potestative de sa part. Dans ce
cas, l'institué devait fournir une caution qui s'engageait
à restituer l'hérédité avec les fruits, si la condition venait
à défaillir. Cette possession de biens s'évanouissait, si la
condition ne s'accomplissait pas[5].

— Il ne suffit même pas que l'hérédité soit réellement

---

[1] Ulpien, t. XVII. 1.
[2] L. IV, t. VI.
[3] L. un., C. de caducis tollendis, vi, 51.
[4] L. 49, § 1. in fine D. de hered. inst., xxviii, 5. — L. 13 pr. et l. 70, § 1.
D. de acq. vel om. hered., xxix, 2.
[5] L. 3, § 13, D. de Bon. poss. contra tab., xxxvii, 4. — L. 2, § 1, l. 5
pr., et l. 6, D. de Bon. poss. secund. tab. xxxvii, 11.

déférée à la personne qui fait adition ; il faut de plus que l'institué sache que la succession lui est déférée et déférée en vertu de tel testament[1]. L'institué qui fait adition doit connaître sa vocation et n'avoir aucun doute sur la validité du testament[2]. Le moindre doute sur cette vocation ou sur la validité du testament entraîne la nullité de l'adition ; car l'adition étant un acte de volonté ne peut exister sans une intention positive d'acquérir l'hérédité[3]. On va jusqu'à décider qu'un institué, qui ignore s'il l'est purement et simplement ou sous condition et qui fait adition, fait un acte nul, alors même qu'en réalité il est institué purement et simplement ; cet héritier n'a pas au moment de l'adition la *certa scientia* qui est nécessaire[4]. On admet également que, si l'institué est dans l'erreur au sujet de la nature de sa vocation, il ne peut pas faire une adition valable ; tel est le cas dans lequel étant héritier nécessaire, il croit être héritier volontaire[5].

S'il s'agit d'un esclave ou d'un fils de famille institué héritier, la *certa scientia* est exigée de l'esclave ou du fils de famille et non pas du maître ou du père[6]. Cependant il est bien certain que cette *certa scientia* ne peut jamais exister en la personne de l'*infans*.

Mais il n'est pas nécessaire que l'institué ait une certi-

---

[1] L. 66, D. de regulis juris. L. 17. — L. 29, D. de acq. vel om. hered., XXIX, 2.

[2] L. 17 pr., l. 30, § 8; l. 32, § 2; l. 93, pr. D. eodem titulo.

[3] L. 76, D. de regulis juris. L. 17. — L. 30, § 1, 2, 3, 4. D. de acq. vel om. hered., XXIX, 2.

[4] L. 32, § 1 et 2. D. de eodem titulo.

[5] L. 15, l. 16, l. 22, l. 23, D. eodem titulo.

[6] l. 30, § 7. D eodem titulo.

tude complète sur sa capacité personnelle d'acquérir l'hérédité, pourvu qu'il soit réellement capable au moment de l'adition. Ulpien le dit formellement et ajoute que cette incertitude sur sa propre capacité n'empêche pas l'institué d'être certain de la validité du testament, *de testamento certus est* [1].

— Lorsqu'un testateur était mort de mort violente, un sénatus-consulte appelé Silanien ordonnait de mettre les esclaves du défunt à la question [2] ; on essayait de leur rracher le nom du meurtrier par tous les moyens, même par des tortures ; *quæstionem sic accepimus*, dit Ulpien, *non tormenta tantùm, sed omnem inquisitionem et defensionem mortis* [3]. Or, un édit du préteur avait défendu, lorsqu'il y avait lieu d'appliquer les dispositions du sénatus-consulte Silanien de faire adition de l'hérédité, *antequàm quæstio de familiâ habeatur ;* Ulpien en donne la raison suivante : *ne heres propter compendium suum familiæ facinus occultaret* [4]. Si l'héritier contrevenait à la disposition de l'édit, les biens héréditaires étaient attribués au fisc [5].

§ 3. — DE LA *PRO HEREDE GESTIO*

Il est difficile de donner une définition exacte de ce qui constitue l'acte d'héritier. Ulpien nous dit : *pro herede*

[1] L. 34, pr. D. de acq. vel om. hered. xxix, 2. — V. aussi l. 96, D. eodem titulo.
[2] L. 1. pr.. D. de Sc. Silan. xxix, 5.
[3] L. 1, § 25, D. eodem titulo.
[4] L. 3, § 34, D. eodem titulo.
[5] L. 5, § 2 et L. 9, D. eodem titulo.

gerere videtur is, qui aliquid facit quasi heres. Et ge-neraliter Julianus scribit eum demùm pro herede ge-rere, qui aliquid quasi heres gerit: pro herede autem gerere, non esse facti quàm animi : nàm hoc animo esse debet, ut velit esse heres[1].

La question de savoir si un acte fait par la personne habile à succéder constitue une *pro herede gestio* présente souvent d'assez grandes difficultés. C'est une question de fait, qui ne peut être résolue qu'en examinant pour cha-que cas, d'une part la nature générale de l'acte, et d'autre part les circonstances dans lesquelles l'acte s'est produit et l'intention de l'héritier.

Du reste, certains actes impliquent nécessairement l'*animus heredis* de la part de l'habile à succéder ; ce sont ceux qui ont pour but d'acquérir la succession ou qui sup-posent nécessairement qu'elle est déjà acquise; ainsi, l'institué intente les actions héréditaires, telles que l'*he-reditatis petitio* ou l'*actio familiæ erciscundæ*, il de-mande la *bonorum possessio*, ou il fait délivrance des legs contenus dans le testament.

De nombreux textes du Digeste nous offrent des exem-ples d'actes d'héritier. Ainsi Ulpien nous parle d'un fils de famille qui avait contracté une société du vivant de son père[2]. Le père meurt et le fils continue certaines af-faires commencées du vivant du *de cujus* : en agissant ainsi le fils fait un acte de gestion héréditaire; il s'im-misce dans la succession de son père, parce que les bé-

---

[1] L. 20, pr. D. de acq. vel om. hered., XXIX. 2.
[2] L. 42, § 1, D. eodem titulo.

néfices résultant de la société étaient acquis au père, et par suite à son hérédité. Mais il en serait autrement, si l'affaire que le fils a faite comme associé était une affaire nouvelle, qui n'eût pas été entamée avant la mort du père.

L'héritier, qui dispose d'une manière quelconque des valeurs héréditaires, fait un acte de *pro herede gestio* qui implique son acceptation. Papinien nous cite l'exemple suivant [1] : un fils, qui sait que sa mère vient de mourir sans avoir laissé un testament, fait un codicille, dans lequel il prie son héritier d'affranchir un esclave qui dépend de la succession de la mère, ou d'élever un monument funèbre sur un fonds qui fait partie de cette hérédité.

Ulpien nous dit que l'héritier ne fait point acte d'héritier en recevant un prix pour répudier l'hérédité [2]; en effet il reçoit cet argent précisément pour n'être pas héritier. Mais il tombe sous l'application de l'édit du préteur; il est tenu d'acquitter les legs et les *fideicommis* [3].

La tradition, la mancipation, l'*in jure cessio* d'un objet particulier de l'hérédité sont des actes d'acceptation implicite.

— L'*in jure cessio* de l'hérédité tout entière constitue-t-elle un acte d'héritier ? Il faut distinguer. Si l'héritier qui fait l'*in jure cessio* est un héritier légitime et volontaire, qui n'a pas encore fait adition, Gaïus nous dit que

---

[1] L. 86, § 2. D. de acq. vel om. hered. xxix. 2.
[2] L. 24. D. eodem titulo.
[3] L. 2, pr. D. si quis om. causa test., xxix, 4.

le cessionnaire devient héritier, comme s'il était appelé lui-même par la loi à l'hérédité [1]. Il y a plus : le cessionnaire n'est pas seulement mis à la place de l'*in jure cedens* ; l'hérédité ne lui est pas seulement déférée : elle lui est acquise, comme s'il avait fait adition. Quant au cédant, il devient absolument étranger à la succession qu'il transmet à son cessionnaire. L'*in jure cessio* n'est donc pas considérée comme un *pro herede gestio* de la part du cédant.

Si, au contraire, l'*in jure cedens* est un héritier testamentaire et volontaire, qui de même que le précédent n'a pas fait adition, Gaïus nous explique que l'*in jure cessio* ne produit aucun résultat [2] : l'*in jure cedens* reste héritier et le cessionnaire n'acquiert aucun droit à l'hérédité. Mais il est remarquable que cette *in jure cessio*, qui ne peut aboutir à transférer l'hérédité testamentaire, n'est pas même regardée comme une *pro herede gestio* de la part de l'*in jure cedens* : ce dernier conserve donc la faculté d'accepter ou de répudier l'hérédité.

Peut-on expliquer cette différence absolue entre les effets de l'*in jure cessio*, suivant qu'elle s'applique à une hérédité *ab intestat* ou à une hérédité testamentaire ? La raison qui en est donnée généralement et qui paraît en effet la plus conforme aux idées romaines en matière de succession, est celle-ci : les Romains avaient un tel respect pour le testament, qu'ils ne pouvaient admettre qu'un héritier institué eût la faculté de se substituer un

<hr>

[1] C. II. § 35. — V. Ulpien, t. XIX. § 14.
[2] C. II. § 36, et c. III, § 85.

tiers et de lui transmettre sa vocation héréditaire. L'héritier institué peut répudier ; il ne peut pas mettre à sa place une autre personne que le défunt n'a pas choisie.

Si l'héritier volontaire a fait adition et qu'il cède *in jure* l'hérédité, le résultat ne varie plus, suivant que la succession est testamentaire ou légitime. On serait porté à croire que l'héritier, ayant acquis irrévocablement son titre, en vertu de la maxime *semel heres, semper heres,* l'*in jure cessio* ne produira aucun effet. Mais Gaïus[1] et Ulpien[2], tout en posant d'abord ce principe que l'héritier reste tel malgré l'*in jure cessio,* donnent à cet acte une portée qui paraît assez étrange. L'héritier, disent-ils, reste obligé envers les créanciers de la succession; mais il perd toutes les créances héréditaires qui s'éteignent ; quant aux *res corporales* faisant partie de l'hérédité, *quasi singulæ in jure cessæ essent, transeunt ad eum cui cessa est hereditas.* On aboutit donc à ce singulier résultat, que l'*in jure cedens* perd la propriété de tous les biens héréditaires et la transmet à son cessionnaire; qu'il perd toutes les créances héréditaires, mais sans les transmettre au cessionnaire, et qu'enfin il reste tenu de toutes les dettes de la succession. Cette doctrine bizarre ne paraît pas pouvoir s'expliquer par les règles ordinaires de l'*in jure cessio.*

Quel sera l'effet de l'*in jure cessio* de l'hérédité faite par un héritier sien et nécessaire ou par un héritier nécessaire? Il paraît logique d'assimiler ce cas à celui qui

---

[1] G. II, § 35, et c. III, § 85.
[2] T. XIX. § 14 et 15.

précède, l'héritier étant dans les deux hypothèses investi du droit héréditaire. C'était en effet l'opinion des Proculiens. L'école Sabinienne, au contraire, admettait la nullité absolue de l'*in jure cessio* [1].

— Les faits nécessaires pour l'administration des biens et les actes de piété envers le défunt ne constituent pas une *pro herede gestio* [2]. Ce sera du reste une question laissée à l'appréciation du juge. Cependant, même dans ce cas, l'institué fera bien, avant d'agir, d'exprimer des réserves et protestations, afin de prévenir une interprétation contraire [3]. Mais, si l'acte constituait nécessairement une *pro herede gestio*, la protestation resterait sans valeur, d'après cette règle : *protestatio actui contraria non valet*.

Tout héritier peut, sans s'immiscer pour cela, prendre connaissance des papiers et registres du défunt et s'assurer de l'état de la succession ; le préteur doit même lui faciliter l'exercice de ce droit [4].

— L'héritier appelé à la succession peut devenir définitivement héritier, sans cependant s'être mis en rapport direct avec les biens héréditaires. Une loi du Code nous en fournit un exemple [5] ; il s'agit d'un héritier qui demande au préteur la *bonorum possessio* conforme à son titre : les empereurs n'hésitent pas à reconnaître que ce appelé a fait acte d'héritier.

De même le *pater familias*, qui, institué dans un même

---

[1] Gaïus, c. ii. § 37. et c. iii. § 87.
[2] L. 20. pr. D. de acq. vel om. hered., xxix, 2.
[3] Même loi. 20. § 1.
[4] L. 23 et 24 D. eodem titulo.
[5] L. 12, C. de jure delib., vi. 30.

testament avec une personne soumise à sa puissance, lui donne le *jussus adeundi*, fait une *proherede gestio* qui le rend héritier *ex sua institutione*[1].

Javolenus nous cite une espèce qui avait été le sujet d'une discussion entre les jurisconsultes[2]. Il s'agit d'une institution faite en ces termes : qu'un tel soit mon héri - tier, s'il prête tel serment. On se demandait si la prestation du serment était par elle-même une adition ou simplement l'accomplissement d'une condition mise à l'institu- tion d'héritier. Labéon soutenait que le serment prêté permettait simplement à l'institué de faire une adition régulière : *quamvis juraverit, non tamen eum statim heredem futurum, antequàm pro herede aliquid gesse- rit*. L'opinion de Labéon paraît bien conforme aux prin- cipes; mais Proculus suivait un autre système qui du temps de Javolenus était généralement adopté.

Cependant Paul nous propose une espèce, dans laquelle il semble suivre le système de Labéon[3] : une personne est instituée à condition de donner cinq ; elle donne dix. La condition mise à l'institution est accomplie; mais l'a- dition n'est pas présumée faite : *fiet heres adeundo*.

— Nous avons vu qu'en demandant la *bonorum pos- sessio* conforme à son titre, l'héritier fait certainement acte d'héritier. Qu'arrive-t-il si l'institué demande la *bonorum possessio* contre son titre ? Javolenus nous pré- sente l'espèce suivante[4] : un père à institué seul héritier

---

[1] L. 20, D. de acq. vel om. hered., xxix, 2.
[2] L. 62, pr. D. eodem titulo.
[3] L. 74, pr. D. eodem titulo.
[4] L. 60, D. eodem titulo.

son fils émancipé, et, *si is heres non esset*, il lui a substitué un esclave. Le fils demande la *bonorum possessio ab intestat* prétendant que son père était en démence au moment de la confection du testament. Labéon pensait que, s'il était établi que le père avait sa raison, le fils serait héritier en vertu du testament. Proculus, Javolenus, Paul et l'empereur Alexandre[1] adoptent un avis contraire qui semble bien en effet le seul conforme aux principes ; suivant eux, la demande de la *bonorum possessio ab intestat* constitue une répudiation de l'hérédité et ouvre le droit du substitué. Javolenus dit avec raison : *nec potest videri pro herede gessisse, qui, ut hereditatem omitteret, ex aliâ parte edicti possessionem bonorum petat.*

— Nous pouvons donc définir la *pro herede gestio* tout acte par lequel l'institué manifeste clairement l'intention d'être héritier.

Il faut surtout s'attacher à la manifestation de l'intention d'être héritier : pour être héritier il est nécessaire qu'on veuille l'être, il faut l'*animus*. Il ne suffit donc pas de disposer d'une chose de l'hérédité ; il faut savoir que cette chose fait partie de l'hérédité. C'est ce que dit Papinien dans la loi 87 pr. *de aquirendâ vel omittendâ hereditate.* Mais, en sens inverse, on devient héritier en disposant d'une chose qui n'appartient pas à l'hérédité, si on en dispose comme d'une chose héréditaire ; il y a dans ce fait l'*animus* et cela suffit[2]. Paul en cite un exemple

---

[1] L. 3, C. de impub. et aliis substit., vi, 28.
[2] L. 21, § 1, D. de acq. vel om. hered., xxix, 2.

et le jurisconsulte ajoute : *idemque est, et si alienam rem, ut hereditariam, possedisset*[1]. Ulpien dit avec beaucoup de raison : *pro herede autem gerere non esse facti quam animi*[2].

— Ce n'est pas faire acte d'héritier que de voler une chose de l'hérédité. Le détournement, loin de prouver l'intention d'être héritier, établit l'intention contraire : *admissum contrariam voluntatem declarat*[3].

Les Romains n'ont jamais infligé à titre pénal la qualité d'héritier.

— On ne doit pas considérer comme faisant acte d'héritier celui qui fait, même sur les biens de la succession, un acte en vertu de son droit propre. C'est ce qui peut arriver dans le cas de l'indivision ; deux frères sont co-propriétaires d'un fonds ; l'un meurt laissant l'autre pour héritier. Ce dernier ne veut pas faire adition ; peut-il sans prendre qualité continuer à se comporter comme du vivant de son frère ? Oui ; il peut même administrer le bien commun aux lieu et place de son frère défunt ; mais il doit se garder de disposer de plus que de sa part indivise[4]. Dans cette espèce encore le jurisconsulte Pomponius insiste sur la volonté qui est nécessaire pour entraîner la qualité d'héritier : *nisi eo consilio usus esset, quod vellet se heredem esse, non adstringi.*

Nous savons déjà que celui qui fait procéder aux funérailles du défunt ne fait pas acte d'héritier ; il en est de

---

[1] L. 88. D. de acq. vel om. hered. xxix, 2.
[2] L. 40, pr. D. eodem titulo. — V. aussi l. 4. C. unde legit. vi. 13.
[3] L. 21. pr. D. de acq. vel om. hered., xxix, 2.
[4] L. 78. D. eodem titulo.

même de celui qui nourrit les esclaves ou les bestiaux dépendant de l'hérédité, qui loue même les fonds de terre
ou vend les choses qui peuvent périr. Il n'a pas voulu
agir en héritier ; il n'est pas lié contre sa volonté[1].

[1] L. 20. § 1. D. de acq. vel om. hered. XXIX. 2

CHAPITRE VI

DE LA RÉPUDIATION DE L'HÉRÉDITÉ

Nous avons dit que l'héritier volontaire est libre d'ac
cepter ou de répudier l'hérédité qui lui est déférée.

La répudiation peut être faite expressément ou tacitement ; expressément, c'est-à-dire par une déclaration
expresse qui n'est soumise à aucune forme particulière[1] ;
tacitement, c'est-à-dire en accomplissant des actes qui
emportent renonciation au droit héréditaire[2].

L'héritier *ab intestat*, qui est en même temps institué
par testament, répudie la succession testamentaire en
acceptant, *cognita causa*, la succession *ab intestat*[3].

Il est utile d'indiquer ici que la seule inaction de l'institué, pendant les délais fixés par l'édit du préteur, lui fait
perdre tout droit à la *bonorum possessio*.

---

[1] L. 6, pr. D. ad Scs. Trebell., xxxvi. 1.
[2] L. 95, D. de acq. vel om. hered., xxix. 2.
[3] L. 60, D. eodem titulo.

Les règles que nous avons posées en traitant de l'adition sur le fait de la délation, les conditions de capacité personnelle et la conscience de l'acte à accomplir, s'appliquent à la répudiation de l'hérédité. *Nolle adire hereditatem non videtur qui non potest adire*, dit Ulpien[1].

La répudiation de l'hérédité doit être pure et simple ; aucune condition, aucun terme ne peuvent y être ajoutés.

[1] L. 4, D. de acq. vel om. here l. XXIX, 2.

CHAPITRE VII

DE L'IRRÉVOCABILITÉ DE L'ACCEPTATION ET DE LA RÉPUDIATION DE L'HÉRÉDITÉ.

L'acceptation de l'hérédité, comme la répudiation, est irrévocable. L'adition faite par l'institué lui donne définitivement la qualité d'*heres*; elle a un effet rétroactif au jour où l'hérédité s'est ouverte. C'est ce qu'on exprime en disant *semel heres, semper heres.*

Alors même que l'institué se trouve dans l'un des cas d'indignité prévus par la loi, il peut acquérir l'hérédité en faisant adition; Ulpien dit en effet : *eum qui falsum testamentum dixit posse adire hereditatem constat, sed, denegatis ei actionibus, fisco locus erit*[1]. L'héritier indigne acquiert donc l'hérédité; mais, lorsqu'il veut faire valoir les droits résultant de cette acquisition, toute action lui fait défaut[2]. S'il se met en possession des biens héré-

---

[1] L. 29, § 1. D. de jure fisci, XLIX. 14.
[2] L. 1, pr., et § 2 et l. 2 pr., D. si quis aliquem test. prohib. XXIX, 6.

ditaires, il est tenu comme un possesseur de mauvaise foi de les restituer soit au fisc, soit à la personne appelée à profiter de la déchéance[1]. L'adition produit du reste ses effets contre l'indigne ; les droits qui se sont éteints par suite de la confusion opérée entre son patrimoine et celui du défunt ne renaissent pas au profit de l'indigne, lorsque le bénéfice de l'hérédité lui est enlevé[2]. Papinien nous dit : *Si quid tamen ob aditam hereditatem, actionibus aut servitutibus confusis, amiserit, auxilio restitutionis non merebitur*[3].

— La répudiation a pour effet de mettre l'institué dans le même état que si l'hérédité ne lui eût jamais été déférée. Cependant, quand un héritier légitime institué par le défunt laisse de côté la succession testamentaire pour échapper au paiement des legs contenus dans le testament, et accepte l'hérédité *ab intestat*, le préteur le contraint à acquitter les legs et autres charges imposés par le testament[4]. Et même, si le testament contenait une substitution pupillaire, le testament fait pour le pupille continuerait à subsister, malgré la caducité du testament du père[5].

Une fois que l'institué a répudié, il ne lui est plus permis de revenir sur son refus[6].

Mais il peut arriver qu'il y ait lieu à la *restitutio in integrum* tant contre une acceptation que contre une ré-

---

[1] L. 17 et 18 pr., D. de his quæ ut indignis aufer., xxxiv, 9.

[2] L. 8, D. eodem titulo.

[3] L. 18, § 1, in fine D. eodem titulo. — V. aussi l. 29, § 1 et 2, D. de jure fisci, xlix, 14.

[4] V. le titre : Si quis om. causa test. D. xxix, 4.

[5] L. 2, § 1, D. de vulg. et pup. subst. xxviii, 6.

[6] L. 1, § 6, D. de success. edicto, xxviii. 9. — L. 7, C. de dolo malo, ii, 21. — L. 13, pr. D. de acq. vel om. hered., xxix, 2.

pudiation, lorsque cet acte est préjudiciable aux intérêts de l'institué et que ce dernier se trouve dans les conditions requises. Ainsi le mineur de vingt-cinq ans peut se faire restituer contre une acceptation imprudente[1]. La restitution pour cause de minorité est accordée même à l'héritier sien et nécessaire et à l'héritier nécessaire[2]; mais la restitution ne donne à l'héritier nécessaire que le bénéfice de séparation : elle n'a pas pour lui des effets aussi étendus que pour l'héritier sien[3].

La *restitutio in integrum* est aussi accordée pour cause de violence[4].

L'institué qui a fait adition ou s'est immiscé ne peut se faire restituer en invoquant des manœuvres frauduleuses pratiquées par des tiers. Dans ce cas, l'héritier induit en erreur peut exercer l'action *de dolo malo* contre l'auteur du dol ou lui opposer l'exception de dol[5]. Mais cette action et cette exception ne sont pas opposables aux tiers[6].

L'erreur sur l'importance de la succession et sur le montant du passif n'est pas une cause de restitution. Toutefois Gaïus[7] et Justinien[8] nous apprennent que l'empereur Adrien avait exceptionnellement restitué un héri-

---

[1] *Institutes*, § 5, de hered. qual. et diff., l. 2, t. XIV. — L. 57, § 1. D. de acq. vel om. hered,. XXIX, 2. — L. 3. § 2. l. 22 et l. 24, § 2. D. de minor. XXV annis, IV, 4.

[2] L. 7. § 5, D. de minor. XXV annis, IV. 4.

[3] L. 57. § 2, D. de acq. vel om. hered., XXIX. 2.

[4] L. 6. § 7, et l. 85, D. de acq. vel om. hered., XXIX, 2. — L. 21, § 5 et 6, D. quod metus causa, IV, 2.

[5] L. 9, § 1, et l. 40, D. de dolo malo, IV, 3.

[6] L. 4. § 28, D. de doli mali et metus except., XLIV, 4.

[7] C. II, § 163, in fine.

[8] *Institutes*, § 6, de hered. qual. et diff., l. 2, t. XIV.

tier qui avait ignoré au moment de son adition le chiffre considérable des dettes. Plus tard les militaires jouirent du bénéfice exceptionnel de cette restitution ; mais le principe que l'erreur n'est pas une cause de restitution subsista toujours.

— La *restitutio in integrum* a pour effet de remettre, dans la mesure possible, les choses dans l'état où elles seraient, si l'adition ou la répudiation n'avait pas eu lieu.

L'institué qui a fait adition sera donc censé n'avoir jamais été héritier ; il devra rendre les valeurs héréditaires qui sont en sa possession. Cependant le mineur de vingt-cinq ans ne sera tenu que dans la limite de ce dont il aura profité [1].

Celui qui est restitué peut demander à être indemnisé de ce qu'il a dépensé dans l'intérêt de l'hérédité.

Les droits et actions, qui s'étaient éteints par suite de la confusion opérée en la personne de l'héritier, revivent à son profit ou contre lui [2].

Les droits et actions qui étaient nés au profit des créanciers contre l'héritier s'éteignent par l'effet de la restitution [3].

Cependant on décide que les aliénations faites par l'héritier sont maintenues malgré la restitution [4] ; de même l'autorité de la chose jugée à l'égard du pupille a effet à

---

[1] L. 7. §5. D. de minor. xxv annis, iv. 4. — L. 2, C. de reputat.. ii, 48.
[2] L. 87. §1, D de acq. vel om. hered., xxix. 2.
[3] L. 89. D. eodem titulo.
[4] L. 22, D. de minor. xxv annis. iv. 4. — L. 44, D. de acq. vel om. hered.. xxix, 2.

l'égard des substitués ou des cohéritiers appelés par l'abstention ultérieure de l'héritier [1].

Enfin, la restitution ne fait pas tomber les substitutions pupillaires, les fidéicommis universels, les affranchissements et les nominations de tuteurs contenus dans
le testament. C'est ce que nous dit Papinien pour les
affranchissements [2].

La restitution donne ouverture au droit du substitué,
ou au droit d'accroissement en faveur des cohéritiers, ou
enfin à la succession *ab intestat ;* à défaut d'héritiers,
les créanciers peuvent demander l'envoi en possession et
faire vendre les biens héréditaires.

— En sens contraire, l'institué, qui a répudié et qui
obtient d'être restitué, est censé avoir toujours été héritier. Le préteur lui donne donc les actions *utiles*, qui
résultent des droits héréditaires [3].

Celui qui est restitué contre sa répudiation est tenu au
rapport vis-à-vis de ses cohéritiers [4].

Mais on admet que les aliénations régulièrement faites
avant la restitution sont maintenues de même que les
affranchissements [5]. Du reste il y aura lieu dans certains
cas d'exercer un recours contre le possesseur intérimaire
de l'hérédité.

Cependant nous devons ajouter que le principe du
maintien des actes faits par le possesseur intérimaire

[1] L. 44. D. de re judic., XLII. 1.
[2] L. 31. D. de minor. xx annis. IV. 4. — V. aussi L 3 C. de testam. mi-
num., VII, 2.
[3] L. 21, § 6, D. quod metus causa, IV, 2.
[4] L. 2, C. si ut om. hered.. II. 40.
[5] L. 22 et L. 24. § 2. de minor. xxv annis. IV. 4.

dans l'intervalle entre la répudiation et la restitution est méconnu, lorsqu'il s'agit de mineurs qui subiraient un grave préjudice par suite du maintien de tous les actes faits avant la restitution.

— La *querela inofficiosi testamenti* était une cause de rescision de l'adition d'hérédité faite par l'institué, contre lequel le *querelans* réussissait à établir sa demande[1]. L'adition était complètement rescindée, et le testament tombait entièrement, lorsqu'une seule personne ayant droit à la *querela* avait obtenu gain de cause contre un institué unique. Lorsque, au contraire, il existait plusieurs personnes pouvant exercer la *querela* ou plusieurs institués, nous avons déjà dit que la *querela* n'avait pas toujours pour effet de faire tomber le testament en entier[2].

---

[1] L. 8, § 16, D. de inoff. test.. v, 2.
[2] V. plus haut, p. 11.

CHAPITRE VIII

Le droit civil ne fixait aucun délai pour faire l'adition d'hérédité. Le testateur pouvait bien, il est vrai, obliger l'héritier institué à accepter l'hérédité dans un délai assez court : c'est ce que nous avons dit en traitant de la *cretio*. D'autre part, l'héritier avait intérêt à ne pas rester trop longtemps dans l'inaction ; car l'*usucapio pro herede* pouvait s'accomplir au profit d'un tiers possesseur sans bonne foi et sans juste cause. En outre, l'héritier qui voulait joindre à son titre celui de *bonorum possessor*, n'avait qu'un délai assez court pour demander au préteur la *bonorum possessio*. Mais il était de principe que l'héritier volontaire pouvait faire adition quand il lui plaisait ; il n'était soumis à aucun délai. Gaïus nous dit en parlant de cet héritier : *ei que liberum est quocumque tempore voluerit adire hereditatem*[1]. L'inaction de l'héritier

---

[1] C. ii. § 167.

avait pour résultat de laisser l'hérédité à l'état d'hérédité jacente.

Mais cette inaction prolongée de l'héritier pouvait devenir très préjudiciable aux intérêts des créanciers de l'hérédité et des légataires. Le préteur modifia heureusement cet état de choses, en instituant les *interrogationes in jure* et le *tempus ad deliberandum* ou *jus deliberandi*. Toute personne, qui a un droit à exercer contre l'héritier appelé à la succession, peut, sans être tenue d'établir que cet héritier a fait adition, intenter son action contre lui, le conduire devant le magistrat et l'interroger *in jure* : *edictum de interrogationibus i led prætor proposuit*, dit Ulpien, *quià sciebat difficile esse ei, qui heredem bonorumve possessorem convenit, probare aliquem esse heredem bonorumve possessorem*[1]. L'héritier interrogé est tenu de répondre et de fixer ainsi sa qualité; mais, avant de prendre un parti définitif, il a la faculté de demander au magistrat un délai pour délibérer, *tempus ad deliberandum*[2]. Dans l'ancien droit ce délai était de cent jours au moins[3], et pouvait être renouvelé pour des raisons graves[4].

L'institution du *jus deliberandi* se relie donc à celle des *interrogationes in jure*; l'une et l'autre ont pour but d'arriver à définir la qualité de l'héritier appelé à l'hérédité, sans cependant le pousser à prendre un parti irré-

---

[1] L. 2, D. de interr. in jure faciendis. xi. 1. — V. aussi L. 3, eodem titulo.

[2] L. 5, D. eodem titulo. — L. 1. § 1, D. de jure delib., xxviii. 8. — Gaïus, c. ii § 162 et 167.

[3] L. 2, D. de jure delib.. xxviii, 8.

[4] L. 3 et 4, D. eodem titulo.

fléchi. *Et quià hoc defunctorum interest*, dit Ulpien, *ut habeant successores, interest et viventium, ne præcipitentur, quamdiù justè deliberant* [1].

Le droit de faire fixer à l'héritier un délai pour délibérer appartenait aux créanciers et aux légataires, et d'une manière générale à tous ceux qui étaient appelés à défaut de l'institué [2]. Il est probable que les cohéritiers, qui voulaient demander le partage de la succession, avaient le même droit. Enfin, le *jus deliberandi* pouvait être accordé à l'héritier sur sa demande directe [3].

Cette faculté appartenait également à celui qui se proposait d'attaquer le testament comme inofficieux ; Justinien fixa un délai de six mois ou d'un an à compter du décès du *de cujus*, délai pendant lequel l'institué était tenu de prendre qualité [4].

Pendant le délai qui lui est accordé, l'héritier ne peut être poursuivi par les créanciers ; il peut faire tout ce qui est nécessaire pour s'éclairer sur le parti à prendre [5]. Ulpien nous dit que le préteur doit lui faciliter les moyens de se rendre compte de l'état de la succession [6].

Ce même délai peut être accordé à l'héritier sien pour retarder la vente des biens héréditaires, lorsqu'il est indécis sur le point de savoir s'il doit persister dans l'abstention [7].

---

[1] L. 6, pr., D. de interr. in jure faciendis, XI, 1.
[2] L. 69, D. de acq. vel om. hered., XXIX, 2.
[3] L. 1, § 1, D. de jure delib., XXVIII, 8.
[4] L. 30, § 2, C, de inoff. test. III, 28.
[5] L. 5. pr., D. de jure delib., XXVIII. 8.
[6] L. 28. D. de acq. vel om. hered., XXIX, 2.
[7] L. 8, D. de jure delib., XXVIII, 8.

A l'expiration du délai, l'institué est tenu de se prononcer ; mais qu'arrive-t-il s'il ne déclare pas son intention ? Dans l'ancien droit, il est présumé avoir répudié
l'hérédité. En effet, Gaïus, supposant qu'une personne a
été instituée *sine cretione*, dit qu'en principe elle est
libre de faire adition quand il lui plaît ; mais, si un délai
a été fixé à l'institué à la requête des créanciers héréditaires, et si à l'expiration du délai il n'a pas fait adition,
les créanciers peuvent *bona defuncti vendere*[1] : ce sont
les biens du défunt qui sont vendus : donc il n'y a point
d'héritier. Ulpien est non moins formel : il suppose qu'un
délai a été accordé par le préteur et il ajoute : *intrà quem
nisi aut adeat aut pro herede gerat, denegamus et
actiones*[2].

— Le *jus deliberandi* continua à subsister dans le
droit de Justinien[3] ; mais cet empereur le réglementa en
instituant le bénéfice d'inventaire.

L'héritier institué est à l'abri de toutes poursuites de
la part des créanciers ou des légataires, tant que dure la
confection de l'inventaire[4]. L'inventaire doit être commencé dans les trente jours à partir du moment, où
l'institué a su que l'hérédité lui était déférée, et terminé
dans les soixante jours suivants[5]. Quand l'héritier a terminé l'inventaire dans les délais, il ne s'expose à aucun
danger en acceptant la succession. Mais, dans tous les cas,
qu'il y ait un inventaire ou non, l'institué peut deman-

[1] C. ii. § 167.
[2] L. 60. D. de acq. vel om. hered., XXIX. 2.
[3] *Institutes*. § 6 in fine de hered. qual. et diff., I. ii. t. 19.
[4] L. 22, § 11, C. de jure delib., vi. 30.
[5] Même loi, § 2.

der un délai pour délibérer sur le parti qu'il doit prendre. Le magistrat peut accorder jusqu'à neuf mois ; l'empereur peut concéder un délai d'un an [1].

L'héritier institué doit déclarer son intention avant l'expiration du délai. On a prétendu que, si l'institué ne se prononçait pas dans le délai, on devait interpréter son silence de la manière la plus favorable pour chaque classe d'intéressés. Ainsi, à l'égard des cohéritiers ou des substitués, l'institué serait réputé renonçant comme dans l'ancien droit. Au contraire, à l'égard des créanciers ou des légataires, il serait considéré comme acceptant et tenu de payer l'intégralité des dettes et des legs. Nous pensons que, d'après la constitution de Justinien, l'héritier, qui ne se prononce pas dans le délai, doit être réputé acceptant *ergà omnes* ; en effet, Justinien dit simplement que dans ce cas l'héritier est soumis à toutes le dettes : *et si non intrà datum tempus recusaverit hereditatem, omnibus in solidum debitis hereditariis teneatur* [2]. L'institué ne pourra même pas, s'il n'a pas fait un inventaire, invoquer le bénéfice de la loi Falcidie à l'encontre des légataires.

---

[1] Même loi, § 13.
[2] Même loi, § 14.

CHAPITRE IX

Tant que l'institué n'a pas acquis l'hérédité en faisant adition ou en se gérant comme héritier, cette hérédité est jacente. Jusqu'au moment où l'adition est faite, la succession se compose bien de *res nullius*, de choses qui n'appartiennent pour le moment à personne ; mais ce patrimoine qui est actuellement sans maître est destiné à appartenir un jour à l'héritier institué ; cet héritier, lorsqu'il aura fait adition, sera censé avoir toujours représenté le défunt. Il semble donc que, lorsqu'on reconnut la nécessité de donner sous certains rapports une personnalité à l'hérédité jacente, on aurait dû lui attribuer celle de l'héritier futur et non celle du défunt. Cependant on arriva à considérer l'hérédité comme continuant provisoirement la personnalité du défunt, et à dire comme les Institutes : *nondùm adita hereditas personæ vicem sustinet, non heredis futuri, sed defuncti*[1]. Ce même

---

[1] *Institutes*, § 2, de hered. inst. ii, 14.

principe est indiqué dans plusieurs textes du Digeste[1]. Très probablement il y eut lutte entre les jurisconsultes sur cette question, et quelques décisions insérées au Digeste semblent indiquer que l'hérédité représente l'héritier appelé. Dans l'une, le jurisconsulte Javolenus dit : *heres et hereditas tametsi duas appellationes recipiunt, unius personæ tamen vice funguntur*[2]. Pomponius, dans un autre texte, s'exprime en ces termes : *morte promissoris non extinguitur stipulatio, sed transit ad heredem cujus personam interim hereditas sustinet*[3]. Mais on peut expliquer ces textes en disant que la représentation du défunt par l'hérédité jacente est admise dans l'intérêt de l'héritier futur ; c'est l'héritier qui, par son adition, fixe définitivement en sa personne tous les droits acquis par l'hérédité jacente. Du reste, ces décisions paraissent s'appliquer spécialement au cas d'une stipulation faite par un *servus hereditarius* nominativement pour l'héritier futur. Il est probable que l'une des raisons, qui firent définitivement prévaloir la représentation du défunt par l'hérédité personnalisée, fut l'incertitude qui regnait souvent sur la personne même de l'héritier futur, et par suite la difficulté de faire des dispositions au profit des esclaves héréditaires.

— L'hérédité jacente est donc une véritable personne civile ; c'est ce que nous dit formellement Florentinus :

---

[1] L. 34. D. de acq. rerum dom., XLI, 1. — L. 116, § 3, D. de legatis 1° XXX. — L. 31, § 1, D. de hered. inst., XXVIII, 5.

[2] L. 22. D. de usurpat., XLI. 3.

[3] L. 24. D. de novat. et deleg., XLVI, 2.

*hereditas personæ vicem sustinet, sicuti municipium,
et decuria, et societas*[1].

L'hérédité jacente ne représente pas seulement le défunt au point de vue des droits qu'il avait au moment de sa mort ; non seulement elle conserve ces droits : elle peut encore acquérir et être obligée.

Ainsi l'hérédité acquiert d'abord tout ce qui augmente l'hérédité comme les fruits[2], tout ce qui vient s'y ajouter sans qu'il y ait intervention d'une volonté quelconque, comme par accession. C'est ainsi que sont acquises à l'hérédité les actions qui naissent des délits commis à l'encontre des choses héréditaires, l'action de la loi *Aquilia*[3], l'interdit *undè vi*[4], l'action *injuriarum*[5]. A propos de cette dernière action, Ulpien dit formellement : *per hereditatem actio heredi adquiretur*[5].

L'hérédité continue la possession du défunt et acquiert par l'usucapion les choses auxquelles s'applique cette possession ; l'usucapion commencée par le défunt peut s'accomplir dans l'intervalle qui sépare le décès du *de cujus* de l'adition d'hérédité[6]. Cependant Ulpien nous dit : *possessionem hereditas non habet, quæ facti est et animi*[7]. Mais la possession, dont parle Ulpien, est la possession considérée en fait ; aussi le jurisconsulte applique sa solution à l'*actio furti*, qui suppose une possession de fait

---

[1] L. 22. D. de fidej. et mandat., XLVI. 1.
[2] L. 178, § 1, D. de verb. signif., L., 16.
[3] L. 13, § 2, D. ad legem Aquiliam. IX. 2.
[4] L. 13, § 5, D. quod vi aut clam. XLIII, 24.
[5] L. 1, § 6. D. de injuriis, XLVII. 10.
[6] L. 31. § 5, et l. 10, D. de usurpat., XLI, 3.
[7] L. 1. § 15. D. si is qui testam. liber esse jussus, XLVII. 4.

et qui par suite est refusée à l'hérédité jacente[1]. Paul dit également : *rei hereditariæ, antequàm ab herede possideatur, furtum fieri non potest*[2]. Mais, à défaut de l'action *furti*, le *crimen expilatæ hereditatis* est toujours possible contre celui qui dépouille une hérédité ; c'est la solution donnée par Ulpien : *apparet expilatæ hereditatis crimen eo casu intendi posse quo casu furti agi non potest, scilicet aute aditam hereditatem, vel post aditam, antequàm res ab herede possessæ sunt : nàm in hunc casum furti actionem non competere palàm est*[3].

L'hérédité ne peut donc ni acquérir, ni continuer une possession de fait ; elle continue la possession commencée, en tant que cette possession peut, sans être soutenue par un fait actuel, créer un droit au profit de l'hérédité.

— Il est de principe qu'une personne acquiert soit la propriété, soit la possession par les personnes qui se trouvent sous sa puissance. Cette règle s'applique à l'hérédité jacente, et c'est là une cause d'acquisitions fréquentes pour cette hérédité ; c'est ce que nous disent de nombreux textes pour l'acquisition de la propriété : *hereditati ut domino per servum hereditarium adquiritur*[4].

Quant à la possession, il est certain que l'esclave agissant *ex peculiari causâ* peut l'acquérir[5], et parvenir ainsi à l'usucapion. Le texte le plus formel à cet égard est la loi 29 au Digeste *de captivis et postiliminio* (XLIX, 15),

---

[1] V. aussi L. 68, D. de furtis. XLVII, 2.

[2] *Sentences*, L. II, t. XXXI. § 11.

[3] L. 2, § 1. D. Expil. hered., XLVII, 19.

[4] L. 61. pr. D. de acq. rerum dom., XLI, 1. — V. aussi l. 33, § 2, eodem titulo.

[5] L. 16. D. de oblig. et act., XLIV, 7. — L. 44, § 3, D. de usurpat., XLI, 3.

où il est dit à propos de l'usucapion : *eo modo etiàm hereditas, nondùm nato posthumo, aut nondùm adita, augeri per servum hereditarium solet.*

— Ce n'est pas seulement la propriété ou la possession qui peut être acquise à l'hérédité jacente par l'entremise de l'esclave qui en dépend ; ce sont encore les droits de créance. Les Instituts le décident formellement : *quod servus hereditarius antè aditam hereditatem stipulatur, adquirit hereditati, ac per hoc etiàm heredi posteà facto adquiritur*[1]. Mais dans la stipulation faite par un esclave *hereditarius*, il y a toujours comme une condition implicite, ou plutôt l'existence même de la stipulation se trouve être *in pendenti*. C'est ce qu'exprime très clairement le jurisconsulte Paul : *si servus hereditarius stipulatus sit, nullam vim habitura sit stipulatio, nisi adita hereditas sit, quasi conditionem habeat*[2]. Si la succession n'est pas acceptée par l'héritier, la stipulation devient nulle, comme si elle eût été faite par un esclave sans maître.

Mais que faut-il décider, si un *servus hereditarius* stipule nominativement pour l'héritier futur ? Cette stipulation devrait être nulle, si l'on s'en tenait strictement à la règle d'après laquelle *hereditas personæ defuncti vicem sustinet*. C'est du reste la solution donnée par le jurisconsulte Paul[3]. Mais cette décision avait sans doute paru bien rigoureuse à d'autres jurisconsultes ; pour ar-

---

[1] Pr. de stipul. serv., l. iii, t. 17.
[2] L. 73. § 1. D. de verb. oblig., xiv. 1
[3] L. 16. D. de stipul. serv., xlv, 3.

river à rendre valable cette stipulation, ils s'appuyèrent
sur cette fiction, d'après laquelle l'hérédité, une fois l'adition faite, était censée avoir toujours appartenu à l'héritier[1]. On finit donc par considérer comme valable la stipulation faite par l'esclave pour l'héritier futur ; le jurisconsulte Modestin le décide formellement[2]. Gaïus nous
indique les divergences qui avaient existé sur la question
qui nous occupe : *illud quæsitum est, an heredi futuro
servus hereditarius stipulari possit. Proculus negavit,
quià is eo tempore extraneus est. Cassius respondit posse :
quià qui posteà heres exstiterit, videretur ex mortis
tempore defuncto successisse. Quæ ratio illo argumento
commendatur, quod heredis familia ex mortis tempore
funesta facta intelligitur, licet post aliquod tempus
heres exstiterit. Manifestum igitur est servi stipulationem
ei adquiri*[3].

La stipulation faite par l'esclave nominativement pour
son maître défunt est entièrement nulle. La stipulation
est également frappée de nullité, si elle a pour objet
un droit d'usufruit ou un droit d'usage, parce que l'usu
fruit ne peut pas exister sans une personne sur la tête de
laquelle il repose : *ususfructus sine personâ esse non
potest*, dit Paul[4]. Mais le même jurisconsulte ajoute
qu'on peut valablement léguer un usufruit à l'esclave
d'une hérédité jacente ; nous aurons à revenir sur ce
point.

---

[1] L. 53, D. de acq. vel om. hered., xxix, 2.
[2] L. 35, D. de stipul. serv., xlv, 3
[3] L. 28, § 4, D. eodem titulo.
[4] L. 26, D. de stipul. serv., xlv, 3.

L'acceptilation faite par l'esclave héréditaire profite à l'hérédité qui se trouve ainsi libérée [1].

Le pacte, qui a été fait par l'esclave, profite à l'héritier au moment de son adition [2]. Il en est de même de l'*actio depositi* et de l'*actio commodati* résultant d'un dépôt ou d'un commodat fait par l'esclave pendant que l'hérédité était jacente [3].

— Les esclaves héréditaires peuvent être institués héritiers [4]; mais il faut que le testateur ait la *factio testamenti* avec le maître défunt [5]. Il y a un grand intérêt pratique à considérer l'esclave institué comme appartenant encore au défunt, et non comme étant la propriété de l'héritier qui fera plus tard adition; ainsi Titius meurt laissant pour héritier un enfant simplement conçu, un *postumus suus* Puis-je instituer un esclave faisant partie de l'hérédité de Titius? Oui, si j'ai la *factio testamenti* avec le défunt. Si, au contraire, l'héritier de Titius était censé avoir avant l'adition la propriété des choses héréditaires, je ne pourrais pas instituer un *servus hereditarius*, parce que l'héritier est à mon égard un *postumus alienus*. C'est à cette hypothèse que Justinien fait allusion dans cette phrase des Institutes : *ejus qui in utero est servus rectè heres instituitur* [6]. Mais il faut bien remarquer que l'on ne considère la *factio testamenti* de celui

[1] L. 11, § 2, D. de acceptil., XLVI, 4.
[2] L. 27, § 10, D. de pactis, II, 14.
[3] L. 1. § 29, D. depositi vel contra, XVI, 3 — L 16, D. de oblig. et act., XLIV, 7.
L. 31, § 1. D. de hered. inst., XXVIII, 5.
[5] L. 52 D. eodem titulo.
[6] § 2, D. de hered. inst. L. II, t. 14.

qui institue l'esclave avec le maître défunt qu'au moment
de la confection du testament et de la mort du testateur ;
au moment de l'adition d'hérédité, c'est par rapport à
l'héritier du maître de l'esclave institué que cette *factio
testamenti* doit être envisagée. C'est ce que nous dit la
loi 61, au Digeste, *de acquirendo rerum dominio* (XLI,
1) : *quamvis servus hereditarius heres institui possit,
tamen, quià adire jubentis domini persona desideratur,
heres expectandus est.*

On peut également faire un legs à l'esclave d'une hérédité jacente[1]. Nous avons dit plus haut qu'on pouvait
valablement léguer un usufruit à un *servus hereditarius*.
D'après les principes qui régissent la matière des legs,
dies hujus legati cedet ab adità hereditate, c'est-à-dire
au moment où sera faite l'adition de l'hérédité du testateur qui a fait le legs. Si, à ce moment, l'hérédité à
laquelle appartient l'esclave, Stichus, par exemple, a
déjà été acceptée, il n'y a aucune difficulté. Mais qu'arrive-t-il si cette seconde hérédité est toujours jacente ?
Comme il n'existe personne qui puisse recueillir l'usufruit
légué à Stichus, on devrait décider que le legs s'évanouit ;
mais les jurisconsultes avaient écarté cette doctrine rigoureuse, et avaient admis que le *dies cedens* serait reculé
jusqu'au moment où l'hérédité jacente serait acceptée et
où l'esclave Stichus aurait un maître qui pourrait acquérir le droit d'usufruit ; *in usufructu*, dit Ulpien, *perso
nam domini expectari, qui frui et uti possit*[2].

---

[1] L. 116, § 3. D. de legatis 1°. XXX.
[2] L. un., § 2, D. quando dies ususf. leg. cedat.. VII, 3.

— Nous venons de voir que l'hérédité jacente peut acquérir des droits ; il faut aussi lui reconnaître la capacité d'être obligée dans certains cas. Ainsi le cautionnement d'une dette de la succession, donné pendant que l'hérédité est jacente, doit être considéré comme valable[1].

De même la gestion d'affaires peut nous offrir l'exemple d'une obligation contractée par l'hérédité jacente ; c'est ce que nous dit le jurisconsulte Paul : *qui negotia hereditaria gerit, quodammodò sibi hereditatem, seque ei obligat*[2].

L'hérédité peut encourir une clause pénale, avant que l'adition ait été faite[3], ainsi que la déchéance résultant de l'expiration d'un délai. Sur ce dernier point, Pomponius nous cite un exemple qui a trait à l'*in diem addictio*[4].

La prescription continue à courir à l'encontre de l'hérédité jacente.

— L'hérédité cesse d'être jacente au moment où l'institué fait adition. L'héritier en acquérant l'hérédité est réputé avoir succédé au défunt à l'instant même de la mort ; il continue sans interruption la personnalité du *de cujus* : la personnalité de l'hérédité jacente est donc absorbée dans celle de l'héritier.

Si l'institué tarde à se présenter, les créanciers peuvent demander la nomination d'un curateur aux biens,

[1] L. 22. D. de fidejuss. et mandat., XLVI, 1.
[2] L. 22. § 1. D. de negot. gestis, III, 5.
[3] L. 77. D. de verb. oblig., XLV, 1.
L. 15, pr. D. de in diem addict., XVIII, 2.

chargé de prendre les mesures d'administration nécessaires [1].

Si aucun héritier ne se présente, les créanciers peuvent
se faire envoyer en possession des biens de la succession
et les faire vendre dans les formes prescrites pour la vente
des biens d'un débiteur insolvable.

Enfin, si aucun héritier ne se déclare, et si les créanciers n'usent pas de la faculté de se faire envoyer en possession, les biens de la succession sont attribués au fisc
comme bien vacants et sans maître.

[1] L. 1, § 4, D. de muner. et honor., L. 4.

CHAPITRE X

Nous avons vu que l'hérédité jacente était considérée comme ayant une personnalité, ou plutôt comme continuant la personnalité du défunt. Néanmoins, pendant tout le temps que durait la vacance, on regardait les biens de la succession comme des *res nullius ;* les textes abondent sur ce point. Il en résultait que le premier venu pouvait, sans aucun titre, s'emparer de ce patrimoine. Cette occupation n'était qu'un simple état de fait ; mais cet état de fait, qui n'était pas illicite, pouvait en se prolongeant constituer une *usucapio pro herede.* Gaïus nous donne des détails curieux sur cette manière d'acquérir une hérédité, et nous dit que cette usucapion s'accomplissait par une année[1]. A l'origine, c'était l'hérédité elle-même qui était acquise par l'usucapion ; mais, plus tard, on n'admit plus cette usucapion comme s'appliquant à

[1] G. ii, § 52-58.

l'ensemble du patrimoine, et on en restreignit l'effet aux choses héréditaires individuellement envisagées.

Gaïus explique l'établissement de cette usucapion par ce motif, qu'on avait voulu pousser l'héritier à une prompte adition, afin que la vacance héréditaire ne se prolongeât pas trop longtemps[1]. Mais nous pensons qu'il faut plutôt chercher dans l'origine de la délation des successions *ab intestat* celle de l'ancienne *usucapio pro herede*. A l'exception de la succession *ab intestat* des *heredes sui*, la succession testamentaire était, croyons-nous, seule admise dans l'ancien droit romain ; si un citoyen romain décédait sans avoir fait un testament, et n'ayant aucun *heres suus*, le patrimoine qu'il délaissait était *res nullius ;* mais les personnes qui composaient sa famille restaient en possession de ses biens, et devenaient les maîtres de l'hérédité non pas en vertu de la volonté du *de cujus*, mais par suite d'une possession publique, *usu*. La loi des XII Tables vint sanctionner et le droit absolu du citoyen romain de disposer de ses biens, et la dévolution de la succession *ab intestat* aux héritiers autres que les *heredes sui*, dévolution qui s'était établie par une pratique constante. Le patrimoine délaissé par une personne, qui n'avait pas fait de testament, étant *res nullius* et n'étant acquis aux membres de la famille que par une possession prolongée pendant une année, il s'ensuivait que le premier venu pouvait s'en emparer et accomplir l'*usucapio pro herede*.

D'après Gaïus, cette institution était considérée comme

---

[1] G. ii. § 55.

lucrativa et improba[1]. Il est probable qu'elle n'avait été conservée qu'en raison de ce qu'elle amenait, de la part du successible, une prompte adition, mais qu'elle avait entraîné de graves abus dans la pratique.

Un sénatus-consulte rendu sur la proposition d'Adrien, et qui est peut-être le même que celui appelé ordinairement sénatus-consulte *Juventien*, décida que l'*usucapio pro herede* ne pourrait plus être invoquée à l'encontre de l'héritier même par un possesseur de bonne foi. L'héritier faisait tomber l'*usucapio pro herede* au moyen d'une *petitio hereditatis fictitia*.

Plus tard, Marc-Aurèle fit établir par le Sénat le *crimen expilatæ hereditatis* contre celui, qui se serait emparé sans droit et sciemment de choses héréditaires, avant que l'héritier eût fait adition ou eût pris possession des biens[2].

C'est ainsi que disparut l'ancienne *usucapio pro herede*; depuis lors, elle ne fut plus possible que de la part d'un possesseur de bonne foi, c'est-à-dire qui se croyait héritier, et encore restait elle sans effet à l'égard de l'héritier véritable, auquel le possesseur ne pouvait opposer qu'une prescription de trente ans extinctive de la pétition d'hérédité. Mais les tiers, qui avaient acquis, de bonne foi et en vertu d'un juste titre, une chose de l'hérédité du possesseur de cette hérédité, pouvaient se prévaloir de l'usucapion à l'égard de l'héritier véritable[3].

<hr>

[1] G. II, § 55 et 56.
[2] Gaïus, c. II, § 57.
[3] L. 1 et 2, D. Expil. hered., XLVII, 19.

Il pouvait même arriver que, sans avoir le droit de se prévaloir de l'usucapion, ces tiers fussent à l'abri de toute recherche de la part de l'héritier.

Supposons d'abord que le possesseur de l'hérédité a fait une aliénation ; il n'a pas transféré à l'acheteur la propriété du bien aliéné[1]. L'héritier peut donc le revendiquer, tant que l'usucapion n'est pas accomplie ; mais la revendication lui est interdite, si, avant de l'exercer contre le tiers-acquéreur, il a intenté la pétition d'hérédité contre le possesseur et obtenu l'exécution des condamnations prononcées[2]. Et, même dans le cas où l'héritier intente la revendication avant d'avoir eu gain de cause dans la pétition d'hérédité, les tiers actionnés pourront, étant admis qu'ils aient un recours à exercer contre le possesseur de l'hérédité, leur vendeur, et que ce possesseur soit de bonne foi, opposer au revendiquant une exception dilatoire *ne præjudicium fiat hereditati*[3]. C'est la question qu'Ulpien pose en ces termes : *et si vindicet an exceptione non repellatur, quòd præjudicium hereditati non fiat inter actorem et eum qui venumdedit*, et qu'il résout affirmativement, *si emptores regressum ad bonæ fidei possessorem habeant*[4]. L'héritier, auquel l'exception est opposée, est obligé d'intenter la pétition d'hérédité contre l'ancien possesseur ; si

---

[1] L. 20, pr. D. de acqir. rerum dom., XLI, 1.

[2] L. 23, § 17. D. de hered. petit., v. 3.

[3] V. Gaïus, v. IV, § 133. Ce paragraphe n'a pas été lu complètement jusqu'à ce jour. Dans l'édition Studemund, le texte s'arrête à ces mots : *Est enim iniquum per unius rei...*

[4] L. 23, § 17, citée plus haut.

ce dernier répond à l'action et exécute les condamnations prononcées contre lui, l'héritier ne peut plus intenter l'action en revendication contre le tiers-acquéreur. C'est l'hypothèse que fait Ulpien lorsqu'il dit : *quid tamen si is, qui vendidit, paratus sit ità defendere hereditatem, ut perindè, atque si possideret, conveniatur*[1]? Les tiers se trouveront protégés contre la revendication, quelle que soit la condamnation prononcée au profit de l'héritier. Cette condamnation pourra être bien inférieure à la valeur du bien aliéné; Ulpien, dans la même loi, nous dit : *si minori pretio res venierint, et pretium quodcumque illud actor sit consecutus, multó magis poterit dici illum summoveri.*

Il peut même arriver, que l'héritier, repoussé par le tiers-acquéreur au moyen de l'exception, se retourne contre le possesseur de bonne foi et n'obtienne rien de ce dernier, parce qu'il ne se trouve plus enrichi par le prix de la chose vendue. En effet, aux termes du senatus-consulte Juventien, qui règle les restitutions à faire par le possesseur de l'hérédité, ce dernier, lorsqu'il est de bonne foi, n'est tenu à l'égard de l'héritier que *quatenùs locupletior factus est. Consuluit senatus*, dit Ulpien, *bonæ fidei possessoribus, ne in totum damno adficiantur, sed in id duntaxat teneantur, in quo locupletiores facti sunt*[2]. L'héritier aura néanmoins, en poursuivant le possesseur, épuisé son droit contre le tiers-acquéreur; il ne pourra plus l'inquiéter sous le prétexte qu'il n'a pas obtenu du possesseur le prix de la vente, *quià non videtur venire in petitionem hereditatis pretium earum*[1].

L'exception *ne præjudicium fiat hereditati* est donc basée sur l'intérêt du possesseur de bonne foi ; elle est destinée à le préserver d'un recours supérieur aux restitutions, que met à sa charge le sénatus-consulte Juventien.

— Si le possesseur de l'hérédité a reçu de bonne foi le paiement d'une créance de la succession, il est bien certain que le débiteur qui a payé n'est pas libéré ; mais ce débiteur, poursuivi par l'héritier, pourra-t-il opposer comme l'acheteur l'exception *ne præjudicium fiat hereditati?* Non, parce que le possesseur n'a aucun intérêt dans ce cas à être poursuivi d'abord par la pétition d'hérédité. En effet, le recours du débiteur, obligé de payer une seconde fois à l'héritier, sera exercé au moyen de la *condictio indebiti*, et ne s'étendra pas au delà de l'enrichissement du possesseur de bonne foi[2]. Mais, si le possesseur intérimaire de l'hérédité restitue à l'héritier ce qu'il a reçu du débiteur, ce dernier se trouve libéré de plein droit : *ipso jure eos liberat*, dit Ulpien[3]. Et même, si le possesseur n'avait pas reçu l'intégralité de la créance, et qu'il restituât tout ce qu'il a reçu, le paiement par lui fait à l'héritier emporterait libération complète du débiteur[4].

---

[1] Même loi 25, § 17.
[2] L. 65, § 8, D. de cond. indeb., XII. 6
[3] Loi 25 déjà citée, § 17, in fine.
[4] L. 31, § 5, D. de hered. petit. V, 3.

Que décidera-t-on, si le possesseur de l'hérédité a payé une dette de la succession ? Il faut admettre qu'il n'y a pas eu payement entraînant libération ; Ulpien explique cette solution en disant : *nàm quod quis suo nomine solvit, non debitoris, debitorem non liberat*[1]. Le possesseur n'a pas payé sa propre dette et n'a pas voulu payer celle d'autrui. Pomponius est non moins formel qu'Ulpien: *hic enim neque verus heres liberatus erit*[2]. Le possesseur de bonne foi pourra donc, au moyen de la *condictio indebiti*, répéter contre le créancier ce qu'il lui a payé indûment[3]. Que faut-il décider, si l'héritier intente la pétition d'hérédité contre le possesseur de bonne foi ? Ce dernier pourra-t-il exiger le remboursement de ce qu'il a payé au créancier ? Ulpien l'admet[4] ; le possesseur se fera rembourser par l'héritier et lui cédera la *condictio indebiti*, qu'il avait contre le créancier de la succession ; dès lors l'héritier se trouvera libéré de la dette, en ce sens qu'il pourrait, dans le cas où le créancier le poursuivrait, lui opposer en compensation, au moyen de *l'exceptio doli*, le montant de ce qu'il pourrait obtenir de ce même créancier par la *condictio indebiti : sed et petitor (hereditatis), si à créditoribus conveniatur, exceptione uti debebit.*

La loi 5, au Code *de petitione hereditatis* (III, 31), paraît même indiquer que cette marche devait être suivie dans la pratique, sans doute afin d'éviter des débats inu-

---

[1] Même loi 31 pr.
[2] L. 19, § 1, D. de condict. indeb., XII, 6.
[3] Même loi 19 § 1. — L. 38, § 2, D. de solut. et liberat, XLVI, 3.
[4] L. 31 pr., D. de hered. petit., V, 3.

tiles et de ne pas inquiéter les tiers, qui avaient reçu le
paiement de leurs créances.

Lorsque l'héritier se trouve en présence d'un possesseur de mauvaise foi, qui a payé une dette de la succession, l'héritier peut exiger, avant de lui tenir compte de
ce qu'il a déboursé, que ce dernier lui donne caution *se
petitorem defensum iri*. C'est ce que nous dit encore
Ulpien[1]. Le possesseur de mauvaise foi, *prædo*, doit
donc garantir l'héritier contre toute poursuite ultérieure
des créanciers qu'il dit avoir payés.

[1] Même loi 31 pr.

CHAPITRE XI

DES EFFETS DE L'ACQUISITION DE L'HÉRÉDITÉ

Nous avons exposé, dans les développements qui précèdent, comment l'hérédité est acquise en droit romain
aux divers héritiers testamentaires. Pour compléter notre
étude, il nous reste à examiner quels sont les effets de
l'acquisition de l'hérédité.

On peut dire d'une manière générale que l'acquisition
de l'hérédité produit une *successio per universitatem,*
qu'elle réunit en une seule personnalité, au point de vue
du patrimoine, les deux personnes du défunt et de l'héritier. Cette succession se produit sans aucune interruption : quelle que soit l'époque où il acquiert l'hérédité,
l'héritier est censé avoir succédé au *de cujus* à l'instant
même de la mort. *Omnia ferè jura heredum perindè
habentur, ac si continuò sub tempus mortis heredes
exstitissent* [1].

[1] L. 193. D. de regulis juris, l. 17.

L'acquisition de l'hérédité produit trois effets principaux:

1° L'héritier devient propriétaire de tous les biens de
la succession et succède à tous les droits du défunt.

2° L'héritier doit payer toutes les dettes de la succession
et acquitter les charges héréditaires.

3° L'héritier transmet l'hérédité à ses successeurs avec
ses biens propres.

I. L'héritier succède à l'ensemble du patrimoine du
défunt ; il est donc investi de tous les droits qui appartenaient à ce dernier, des droits réels comme des droits
personnels, à l'exception de ceux qui s'éteignent avec
la personne, comme l'usufruit, l'usage et l'habitation.

L'héritier fait valoir les droits réels par la *rei vindi-
catio* et les autres actions *in rem*, et les droits personnels
par les actions résultant des contrats, des délits et de tous
les autres actes qu'aurait pu invoquer celui auquel il
succède.

L'héritier a de plus une action générale, la *petitio hereditatis*, qui est donnée à toutes les personnes appelées
à l'hérédité en vertu du droit civil soit comme héritiers
nécessaires, soit par suite d'une acceptation volontaire.
Du reste, la *petitio hereditatis* était donnée même à l'héritier fidéicommissaire et à l'héritier prétorien ou *bonorum
possessor ;* dans ces deux cas, l'action n'était plus directe,
mais utile ; elle prenait, dans le premier cas, le nom de
fideicommissaria hereditatis petitio[1], et, dans le second,
celui de *possessoria hereditatis petitio*[2].

---

[1] L. 1, D. de fideicom. hered. pet. v. 6.
[2] L. 1 et 2 D. de poss. hered. pet., v. 5.

L'héritier succède au défunt dans la proportion de la part pour laquelle il est appelé à la succession. Si l'héritier est unique, il acquiert seul tous les droits qui appartenaient au défunt ; s'il y a deux héritiers, ces droits se divisent par égales parts entre eux ; ils seront donc copropriétaires chacun pour moitié de toutes les choses corporelles. Les créances leur appartiendront aussi par moitié ; mais la division des créances s'opère de plein droit [1].

— La réunion des deux patrimoines en la personne de l'héritier produit une confusion de tous les droits, qui existaient entre le défunt et l'héritier. Ainsi les droits réels, que le défunt pouvait avoir sur les biens de l'héritier, sont éteints de plein droit au moment où l'héritier acquiert la succession, et, réciproquement, ceux qui appartenaient à l'héritier sur le patrimoine du défunt subissent le même sort. C'est ce que nous dit Gaïus à propos des servitudes prédiales [2].

La même confusion s'opère en ce qui concerne les obligations existant entre le défunt et son héritier. Ulpien dit formellement : *cum quis debitori suo heres exstitit, confusione creditor esse desinit* [3].

Papinien, dans la loi 95, § 2, au Digeste *de solutionibus et liberationibus*, examine l'influence de l'addition d'hérédité sur les rapports d'obligation, qui pouvaient exister entre le défunt et l'héritier : il suppose d'abord une

---

[1] L. 1, C. de except. seu præscript., VIII, 36.
[2] L. 1. D. quemadm. servit. amitt.. VIII, 6.
[3] L. 2, § 18, D. de hered. vel a-t. vend., XVIII, 1 — V. aussi L. 15, D. de solut. et liber., XLVI, 3.

obligation civile donnant au créancier une action et il dit : *aditio hereditatis nonnunquàm jure confundit obligationem.* Il y a confusion et extinction de l'action.

Papinien suppose ensuite une obligation naturelle ne donnant pas d'action au créancier, mais faisant obstacle à la *condictio indebiti,* lorsque la dette a été payée. L'adition d'hérédité est censée être un paiement, *pro solutione cedit*; l'héritier, qui était créancier et qui succède au débiteur obligé naturellement, est réputé s'être payé à lui-même sa créance. Le jurisconsulte cite l'exemple d'un pupille, qui a reçu un prêt d'argent sans l'*auctoritas tutoris.* Ce pupille est obligé naturellement : le créancier n'a pas d'action contre lui ; il a seulement, d'après une constitution d'Antonin le Pieux, une action utile jusqu'à concurrence de l'enrichissement du pupille. Mais, si ce dernier devenu pubère paie la somme prêtée, il ne peut pas répéter plus tard la somme payée au moyen de la *condictio indebiti.* Papinien prévoit le cas où le créancier devient l'héritier du pupille, son débiteur, et nous dit que ce créancier n'obtiendra pas seulement par l'effet de l'adition ce dont le pupille s'est enrichi, mais bien sa créance en totalité, comme si le pupille avait réellement payé sa dette. L'héritier pourra donc déduire toute la somme qui lui était due par le pupille, comme s'il l'eût reçue en réalité, lorsqu'il aura à supputer l'hérédité, par exemple pour faire le calcul de la quarte Falcidie.

Enfin, Papinien examine le cas d'une obligation privée d'efficacité par suite d'une exception qui peut être opposée au créancier ; l'adition d'hérédité, lorsqu'elle émane de la personne même qui avait donné lieu à l'exception,

a pour effet de rendre à l'obligation toute son énergie.
Le jurisconsulte en cite deux exemples :

1° Il s'agit d'abord d'un héritier, qui a restitué l'hérédité au fidéicommissaire en vertu du sénatus-consulte
Trébellien [1], et qui devient ensuite lui-même l'héritier du
fidéicommissaire. Les actions héréditaires, qui eussent
été intentées par l'héritier depuis la restitution par lui faite,
auraient été paralysées par l'exception *restitutæ hereditatis ;* ces actions étaient données comme actions utiles au
fidéicommissaire [2]. Mais, du moment que l'héritier succède au fidéicommissaire, ces mêmes actions revivent à
son profit, en ce sens du moins qu'il n'a plus à redouter
que les débiteurs lui opposent l'exception *restitutæ
hereditatis.* Voilà bien des actions qui étaient devenues
inanes et qui *aditione hereditatis confirmantur.*

2° Une femme a intercédé pour autrui, c'est-à-dire
qu'au moyen d'une *expromissio* elle a remplacé le débiteur primitif ; elle est ensuite devenue héritière de ce
débiteur. Cette femme, avant de succéder au débiteur,
pouvait opposer au créancier l'exception du sénatus-consulte Velléien, qui défend aux femmes de s'engager pour
autrui [3] ; et dans ce cas, le créancier, se voyant repoussé
par l'exception, aurait demandé au préteur de lui restituer
une action *utilis* ou *restitutoria* contre le débiteur libéré

---

[1] Le sénatus-consulte Trébellien date du règne de Néron.

[2] L. 27. § 7. D. ad Scs. Trebell., XXXVI. 1.

[3] Le sénatus-consulte Velléien, qui date du règne de Claude, défendait aux
femmes d'une manière générale de faire une *intercessio.* La prohibition s'ap-
pliquait donc à tout engagement principal ou accessoire contracté par une
femme dans l'intérêt d'autrui, à l'*adpromissio* comme à l'*expromissio.*

par l'*intercessio* de la femme. Devenue héritière du débiteur, la femme peut être poursuivie et par l'action utile au nom du débiteur, et par l'action directe, comme engagée elle-même par son *expromissio ;* Ulpien le décide formellement[1]. La femme n'aura plus l'exception contre l'action directe, parce qu'elle n'a aucun intérêt à subir l'action utile plutôt que l'action directe : *nihil enim ejus interest,* dit Ulpien, *quâ actione conveniatur.* Il s'agit donc bien d'une action devenue inefficace par suite de l'exception qui la paralysait, et qui recouvre sa valeur par l'effet de l'adition de l'hérédité.

Dans le § 12 de la même loi, Ulpien remarque que, si le créancier devenait l'héritier de la femme qui s'est engagée pour libérer un tiers, ce créancier pourrait néanmoins exercer l'action *restitutoria* contre son débiteur ; en effet, on ne peut pas dire qu'il y a eu confusion en la personne du créancier, parce que l'obligation de la femme est vraiment inexistante, *cùm non obligatæ cum effectu successerit (creditor).*

II. L'héritier doit payer toutes les dettes de la succession et acquitter les charges héréditaires.

L'héritier succédant à l'universalité du patrimoine se trouve chargé de toutes les obligations, qui incombaient au défunt et qui ne se sont pas éteintes avec lui. Il est personnellement tenu de payer les dettes du *de cujus,* même si elles excèdent la valeur des biens qui lui sont laissés ; on exprime cette idée en disant que l'héritier est tenu *ultrà vires hereditatis.* C'est ce que nous dit

---

[1] L. 8, § 13, D. ad Ses. Velleian., xvi, 1.

Ulpien : *hereditas autem quin obliget nos æri alieno, etiamsi non sit solvendo, plus quàm manifestum est*[1].

Cette succession, que nous pouvons appeler succession passive par opposition à la succession active, dont nous avons d'abord parlé, s'opère également dans la proportion pour laquelle l'héritier recueille le patrimoine du défunt. Ainsi, quand il y a plusieurs héritiers, chacun d'eux paie les dettes proportionnellement à sa part héréditaire ; les créanciers ne peuvent pas poursuivre l'un des héritiers au delà de cette quotité, à moins que la dette ne soit indivisible ou hypothécaire. Dans le premier cas, chacun des héritiers est tenu pour le tout ; dans le second, l'héritier, qui détient la chose hypothéquée, doit payer toute la dette ou abandonner le gage au créancier[2].

La division des dettes a cet effet, qu'elle rend chaque part héréditaire indépendante des autres ; l'héritier, qui a payé sa part des dettes, n'est pas responsable de l'in - solvabilité de ses cohéritiers. La loi des XII tables avait déjà dit que les dettes, comme les créances, se divisaient de plein droit entre les cohéritiers : *nomina hereditaria inter heredes ercta scita sunto*[3].

— L'héritier doit également acquitter les legs et les fidéicommis faits par le défunt, comme s'il y était engagé lui-même, *quasi ex contractu*[4]. Mais l'héritier n'est tenu des charges, qui lui ont été imposées par le testament, que jusqu'à concurrence de la valeur des biens héréditaires.

[1] L. 8 pr. D, de acq. vel om. hered , xxix. 2.
[2] L. 2, C. de hered. action., iv, 16.
[3] V. l. 6, C. famil. ercisc., iii, 36.
[4] *Institutes*, § 5, de oblig. quasi ex contr. L. iii, t. 27.

Le jurisconsulte Marcien nous dit : *placet non plus posse rogari quem restituere, quàm quantum ei relictum est*[1]. Et Ulpien : *nec ex militis testamento plus legatorum nomine præstatur, quàm quantitas est hereditatis, ære alieno deducto*[2]. De plus, l'héritier a le droit, en acquittant les legs et les fidéicommis, de retenir une certaine part de l'hérédité, qui est appelée *quarte Falcidie*, du nom de la loi *Falcidia* qui a établi cette règle. Toutefois, Justinien décida dans la novelle I, cap. 2, § 2[3], que l'héritier serait tenu de payer les legs même *ultrà vires*, s'il avait négligé de constater le montant de l'hérédité dans un inventaire fait en présence des légataires et des fidéicommissaires.

— La division des dettes entre les cohéritiers peut offrir certaines difficultés, lorsque ces derniers sont institués *ex rebus certis*. Tout d'abord, un héritier étant un successeur *in universum jus defuncti* ne peut pas être héritier seulement pour une chose déterminée ; il en résulte que, si le testateur institue un seul héritier *ex re certá*, on retranche cette restriction, et l'institution est réputée faite pour tout le patrimoine. *Si ex fundo fuisset aliquis solus institutus*, dit Ulpien, *valet institutio detractá rei mentione*[4]. Si le testateur institue plusieurs héritiers, chacun pour une *res certa* et sans déterminer leurs parts, ils sont tous censés venir à la succession

---

[1] L. 114, § 3. D. de legatis 1°, xxx.
[2] L. 1. § 18, D. ad Scs. Trebell., xxxvi, 1.
[3] V. aussi l. 22, § 14, in fine. C. de jure delib., vi, 30.
[4] L. 1, § 4, D. de hered. instit., xxviii, 5. — V. aussi l. 21, § 8, D. de vulg. et pupill. substit., xxviii, 6.

pour des parts égales, et la *res certa*, qui est attribuée à chacun par le testateur, est censée lui être léguée par préciput pour tout ce qui excède sa part dans cette chose : *erunt quidem heredes ex æquis partibus*, dit Ulpien, *quasi sine partibus instituti*[1]. Après avoir rappelé ces principes, le jurisconsulte, au § 1 de la même loi, pose la question de savoir dans quelle mesure chaque institué *ex re certâ* sera tenu des dettes, *æris alieni onus pro quâ parte agnosci debeat*, et il la résout comme Papinien, dont il cite l'opinion, en disant que les institués (il en suppose deux), étant réputés héritiers pour deux parties égales, seront tenus des dettes par portions égales, *hoc est pro semisse*.

Ulpien, dans la loi que nous avons citée, supposait deux héritiers institués pour des *res certæ* ; Papinien, dans une autre décision, examine le cas dans lequel les deux héritiers ont été institués pour des universalités juridiques comprenant non seulement des choses corporelles, mais encore des créances et des dettes[2]. Il fait l'hypothèse suivante : un testateur, qui n'était pas militaire, a institué un affranchi héritier de ses biens maternels situés en Pannonie et Titius héritier de ses biens paternels situés en Syrie. L'intention du testateur est bien certaine : il a voulu laisser à l'affranchi tout ce qu'il a recueilli dans la succession de sa mère, à Titius toute l'hérédité paternelle. Mais il n'a pas pu leur transmettre ces deux hérédités séparées l'une de l'autre, puisqu'elles étaient

---

[1] L. 35, pr. D. de hered. instit., XXVIII, 5.
[2] L. 78, D. de hered. instit.

réunies en sa personne. Papinien reconnait donc le principe que nous avons posé plus haut, à savoir que chacun
des institués sera réputé héritier pour moitié, comme
institué sans part aliquote déterminée, *jure semisses am -
bos habere constitit.* Mais la volonté du défunt, qui a
été certainement de laisser à chacun des institués un
patrimoine distinct, cette volonté, que contrarient les
effets ordinaires de l'acquisition de l'hérédité, sera cependant respectée ; le résultat auquel on arrivera sera le
même, que si le testateur avait légué formellement les
deux hérédités dont il s'agit. Or, en pareil cas, le léga -
taire pourrait obtenir, que l'héritier lui cédât les actions
contre les débiteurs de l'hérédité léguée en le constituant
procurator in rem suam, ou bien qu'il lui promît de lui
restituer le montant de ce qu'il aurait touché de ces débiteurs ; de son côté, le légataire devrait promettre à l'héritier de le défendre contre les actions des créanciers de
l'hérédité léguée ou de lui rembourser ce qu'il leur aurait
payé. On présume donc, dans notre hypothèse, que le
défunt, en assignant deux patrimoines distincts à chacun
des institués, leur a fait deux legs par préciput, et ce sera
au moyen de l'action en partage, qu'on arrivera à obtenir
le résultat que nous avons indiqué pour les legs. C'est
la solution donnée par Papinien : *sed arbitrum dividen-
dæ hereditatis supremam voluntatem, factis adjudi -
cationibus, et interpositis propter actiones cautionibus,
sequi, salvâ Falcidiâ.* Le juge devra faire des adjudications, pour transférer à chacun des deux héritiers la part,
dont l'autre cohéritier est investi dans les choses corporelles dépendant de l'hérédité paternelle ou maternelle,

qui est censée, léguée distinctement à chacun des institués.
Le juge devra également faire intervenir des *cautiones*
relativement aux créances et aux dettes dépendant de
chaque hérédité ; c'est-à-dire qu'il obligera les deux institués à faire entre eux des stipulations, au moyen desquelles chacun profitera seul des créances et paiera seul
les dettes dépendant de l'hérédité qui lui a été attribuée
par le défunt. En effet, ces créances et ces dettes sont
confondues dans le patrimoine du testateur, et, si l'on
suivait strictement la règle indiquée plus haut, ces créances et ces dettes se diviseraient par moitié entre les deux
institués, résultat qui ne serait pas conforme à l'intention
du testateur. Les stipulations réciproques, que le juge fait
faire par les cohéritiers, ont donc pour but d'exécuter la
volonté du testateur.

Ainsi, d'une part, au moyen des adjudications faites
par le juge, chaque cohéritier sera seul propriétaire du
patrimoine paternel ou maternel *partim jure heredis,
partim jure legati ;* d'autre part, au moyen des cessions
d'actions ou des stipulations, *cautiones,* chaque cohéritier
profitera seul des créances et supportera seul les dettes
de l'hérédité qui lui a été assignée par le défunt.

L'explication que nous avons donnée de ces mots : *interpositis propter actiones cautionibus,* est celle admise
par M. Pellat[1] ; elle est contraire à celle de Cujas [2] et de
Pothier [3]. Suivant ces derniers auteurs, ces *cautiones* se
rapporteraient au calcul de la quarte Falidie ; ce seraient

---

[1] Textes choisis des Pandectes, 1866, p. 337.
[2] Comment. ad tit. de heréd. instit., ad h. leg., t. I. p. 960.
[3] Pandect., tit. de hered. inst., n° 35.

les mêmes stipulations, que celles dont parle Ulpien dans la loi citée plus haut[1], lorsqu'il dit : *quòd si fuerit incertum an Falcidia interceutura sit, rectissimè probatur officio judicis cautiones esse interponendas.* Ces *cautiones* seraient donc relatives aux restitutions que pourraient avoir à se faire les héritiers préciputaires, s'il était reconnu plus tard que le juge a trop adjugé à ces héritiers pour leurs legs par préciput. Nous n'hésitons pas à admettre l'opinion de notre éminent maître, M. Pellat, qui fait remarquer avec raison que, si les *cautiones* dont parle Papinien dans la loi 78 étaient relatives à la *lex Falcidia*, il serait bien étonnant qu'il en fît mention avant d'avoir parlé de la quarte Falcidie ; car les mots : *salvâ Falcidiâ* ne se trouvent dans le texte qu'après la phrase que nous avons interprétée.

Telles sont les solutions qui étaient admises, lorsqu'il s'agissait d'institutions comprenant des *res certæ*, des *universitates rerum* ou des *universitates juris*.

— Nous avons déjà parlé de la confusion, qui s'opérait par suite de la réunion des deux patrimoines en la personne de l'héritier. Mais nous avons à examiner quelques hypothèses spéciales, prévues par les textes, relativement à l'extinction des dettes dont la succession est grevée.

Il est évident que, si le créancier devient l'héritier du débiteur, la dette est éteinte *ipso jure* : le créancier est censé s'être payé sur les biens de l'hérédité, et les fidéjusseurs sont libérés, *veluti solutionis jure sublatâ obliga-*

---

tione, dit Paul[1]. Le *mandator pecuniæ credendæ* est libéré comme le fidéjusseur. En un mot, la confusion, comme le paiement, auquel elle est assimilée dans le cas qui nous occupe, emporte libération de tous les débiteurs accessoires[2]. Il est si vrai que le créancier, qui a succédé à son débiteur, est réputé s'être payé à lui-même sa créance, qu'il peut retrancher de la masse de l'hérédité le montant de cette créance avant de faire le calcul de la quarte Falcidie[3].

Ainsi, aucune difficulté ne se présente, lorsque le débiteur décédé était seul tenu principalement ; mais la question devient plus délicate, lorsque ce débiteur avait un *correus*. Deux débiteurs, Primus et Secundus, sont tenus d'une obligation corréale ; Titius est leur fidéjusseur ou le *mandator pecuniæ credendæ*. Si le créancier devient l'héritier de Primus, l'obligation accessoire de Titius est-elle éteinte ? L'action du créancier contre le fidéjusseur est paralysée par une exception ; car, si Titius était obligé de payer le créancier, il aurait à l'instant le droit de recourir contre lui *in solidum*, parce que ce créancier a succédé à l'obligation, que Primus avait contracté envers Titius en lui donnant mandat de le cautionner. Le débiteur accessoire est donc à l'abri de toute poursuite ; il opposera une exception au créancier d'après la règle : *dolo facit qui petit quod statim redditurus est*. C'est ce que nous explique le jurisconsulte Paul dans la même loi 71 pr. : *et puto aditione hereditatis, confusione*

---

[1] L. 71, pr. D. de fidej. et mandat., xlvi, 1. – V. aussi L. 50 eodem titulo.

[2] L. 38, § 1, eodem titulo.

[3] L. 18, § 1, D. ad leg. Falcid., xxxv, 2.

obligationis eximi personam, sed et accessiones ex ejus persona liberari, propter illam rationem, quià non possunt pro eodem apud eumdem obligati esse: ut quemadmodum incipere aliàs non possunt, ita nec remaneant.

On voit que, par l'effet de la confusion, l'obligation accessoire n'est éteinte qu'*exceptionis ope*. Le jurisconsulte examine ensuite, si le créancier peut encore, nonobstant la confusion, poursuivre l'autre débiteur principal, Secundus. Il fait à cet égard une distinction : s'il n'y avait pas de société entre les deux *correi promittendi*, le fait que le créancier succède à Primus ne change en aucune façon ses droits à l'égard de Secundus ; car le crancier ne trouve dans la succession de Primus aucune obligation de garantie à l'égard de Secundus. Si, au contraire, il existait une société entre Primus et Secundus, le créancier, devenu l'héritier de Primus, ne pourra plus poursuivre Secundus en paiement de l'intégralité de la dette. En effet, si le créancier pouvait se faire payer toute la dette par Secundus, ce dernier se prévaudrait du contrat de société existant entre lui et Primus pour exercer un recours contre le créancier ; on doit donc admettre que Secundus est dispensé de payer au créancier la part, pour laquelle il aurait un recours contre lui, c'est-à-dire la moitié. *Cum altero autem reo vel in solidum, si non fuerit societas, vel in partem, si socii fuerunt, posse creditorem agere,* dit Paul dans la même décision. Il résulte de ce qui précède, que la confusion ne produit pas dans notre seconde hypothèse, comme dans la première, un effet analogue à un paiement.

Dans la fin du texte, le jurisconsulte observe que, si le créancier devient héritier du fidéjusseur ou *vice versâ*, le débiteur demeure obligé ; la confusion de l'obligation accessoire ne porte aucune atteinte à l'obligation principale. Africain, de son côté, supposant qu'un fidéjusseur succède au créancier, remarque avec raison que la confusion n'est pas dans ce cas assimilée au paiement ; il en conclut que le fidéjusseur, devenu l'héritier du créancier, pourra agir contre le débiteur par l'action *ex stipulatu*, et non par l'action *mandati*, qui eût appartenu au fidéjusseur après paiement de la dette[1].

On pourrait enfin supposer, que les qualités de débiteur principal et de fidéjusseur se confondent dans la même personne. Prévoyant cette hypothèse, Scœvola nous dit que l'obligation principale absorbe l'obligation accessoire et subsiste seule : *ut ubi ei obligationi, quæ sequelae locum obtinet, principalis accedit, confusa sit obligatio*[2]. Toutefois, cette solution n'est vraie que dans le cas où l'obligation principale est une obligation civile ; il n'en est plus ainsi, lorsqu'il s'agit d'une obligation naturelle : *nàm si reus naturâ duntaxat fuit obligatus*, dit Papinien, *fidejussor non liberabitur*[3].

— Nous avons dit que l'héritier était obligé de payer toutes les dettes du défunt, même dans le cas où ces dettes absorberaient la totalité de l'hérédité ; il en est tenu sur ses biens personnels.

[1] L. 21. § 5, D. de fidej. et mandat., XLVI. 1.
[2] L. 93, § 2, D. de solut. et liber., XLVI, 3.
[3] L. 95. § 3. D. eodem titulo. Ce texte, suivant la leçon du manuscrit de Florence, donnerait la solution contraire : mais il faut certainement le corriger, comme Cujas l'a fait d'après les Basiliques.

L'héritier pouvait, il est vrai, convenir avec les créanciers qu'il ne paierait qu'une certaine quotité des dettes. A cet effet, l'héritier convoquait en assemblée tous les créanciers qui délibéraient sur la proposition ; s'il y avait dissidence entre eux, on suivait l'avis de la majorité, qui était constituée par la réunion des plus forts créanciers, c'est-à-dire la majorité en chiffre [1].

L'héritier, qui avait fait adition ignorant le chiffre des dettes, pouvait aussi demander, dans certains cas tout à fait exceptionnels, la restitution contre son acceptation, si des dettes considérables venaient à être découvertes [2].

Justinien nous dit, que Gordien décida que les militaires ne seraient pas tenus de payer sur leurs biens propres les dettes de la succession [3].

Mais c'était là un système de protection trop restreint ou trop difficile à appliquer; tout héritier ne pouvait pas accepter sans danger la succession qui lui était déférée : il fallait toujours recourir au *jus deliberandi*. Cet état de choses avait de graves inconvénients, à cause des longueurs qu'entraînait ce *jus deliberandi* et de l'abandon dans lequel la succession restait pendant tout ce temps.

Justinien y remédia en instituant le bénéfice d'inventaire. L'Empereur fait, avec raison du reste, un grand éloge de son innovation; cependant il est certain que la constitution, dans laquelle elle est contenue, est rédigée d'une manière très défectueuse [4].

<hr>

[1] L. 7, § 17, L. 8, D. de pactis, II, 14.
[2] Gaïus, c. II, § 163.
[3] *Institutes*, § 6, de hered. qual. et diff., l. II, t. 19.
[4] L. 22. C. de jure delib., VI, 30.

Nous n'avons pas à exposer avec détails la théorie du bénéfice d'inventaire ; nous nous bornerons à indiquer brièvement les effets produits par ce bénéfice.

1° Les deux patrimoines, celui du défunt et celui de l'héritier, ne se confondent pas. L'héritier conserve donc, comme les autres créanciers, le droit de se faire payer, sur la masse des biens, les créances qu'il peut avoir contre l'hérédité ; mais aussi, il demeure débiteur des créances que le défunt avait contre lui[1].

2° L'héritier ne doit payer les dettes que jusqu'à concurrence des biens héréditaires ; il est tenu seulement *intrà vires*. Il paie les créanciers et les légataires dans l'ordre dans lequel ils se présentent[2]. Les créanciers non payés n'ont pas d'autre ressource, que d'intenter la *condictio indebiti* contre les légataires qui ont reçu à leurs dépens[3]. Les créanciers non payés, qui ont des hypothéques, ne peuvent pas agir contre ceux, qui ont acheté de l'héritier bénéficiaire les immeubles hypothéqués ; mais ils peuvent exercer un recours contre les créanciers chirographaires, qui ont été payés au moyen de l'argent provenant de la vente de leur gage, ou qui ont reçu en paiement les biens hypothéqués.

3° L'héritier retient tous les frais qu'il a avancés pour les funérailles du défunt, les frais d'inventaire et toutes les dépenses qu'il a faites pour la conservation des choses héréditaires[4].

----

[1] L. 22, § 10. C. eodem titulo.
[2] Même loi, § 4 et 5.
[3] Même loi. § 5 et 7.
[4] Même loi. § 9.

4° La confection de l'inventaire permet à l'héritier de retenir sur les legs et les fidéicommis la portion connue sous le nom de quarte Falcidie. Si, au contraire, l'héritier ne fait pas un inventaire, il est tenu *ultrà vires* des legs et des fidéicommis [1].

— La confusion, qui s'opère entre le patrimoine du défunt et celui de l'héritier, peut avoir les plus graves inconvénients pour les créanciers de la succession. L'héritier devient bien, par l'effet de cette confusion, le débiteur des créanciers héréditaires ; son patrimoine est bien grevé de toutes les dettes qui incombaient au défunt ; mais les créanciers de l'héritier acquièrent eux-mêmes, par suite de cette réunion des deux patrimoines, des droits sur le patrimoine du défunt, qui devient ainsi leur gage. On comprend facilement quels inconvénients peuvent résulter de cet état de choses pour les créanciers du défunt, dans le cas où les dettes de l'héritier dépassent la valeur de ses biens.

L'édit du préteur remédia à ce danger, en permettant aux créanciers du défunt de demander la *séparation des patrimoines* [2].

Tous les créanciers du défunt, même ceux qui ne le sont qu'à terme ou sous condition, peuvent user de ce droit ; les légataires et les fidéicommissaires ont le même bénéfice. Au contraire, les créanciers de l'héritier ne peuvent pas demander la séparation des patrimoines ; ils ne peuvent pas empêcher l'héritier d'ajouter des dettes peut-être considérables à celles qui le grèvent déjà [3].

---

[1] V. plus haut, p. 111.
[2] L. 1, pr. et § 1. D. de separat., XLII, 6.
[3] Même loi, § 5.

La séparation ne peut être accordée que par le préteur ou par le président de la province, qui ne prononce qu'après examen.

Les créanciers du défunt ne peuvent demander la séparation des patrimoines qu'à la condition de n'avoir fait aucun acte, d'où l'on puisse conclure qu'ils ont voulu accepter l'héritier pour débiteur; tel serait le fait d'avoir accepté des paiements à compte, d'avoir reçu des garanties supplémentaires, d'avoir fait novation avec l'héritier[1]. Le fait d'avoir intenté une action contre l'héritier n'entraîne pas renonciation au droit de demander la séparation des patrimoines[2].

Les créanciers ne doivent pas laisser s'écouler un trop long délai, avant de faire valoir leurs droits; Ulpien nous dit que la séparation doit être demandée dans les cinq ans, qui suivent l'adition d'hérédité[3].

Enfin, la séparation ne peut plus être obtenue, si, par suite de la confusion des deux patrimoines, elle est devenue impossible[4], ou si l'héritier a aliéné de bonne foi l'hérédité[5].

La séparation des patrimoines a pour effet d'empêcher les créanciers de l'héritier de toucher aux biens de l'hérédité, avant le paiement des dettes personnelles au défunt; elle affecte les biens héréditaires au paiement des créances de ceux qui l'ont obtenue[6]. Celui, qui obtient la sépa-

---

[1] Même loi, § 10, 11, 16.
[2] L. 7, D. eodem titulo.
[3] L. 1, § 13, D. eodem titulo.
[4] Même loi, § 12.
[5] L. 2, D. eodem titulo.
[6] L. 1, § 3, D. eodem titulo.

ration des patrimoines, a donc un véritable droit de préférence sur les biens de la succession. S'il y a concours entre des légataires et des créanciers ayant tous obtenu la séparation, on donnera la préférence aux créanciers[1]. Mais les légataires, qui auraient fait séparer les biens du défunt, seraient préférés aux créanciers qui auraient négligé d'user de ce bénéfice[2].

Les créanciers du défunt, qui ont obtenu la séparation des patrimoines, peuvent-ils encore venir sur les biens personnels de l'héritier, si les biens du défunt ne suffisent pas à les désintéresser ? Il paraît y avoir désaccord sur ce point entre les principaux jurisconsultes. Suivant Paul, les créanciers du défunt n'ont aucun recours à exercer contre l'héritier ; en demandant la séparation des patrimoines, ils ont renoncé à avoir l'héritier pour débiteur, *recesserunt à personâ heredis*[3]. Ulpien dit aussi : *separatio enim quam ipsi petierunt, eos ab istis bonis separavit*[4]; mais ce jurisconsulte met un tempérament à sa doctrine: il ajoute que, si les créanciers du défunt reconnaissent qu'ils ont eu tort de demander la séparation, ils pourront obtenir du préteur une sorte de restitution en alléguant une erreur excusable de leur part.

Papinien ne donne pas un effet aussi absolu à la séparation des patrimoines[5]; il part de ce point de vue, qui nous paraît préférable, que le créancier qui obtient la séparation des patrimoines conserve l'héritier pour débi-

---

[1] L. 4. § 1. et L. 6, pr. D. eodem titulo.
[2] L. 1, § 16. D. eodem titulo.
[3] L. 5. D. eodem titulo.
[4] L. 1, § 17. D. eodem titulo.
[5] L. 3, § 2. D. eodem titulo.

teur; il lui permet donc de venir réclamer à l'héritier le paiement de ce qui lui est dû, lorsque tous les créanciers personnels de cet héritier sont désintéressés. Ce dernier système nous paraît être le seul rationnel; en effet, la séparation des patrimoines ne peut subsister que tant qu'il existe deux ordres de créanciers. Lorsque les créanciers de l'héritier sont désintéressés, on ne peut donner aucune bonne raison pour repousser les créanciers du défunt, qui viendraient se faire payer sur le patrimoine de l'héritier; car, en demandant la séparation des patrimoines, ils ont voulu seulement écarter les créanciers de l'héritier et non pas renoncer à avoir l'héritier pour débiteur.

III. L'héritier transmet l'hérédité à ses propres successeurs avec ses biens personnels.

Nous avons distingué nettement la délation et l'acquisition de l'hérédité; nous avons dit que la délation ne faisait rien entrer dans le patrimoine de l'institué, et lui donnait seulement la faculté d'acquérir l'hérédité. Mais cette faculté est un droit tout personnel, qui n'est pas transmissible aux successeurs de celui qui en est investi. Le droit de l'héritier ne devient transmissible qu'au moment, où il lui est acquis définitivement par l'adition.

Du reste, cette distinction ne peut être faite que pour les héritiers volontaires; car, lorsqu'il s'agit d'héritiers nécessaires, la délation et l'acquisition se confondent : ils sont investis de l'hérédité au moment même où elle leur est déférée.

Le principe, d'après lequel l'hérédité simplement déférée n'est pas transmissible, subsista jusqu'à Justinien : car, dans la constitution qui abolit les lois caducaires, cet

Empereur pose encore la règle : *hereditatem, nisi fuerit adita, transmitti nec veteres concedebant, nec nos patimur*[1].

Cependant cette règle rigoureuse n'était pas restée sans exception ; ce sont ces dérogations successivement introduites que nous devons examiner.

La *restitutio in integrum* avait été pour le préteur un moyen de battre en brèche le principe de la non-transmissibilité d'une *hereditas non adita*. Le droit de demander la *restitutio in integrum* étant transmissible aux héritiers, le préteur admettait que, lorsqu'une cause autorisant la restitution, avait empêché l'héritier de faire addition, les successeurs de cet héritier pouvaient eux-mêmes user du bénéfice de la restitution ; c'était bien là un moyen de rendre l'hérédité transmissible avant l'acquisition[2].

Mais cette exception fut encore étendue soit par le préteur, soit par la jurisprudence, soit par les empereurs.

On alla jusqu'à admettre, que les successeurs pourraient demander l'*in integrum restitutio*, alors même que leur auteur ne s'était pas trouvé dans les conditions requises pour obtenir ce bénéfice. Papinien nous cite l'exemple d'héritiers d'un certain Avitus, qui, institué héritier, alors qu'il était en Cilicie, n'avait pas eu connaissance de la délation et était décédé avant d'avoir fait addition. Ces héritiers demandaient l'*in integrum restitutio, quæ stricto*

---

[1] L. un., § 5, C. de cad. toll., vi, 51.
[2] L. 6, D. de in integr. restit., iv, 1. — L. 24, § 2, D. de minor. xxv an--nis, iv, 4. — L. 1, C. de restit. milit. ii, 51.

jure non competit; le jurisconsulte décide qu'il y a lieu d'accorder cette faveur *humanitatis gratiâ*[1].

Il serait difficile de donner une règle générale sur les conditions exigées pour obtenir l'*in integrum restitutio* dont il s'agit. Cependant l'ensemble des décisions rapportées au Digeste se réfère à des cas, dans lesquels l'héritier avait été empêché de faire adition par un obstacle qui subsistait encore au moment de son décès. Ainsi l'institué a ignoré l'ouverture de la succession, comme dans l'espèce rapportée ci-dessus; ou bien il est mort, alors que la veuve du défunt était enceinte[2]. Ulpien nous cite le cas d'un *filiusfamilias* institué, qui meurt avant d'avoir pu recevoir de son père l'ordre de faire adition; il ajoute que Marc-Aurèle vint au secours du père de famille, parce qu'il était absent pour service public[3]. L'espèce citée par Ulpien a ceci de particulier, que ce ne sont pas des héritiers de l'enfant qui ont le bénéfice de la transmission, mais bien le père de l'enfant.

Une autre exception à la règle que nous avons posée fut établie par une constitution des empereurs Théodose le Jeune et Valentinien III[4]. D'après les lois caducaires, les personnes instituées dans un testament ne peuvent faire adition avant l'ouverture de ce testament, *antè apertas tabulas*. Les empereurs Théodose et Valentinien décidèrent que tous les descendants transmettraient à leurs descendants ce qui leur avait été laissé, s'ils

---

[1] L. 86, pr. D. de acq. vel om. hered., xxix. 2.
[2] L. 84, in fine D. eodem titulo
[3] L. 30, pr. D. eodem titulo.
[4] L. un. C. de his qui ante aper. t. tab., vi, 51.

venaient à mourir avant l'ouverture du testament, et alors même qu'avant leur décès ils n'auraient pas eu connaissance de la délation qui s'opérait à leur profit.

Enfin, Justinien généralisa ce principe : il décida que tout successible, qui décéderait étant encore dans le délai pour délibérer, s'il avait obtenu le *jus deliberandi,* ou dans le délai d'un an après l'ouverture de la succession, s'il n'y avait pas de délai imparti, transmettrait son droit avec le reste de ses biens à ses héritiers, pourvu cependant qu'il eût eu connaissance de la délation[1]. Les héritiers devaient user du droit d'accepter avant l'expiration du délai imparti ou de l'année.

Le droit de transmission établi par Justinien, plus large quant aux personnes qui en profitent, est cependant plus rigoureux que celui qui résultait de la constitution de Théodose et Valentinien, en ce que, d'une part, il est nécessaire que l'auteur de ceux qui usent de ce droit ait eu connaissance de la délation, et que, d'autre part, ce droit est renfermé dans des délais assez restreints.

---

[1] L. 19, C. de jure delib., vi, 30.

DROIT FRANÇAIS

DE LA TRANSMISSION DE L'HÉRÉDITÉ
DE LA SAISINE HÉRÉDITAIRE
DE L'ENVOI EN POSSESSION. — DE LA DEMANDE
EN DÉLIVRANCE

Dans cette étude sur la transmission de l'hérédité, nous nous sommes proposé de rechercher comment s'opère la transmission universelle ou à titre universel des biens par décès, d'établir comment le patrimoine d'une personne passe à sa mort aux successeurs qui sont appelés à le recueillir. Cette vocation héréditaire émane tantôt de la loi, tantôt de la volonté de l'homme ; la transmission, que la loi elle-même opère en faveur de certaines personnes appelées à recueillir le patrimoine d'un défunt, est appelée *succession*. La volonté de l'homme peut aussi faire des héritiers dans le sens général du mot par une disposition totale ou partielle du patrimoine ; cette disposition peut se produire sous la forme d'un legs ou exceptionnellement sous la forme d'une donation entre vifs. Elle peut être faite seulement en faveur du légataire ou donataire; elle peut également être étendue à d'autres personnes gratifiées en second ordre et appelées *substitués*.

Nous avons donc à traiter successivement des successeurs *ab intestat* appelés par la loi, des légataires, des substitués fidéicommissaires et des institués contractuels appelés par la volonté de l'homme; nous rechercherons, pour chacune de ces quatre classes de personnes, quelle est leur condition légale au point de vue de la vocation héréditaire; nous établirons comment elles recueillent l'hérédité, le patrimoine.

PREMIÈRE PARTIE

SUCCESSEURS *AB INTESTAT*

Le mot succession désigne la transmission de l'hérédité aux personnes qui sont appelées par la loi, et que nous comprendrons sous le terme de successeurs *ab intestat.*

La succession est *régulière* ou *irrégulière ;* régulière, lorsque l'hérédité est déférée aux parents légitimes du défunt ; irrégulière, lorsque l'hérédité passe à d'autres personnes, que la loi appelle en concours avec les parents légitimes ou à défaut de ces derniers.

Le mot *héritiers* s'applique spécialement aux parents légitimes du défunt, qui recueillent en vertu de leur vocation légale toute l'hérédité ou une partie de l'hérédité : nous les appellerons *héritiers légitimes.*

Les personnes, autres que les parents légitimes, aux quelles la loi défère en certains cas l'hérédité, sont dési- gnées sous le nom de *successeurs irréguliers.*

— Nous n'avons pas, dans cette étude sur la transmission de l'hérédité, à rechercher quelles sont les conditions de capacité requises par la loi pour succéder, ni dans quel ordre les héritiers légitimes ou les successeurs irréguliers sont appelés à la succession. Le cadre de notre travail est restreint à l'étude de la transmission qui s'opère au profit des divers ayants droit à la succession, et des effets de cette transmission.

Nous étudierons successivement, sous ce rapport, les héritiers légitimes et les successeurs irréguliers.

CHAPITRE PREMIER

DES HÉRITIERS LÉGITIMES

§ I. — DE LA SAISINE HÉRÉDITAIRE.

La saisine a passé du droit coutumier dans le Code
civil, mais en se dégageant de la fiction qui faisait intervenir le mourant comme saisissant son héritier; ce n'est
plus *le mort qui saisit le vif:* c'est la loi qui saisit l'héritier.

Le Code a suivi les principes du droit coutumier; l'héritier légitime est seul saisi de plein droit (art. 724); le
successeur irrégulier doit se faire envoyer en possession.
Quant à l'institution d'héritier, elle n'emporte la saisine
que par exception, lorsqu'il n'existe aucun héritier réser
vataire (art. 1006).

Nous n'avons pas à exposer comment était née la fa
meuse maxime : *le mort saisit le vif*, et quels effets lui
avaient été attachés dans les diverses coutumes qui régis-
saient la France. Qu'il nous suffise de dire, que la saisine,
après ses développements successifs, était restée comme

le caractère propre des héritiers légitimes, c'est-à-dire
de ceux qui représentaient le défunt d'une manière complète.

C'était bien ainsi que l'entendait Pothier, lorsqu'il disait : « Cette saisine consiste en ce que tous les droits du
défunt, toutes ses obligations, dès l'instant de sa mort,
passent de sa personne en celle de ses héritiers, qui deviennent en conséquence, dès cet instant, chacun pour la
part dont ils sont héritiers, sans qu'il intervienne rien de
leur part, propriétaires de toutes les choses dont le défunt était propriétaire, créanciers de tout ce dont il était
créancier, débiteur de tout ce dont il était débiteur ; ils
ont, dès cet instant, le droit d'intenter toutes les actions
que le défunt aurait eu droit d'intenter, et sont sujets à
toutes celles auxquelles le défunt aurait été sujet. Il y a
plus (ce qui est bien contraire aux principes du droit romain, et aux idées naturelles), la possession qu'avait le
défunt des choses de la succession, quoique la possession
soit une chose de fait, est, par cette règle, réputée passer
à l'héritier, sans aucune appréhension de fait de sa part ;
il est réputé possesseur des mêmes choses que le défunt
possédait lors de sa mort, et de la même manière que
l'était le défunt, quoique de fait cet héritier ne les ait
jamais possédées ; et il peut, en cette qualité de possesseur, former l'action en complainte contre tous ceux qui se
seraient mis en possession de quelques effets de la sucses-
sion, soit du vivant du défunt, soit depuis sa mort, pourvu
qu'ils ne l'aient pas encore acquise par an et jour[1]. »

---

[1] Traité des successions, ch. iii. sect. ii (édit. Bugnet, t. VIII, p. 113 et 114).

Domat, de son côté, remarquait la règle commune à toutes les coutumes, « qui veut qu'il n'y ait pas d'autres héritiers que les proches que la Coutume appelle à la succession, et qui ne donne que la qualité de légataires universels à ceux à qui on laisse par un testament ou autre disposition à cause de mort tout ce qu'on peut donner; le nom d'héritier demeurant propre au seul héritier du sang, avec cette affectation qui est commune à toutes les coutumes, que l'héritier légitime est fait héritier au moment de la mort de celui à qui il succède, quoique même cette mort lui soit inconnue. » Et il ajoutait: « C'est cette règle que les coutumes expriment par ces termes, *le mort saisit le vif son prochain lignager habile à lui succéder*, c'est-à-dire que l'hérédité lui est acquise avec tous ses droits à l'instant de la mort de son parent à qui il succède; ce qui a cet effet, que si cet héritier venait à mourir sans avoir sçu que cette succession lui était échue, il la ferait passer à ses héritiers, de même que s'il l'avait recueillie, et qu'il s'en fût mis en possession[1]. »

Quels sont aujourd'hui, d'après le Code civil, les véritables effets de la saisine? Nous pensons que la saisine héréditaire est encore aujourd'hui l'investiture légale, qui fait de l'héritier le représentant juridique de la personne du défunt; c'est là sanction donnée par la loi au titre d'héritier légitime.

L'article 724 ne définit pas la saisine; il dit seulement que les héritiers légitimes sont saisis de plein droit des biens, droits et actions du défunt, sous l'obligation d'ac -

---

[1] Lois civiles, 11ᵉ partie, préface vii, p. 318.

quitter toutes les charges de la succession ; mais cet article est évidemment une reproduction des idées que Pothier exprimait dans son traité des successions ; et le célèbre commentateur de la coutume d'Orléans entendait bien par saisine cet état complexe qui fait de l'héritier, dès l'instant de la mort, le représentant du défunt. Du reste, il nous paraît très naturel de donner le nom de saisine aux effets produits par la célèbre maxime : *le mort saisit le vif ;* or, si ces effets ne sont pas bien précisés par les auteurs anciens, il est cependant certain que cette ancienne maxime n'était pas écrite dans les coutumes avec le sens étroit que certains auteurs prétendent lui donner, et qu'au contraire elle paraissait embrasser par sa généralité les effets complexes attachés au titre d'héritier.

Enfin, le sens de l'article 724 et partant les effets de la saisine nous paraissent déterminés par l'opposition faite dans cette disposition entre les héritiers légitimes, d'une part, et les successeurs irréguliers, d'autre part. La saisine est la vocation complète qui appartient aux héritiers légitimes, et dont les successeurs irréguliers ne jouissent pas de plein droit.

— L'héritier légitime est donc saisi, dès le moment du décès du *de cujus*, c'est-à-dire qu'il acquiert de plein droit, par le seul fait du décès, la propriété et la possession de l'hérédité ; qu'il est désormais, activement et passivement, le représentant de la personne décédée, que son patrimoine est grevé de plein droit des dettes et charges de l'hérédité.

Nous devons examiner dans le détail les différents

effets de la saisine héréditaire ; ces effets peuvent se ré -
duire à quatre principaux.

I. L'héritier est de plein droit propriétaire de tout ce
qui appartenait au défunt ; fût-il mineur ou interdit, igno-
rât-il même l'ouverture de la succession, il ne devient pas
moins et de plein droit propriétaire de tous les biens qui
composent l'hérédité.

Si l'héritier survit un seul instant au *de cujus*, il
transmet l'hérédité qui lui est échue à ses propres héritiers avec son propre patrimoine ; du reste, ces derniers
auront le droit d'accepter ou de renoncer qu'avait
leur auteur. La règle du droit romain : *hereditas non
adita non transmittitur* n'existe donc pas en droit français.

II. L'héritier succède immédiatement, sans aucun fait
de sa part et même à son insu, à la possession du défunt ;
la possession du défunt, quoique chose *de fait*, devient
instantanément la possession de l'héritier. Il en a immédiatement tous les avantages : les actions possessoires lui
sont donc ouvertes telles que les avait le *de cujus*, mais à
condition que le fait d'un tiers n'enlève pas à l'héritier la
position acquise par son auteur ; la prescription commencée par le défunt se continue sans interruption en la personne de l'héritier. Ce résultat de la saisine héréditaire
n'avait jamais été admis par le droit romain. Pothier
disait avec raison que cet effet de la saisine était bien contraire aux principes du droit romain ; il n'était jamais
entré dans l'esprit des jurisconsultes romains qu'un héritier, même *nécessaire*, pût être réputé possesseur des
choses héréditaires avant d'avoir réellement appréhendé

ces choses [1]. On était seulement arrivé à continuer l'*usu-capion* au profit de l'héritier [2] ; mais ce n'était là qu'une dérogation, qu'avait fait admettre l'emploi très fréquent de l'usucapion en droit romain.

III. Dès que la succession est ouverte, l'héritier peut se mettre de sa propre autorité en possession des biens ; il n'a rien à demander à personne : la loi elle-même l'investit de l'hérédité. Il a l'exercice immédiat de tous les droits qui appartenaient au défunt et qui ne sont pas éteints avec sa personne, comme un usufruit ou une rente viagère ; il peut exercer toutes les actions qui compétaient au défunt, poursuivre les débiteurs de la succession et les détenteurs des choses héréditaires. Les tiers poursuivis ou actionnés par l'héritier ne peuvent pas lui demander d'autre justification que celle de sa qualité d'héritier saisi ; ils ne peuvent pas exiger que l'héritier établisse qu'il n'existe pas de parents plus rapprochés. C'est aux tiers à user, s'ils le peuvent, de ce moyen de défense en faisant cette preuve.

Mais, réciproquement, l'héritier peut être immédiatement actionné par les créanciers de l'hérédité, sauf le droit qui lui appartient d'opposer à ces créanciers, le cas échéant, soit une exception dilatoire résultant des délais pour faire inventaire ou délibérer (art. 797), soit une fin de non-recevoir tirée de la renonciation à l'hérédité.

— On a voulu voir dans l'acquisition immédiate de la possession par l'héritier et dans la faculté d'exercer

---

[1] L. .3, pr. D. de acq. vel amitt. poss., XLI, 2.
[2] L. 20, D. de usurp. et usuc., XLI, 3. — L. 6, § 2, D. pro empt., XLI, 4.

immédiatement tous les droits et toutes les actions héréditaires, l'effet caractéristique de la saisine[1]. Les partisans de cette doctrine citent un texte de Dumoulin ainsi conçu : *Nota quód virtus et effectus illius consuetudinis (le mort saisit le vif) nihil aliud est quàm continuatio possessionis à moriente in ejus heredem, et sic ut non nova nec alia, sed omninò et identicè eadem ipsa possessio numero et essentialiter quae et qualis erat penès defunctum in puncto mortis[2].* Ils s'appuient encore sur ce texte de Pérézius : *Gallorum moribus receptum scimus mortuum saisire vivum, id est mortuum continuare possessionem in suum heredem nunc viventem, juxtà proverbium : mortuus aperit oculos viventis[3].* Enfin, ils invoquent l'article 310 de l'ancienne coutume de Bourgogne : « La possession est continuée de la personne morte à son propre hoir, combien qu'il ne l'ait prinse corporellement et est une chose qui est dit vulgaument : *Mortuus saisit vivum et investit.* » La saisine, disent les partisans de cette doctrine, c'est l'acquisition instantanée de la possession par l'héritier, sans aucune appréhension de fait.

Nous avons déjà répondu à ce système en ce qui concerne les origines coutumières de la règle : *le mort saisit le vif.* Nous avons dit que l'immense majorité des coutumes et des commentateurs de ces coutumes n'attachait pas à la saisine héréditaire les effets

---

[1] M. Bugnet, *sur Pothier*, t. VIII, p. 111, note 3, et p. 114, note 2. — M. Demolombe, *Traité des Successions*, t. 1, nᵒ 133, p. 169.

[2] Coutume de Bourgogne § 239, 2ᵉ alinéa in fine.

[3] Prælectiones in codicem.

restreints qu'on prétend lui donner aujourd'hui[1]. Du reste, il n'est pas étonnant que les commentateurs des coutumes se soient attachés plus spécialement à cette transmission de la possession qui s'opère de plein droit au profit de l'héritier ; cet effet de la saisine était directement contraire aux principes du droit romain en matière de possession. La formule coutumière avait donné au droit de l'héritier une étendue que lui refusait le droit romain ; la possession était devenue ainsi transmissible de personnelle qu'elle était à Rome. Il est donc tout naturel que l'attention des anciens commentateurs se soit portée sur cette différence qu'ils relevaient entre l'héritier du droit romain et l'héritier saisi du droit coutumier ; Pothier lui-même, qui, ainsi que nous l'avons vu, donne à la saisine les effets les plus larges, signale, au point de vue de la possession, la différence qui sépare le droit romain du droit coutumier. Mais, de là à prétendre que les interprètes des coutumes avaient restreint les effets de la saisine à la transmission immédiate de la possession, il y a bien loin.

Il serait tout aussi juste de soutenir que la transmission de l'hérédité par l'héritier saisi à ses propres héritiers est l'effet principal de la saisine ; car les commentateurs des coutumes s'arrêtaient aussi à ce principe de droit tout à fait contraire à la règle du droit romain : *Hereditas non adita non transmittitur*[2].

Enfin, est-il bien exact de dire que les héritiers saisis ont seuls le bénéfice de la possession du défunt ? Nous ne

---

[1] V. notamment Ferrière sur l'art. 318 de la Coutume de Paris.
[2] Pothier, *des Successions*, ch. III, sect. II (t. VIII, p. 113).

le croyons pas. Les successeurs universels, autres que les héritiers légitimes, c'est-à-dire les successeurs irréguliers et les légataires, quoiqu'ils n'aient pas le bénéfice de la saisine légale, jouissent néanmoins *ipso facto* des avantages de la possesion de leur auteur. Ce qui leur manque, ce n'est pas le droit : c'est l'exercice de ce droit. Ainsi les successeurs irréguliers et les légataires ne sont admis à former les actions possessoires, comme du reste les actions pétitoires, qu'après avoir obtenu l'envoi en possession ou la délivrance. Mais ce n'est pas à dire que la transmission des avantages de la possession ne s'est pas opérée à leur égard : cela tient uniquement à cette raison que, tant que le titre de ces personnes n'a pas été vérifié par la justice ou par les héritiers intéressés à le contester, elles ne sont pas légalement investies à l'égard des tiers de la qualité dont elles se prévalent.

Si l'on veut exactement établir la différence qui distingue la position des héritiers légitimes saisis de celle des successeurs universels non saisis, il faut dire que les premiers ont de plein droit l'exercice de tous les droits quelconques qui appartenaient au défunt, et que les seconds, au contraire, ne jouissent de ce bénéfice qu'après avoir obtenu l'envoi en possession ou la délivrance. C'est bien là, en effet, la différence qui sépare les héritiers saisis de ceux qui ne le sont pas ; mais, nous le répétons, ce n'est pas la saisine.

La saisine est la transmission complète qui s'opère à l'instant du décès au profit de l'héritier légitime ; c'est la substitution instantanée d'un représentant juridique, qui vient, sans interruption aucune, prendre la place qu'occupait le défunt : *le mort saisit le vif, son hoir le plus proche habile à lui succéder !*

— Mais poursuivons notre étude des effets de la saisine héréditaire.

IV. L'héritier est tenu de toutes les obligations et de toutes les dettes qui incombaient au défunt et qui ne se sont pas éteintes avec sa personne ; il est de plus grevé de toutes les charges de l'hérédité, sauf à lui à restreindre ou à annuler même les effets de cette obligation.

L'article 724 nous dit que les héritiers légitimes sont saisis..., *sous l'obligation d'acquitter toutes les charges de la succession.*

Ici encore, nous rencontrons une théorie qui pose en principe que, la saisine étant le caractère légal des représentants du défunt qui sont tenus de toutes les dettes de l'hérédité, il n'y a plus, en dehors des héritiers saisis, que des représentants imparfaits, auxquels l'obligation de payer les dettes n'incombe que dans la limite des biens qu'ils recueillent ; en d'autres termes, les héritiers saisis, dit-on, sont seuls tenus *ultrà vires* ; tous les autres successeurs universels ne sont tenus qu'*intrà vires*. Que les héritiers saisis soient les seuls représentants parfaits du défunt, nous l'admettons. Mais où trouve-t-on dans le code cette théorie, d'après laquelle l'obligation de payer les dettes *ultrà vires* est une conséquence de la représentation complète de la personne du *de cujus?* L'article 724 n'a pas évidemment ce sens. Nous reviendrons sur cette question en traitant des successeurs irréguliers et des légataires. Qu'il nous suffise de dire pour le moment que, d'après nous, du moment qu'une personne succède à l'universalité des biens du *de cujus*, elle se trouve chargée par là même d'acquitter toutes les dettes qui peuvent grever ce patrimoine ; qui dit patrimoine, dit tout à la fois biens et dettes ; qui prend le patrimoine, en succédant aux biens, prend également les dettes à sa charge.

§ II. — POSITION DE L'HÉRITIER SAISI QUI N'A NI ACCEPTÉ
NI RENONCÉ

L'héritier saisi est investi de la propriété et de la possession des biens héréditaires ; il est immédiatement maître de toutes les actions héréditaires et soumis à toutes les actions des créanciers.

Cette doctrine qui nous paraît certaine, n'est pas cependant restée sans contradicteurs ; on a puisé dans l'article 777 du Code civil un système tout contraire à celui que nous proposons, et on a soutenu que l'héritier n'était saisi que sous la *condition suspensive de son acceptation*[1]. Suivant les partisans de ce système, il y aurait donc un temps pendant lequel la saisine serait en suspens.

Cette idée n'est certainement pas nouvelle. Elle avait déjà été présentée en droit romain en faveur de l'héritier *sien*, qui pouvait se libérer des charges héréditaires au moyen du *bénéfice d'abstention*. Elle avait eu cours dans notre ancien droit et avait même entraîné la jurisprudence

---

[1] Troplong, *Revue de législation*, 1834, p. 184 et 192. — Malpel, *Traité des successions*, n°ˢ 202 et 337.

du Châtelet, qui avait formulé le système que nous com
battons dans un arrêt resté célèbre. Lebrun disait qu'il ne
fallait pas rétorquer la saisine contre l'héritier[1]. Il écrivait à ce propos sur la coutume d'Auvergne le commentaire
suivant : « On n'a pas le droit de dire contre un fils : *filius
ergò heres*, ni conclure qu'il est héritier, parce qu'il n'a
pas renoncé. Encore un coup, c'est un abus que cela, qui
n'a jamais eu cours que chez ceux qui ignoraient les véritables principes de notre jurisprudence, qui sont qu'il faut
avoir accepté ou s'être immiscé pour être déclaré héritier, et qu'autrement le simple défaut d'une renonciation
ne fait point un héritier en quelque ligne que ce soit[2] ».
Pothier lui même semblait se contredire et tendre à refuser aux créanciers héréditaires l'action contre l'héritier
saisi : « La saisine de l'héritier saisi, disait-il, établie
par la règle : le mort saisit le vif, est donc en *suspens*,
jusqu'à ce que l'héritier se soit décidé sur le parti de l'acceptation ou de la répudiation de la succession[3]. »

Cette thèse, qui procède d'un trop grand souci des
intérêts de l'héritier et d'une idée fausse du rôle de la
saisine dans notre droit, nous paraît tout à fait contraire
aux textes du Code. Et d'abord l'article 724, quoique bien
incomplet, n'établit-il pas nettement que l'héritier saisi
peut être immédiatement poursuivi, ne le soumet-il pas de
plein droit à l'action des créanciers? Peut-on invoquer
l'article 777, qui semble en effet favoriser la fausse inter-

---

[1] *Des successions*, l. III, ch. 1, n° 36.
[2] Coutume d'Auvergne, ch. xxxii, art. 54.
[3] *Des successions*, ch. iii, sec ii (t. VIII, p. 113).

prétation que nous combattons, quand on peut opposer à cet article une autre disposition, qui lui est directement contraire, l'article 785 ? Si l'on prétend que l'article 777 suspend jusqu'à l'acceptation la qualité d'héritier saisi, nous répondons que, d'après l'article 785, cette qualité n'est nullement en suspens, puisque ce n'est que par une *fiction* que la loi croit pouvoir détruire les effets produits par le titre seul d'héritier saisi. On est donc forcé de convenir que les deux articles 777 et 785 formulent des doctrines contraires et qu'il faut opter pour l'un ou pour l'autre de ces deux systèmes. Nous n'hésitons pas à adopter le système reproduit dans l'article 785, parce qu'il est, quoi qu'on dise, conforme à la tradition et en harmonie avec les autres dispositions du Code. Nous avons déjà invoqué l'article 724; les articles 797 à 800 prouvent péremptoirement que l'héritier est bien actuellement saisi, exposé immédiatement aux actions des tiers, puisqu'il doit invoquer une exception dilatoire pour se défendre contre les demandes des créanciers pendant les délais qui lui sont accordés.

Nous avons dit, que la doctrine que nous combattons émanait d'une idée fausse du rôle de la saisine dans notre droit actuel ; cette idée consiste à croire que l'institution de la saisine est toute dans l'intérêt de l'héritier : l'article 777 est un vestige de cette idée ancienne. Sans doute, à l'origine, la saisine n'a qu'un but, celui de défendre l'héritier contre les exigences féodales ; mais, plus tard, ce caractère de faveur disparaît, et la saisine devient une institution vraiment sociale ; elle est établie dans l'intérêt de la société elle-même, intérêt qui ne permet pas que la mort suspende les rapports des hommes entre eux : la saisine substitue immédiatement et sans interruption un représentant à la personne dont la succession vient de s'ouvrir.

§ III. — DE L'ACCEPTATION ET DE LA RENONCIATION DANS LEURS RAPPORTS AVEC LA SAISINE HÉRÉDITAIRE. EXPLICATION DE L'ARTICLE 789.

L'héritier saisi, avons-nous dit, est de plein droit propriétaire et possesseur du patrimoine du défunt ; de plein droit il devient son représentant universel. Nous devons ajouter que cet héritier n'est pas maintenu dans cet état contre sa volonté. Nul n'est tenu d'accepter une succession qui lui est échue, dit l'article 775, reproduisant l'ancien adage de nos commentateurs coutumiers : il n'y a point d'héritiers nécessaires[1].

La saisine n'a donc pas pour effet de lier malgré lui l'héritier saisi à l'hérédité ; car elle ne le prive pas de la faculté de renoncer.

Examinons quels effets produit l'acceptation ou la renonciation de l'héritier.

L'acceptation est la confirmation en la personne de l'habile à succéder de son titre d'héritier (art. 777). On comprend qu'elle puisse se faire expressément ou tacite-

---

[1] Loysel, *Institutes coutumières*, règle 318 (édit. Dupin et Laboulaye, t. I, p. 318).

ment, puisqu'il ne s'agit que de maintenir un état de fait qui existe déjà. Dès que l'acceptation intervient, tous les effets produits par la vocation légale de l'héritier, effets que nous avons compris sous le nom de saisine, deviennent irrévocables.

Par la renonciation, l'héritier appelé par la loi abdique la qualité d'héritier; il perd tous les droits qui résultaient pour lui de cette qualité, et se soustrait à toutes les obligations qui en étaient la conséquence. L'article 785 exprime bien cet effet de la renonciation, quand il dit que l'héritier qui renonce est censé n'avoir jamais été héritier.

La renonciation ne se présume pas; elle n'est même efficace qu'autant qu'elle est faite dans la forme prescrite par l'article 784: le successible fait sa déclaration, soit en personne, soit par mandataire, au greffe du tribunal de première instance, dans le ressort duquel la succession s'est ouverte, sur un registre particulier tenu à cet effet. On a enseigné qu'entre les successibles la renonciation n'est pas soumise à des formes spéciales, et qu'elle peut être faite et acceptée dans toute espèce d'actes authentiques ou sous seing-privé[1]. Nous ne saurions adopter cette décision en termes aussi absolus. Nous admettons bien qu'un successible peut, dans un contrat quelconque, s'engager envers ses cohéritiers à renoncer à une succession; mais ce n'est là qu'une promesse de renoncer, qui sans aucun doute a effet entre les contractants, mais qui ne constitue vraiment une renonciation que lorsqu'elle est réalisée au greffe par un acte régulier.

---

[1] MM. Aubry et Rau *sur Zachariæ*, t. V, p. 168 (3e édit.).

— Nous avons vu quelle est la position de l'habile à succéder, qui n'a pas encore pris parti entre l'acceptation ou la renonciation ; nous avons montré quels sont les effets propres à l'acceptation et à la renonciation. Mais, l'état d'abstention du successible appelé à l'hérédité peut se prolonger, et la loi a voulu, par une disposition formelle, mettre un terme à des incertitudes fâcheuses ; c'est l'objet de l'article 789. Malheureusement, nos législateurs n'ont pas réussi à atteindre le but qu'ils se proposaient, et leur disposition est devenue comme une énigme destinée à exercer la sagacité des commentéurs.

« La faculté d'accepter ou de répudier une succession, « nous dit l'article 789, se prescrit par le laps de temps « requis pour la prescription la plus longue des droits « immobiliers. » D'après le sens littéral de cette disposition, il paraît bien que le Code a établi une prescription spéciale s'appliquant à la faculté d'accepter ou de répudier, et qu'au bout de trente ans, l'héritier a perdu le droit d'opter entre l'acceptation et la renonciation. Qu'est-ce à dire, si ce n'est que l'état de l'héritier, que ce dernier n'a pas voulu fixer en usant de la faculté que lui accordait la loi, est définitivement fixé par la loi elle-même ? Mais fixé dans quel sens ? L'héritier est-il acceptant ? Est-il renonçant ? D'après nous, il est acceptant. Nous soutenons qu'au bout de trente années l'héritier saisi, qui est resté dans l'inaction, est irrévocablement héritier, c'est-à-dire que la prescription confirme son titre et le sanctionne définitivement.

Ce système est certainement conforme au texte même

de l'article 789 ; mais il nous paraît aussi la conséquence des principes rigoureux du droit.

Nous avons établi que l'héritier saisi était propriétaire et possesseur de l'hérédité en vertu de son seul titre. Il a donc, dès le jour du décès, une position parfaitement établie ; il n'appartient qu'à lui seul de s'en départir par une renonciation ; et l'on voudrait que le non-usage du droit héréditaire pendant trente ans fît perdre à l'héritier ce droit ! Mais cette solution est tout-à-fait contraire aux vrais principes. On comprend bien que l'héritier soit dépouillé de son titre au bout de trente ans, parce qu'un autre successible a possédé et prescrit l'hérédité ; c'est en effet ce que nous lisons dans les articles 137 et 137 du Code, mais il est vraiment étrange de soutenir que cette même personne, qui pendant trente années a été héritière et saisie, doive cesser tout à coup de porter ce titre et devenir étrangère à la succession.

Il est bien certain qu'un droit de propriété ne peut pas se perdre par le non-usage ; j'aurais laissé pendant cinquante ans mon domaine à l'abandon, que, après ce laps de temps, j'en serais encore propriétaire, si un autre ne l'avait pas possédé et prescrit. La condition essentielle de la perte du droit de propriété par la prescription est, d'abord, le non-usage de ce droit, et, de plus, l'exercice du même droit par une autre personne contrairement au droit du titulaire.

Ces règles doivent-elles donc fléchir, parce qu'il s'agit dans l'espèce d'une hérédité, c'est-à-dire d'une universalité juridique ? Évidemment non, à moins qu'un texte ne le dise formellement.

On a dit en faveur du système, d'après lequel l'héritier saisi est, après trente ans d'inaction, présumé renonçant, que la prescription édictée par l'article 789 était analogue à celle établie par le Code pour les droits de créance, d'usufruit et de servitude, qui s'éteignent par le non-usage. Mais d'abord, nous répondons qu'il s'agit dans l'article 789 de la prescription d'un droit de propriété résultant de la saisine héréditaire. Ensuite, la prescription de trente ans, relative aux droits de créance comme aux droits d'usufruit et de servitude, est une prescription *extinctive et libératoire ;* on y rencontre toujours une personne qui, bien qu'elle n'use pas du droit contrairement au titulaire, est cependant, par sa position personnelle, naturellement appelée à profiter de l'extinction du droit : c'est le debiteur, le nu-propriétaire ou le propriétaire du fonds servant. Dans la question que nous discutons, nous ne trouvons pas cette personne placée de façon à recueillir le bénéfice de l'extinction du droit héréditaire, à moins qu'on ne prétende faire prescrire ce droit au profit des héritiers des degrés subséquents, qui ne l'exercent pas. Mais, nous répondrons que la loi n'a établi nulle part une semblable extinction du droit; on arriverait ainsi à édicter une véritable présomption de renonciation, ce qui est directement contraire à l'article 784, d'après lequel la renonciation ne se présume jamais.

De ce que nous venons de dire, il résulte, que l'héritier saisi, propriétaire de l'hérédité, ne perd son titre par la prescription, que lorsqu'une autre personne, a possédé cette hérédité, c'est-à-dire s'est donnée et conduite comme héritière. C'est ce qui résulte, comme nous l'avons remarqué, de l'article 137 ; en effet, le droit de l'héritier absent s'éteint non pas par cela seul que trente ans s'écoulent depuis l'ouverture de la succession, mais parce que l'hérédité est possédée par les appelés au défaut de l'absent pendant le temps requis pour prescrire.

En exposant notre système, nous avons suffisamment exposé et combattu le système directement contraire, d'après lequel au bout de trente ans l'héritier saisi est réputé renonçant.

Mais, plusieurs autres interprétations de l'article 789 ont été proposées par les commentateurs; il serait trop long de les exposer toutes. Nous n'ajouterons que quelques observations sur le système suivi par MM. Aubry et Rau[1].

D'après ces auteurs, l'héritier saisi a perdu au bout de trente ans son droit d'option, en ce sens qu'il a perdu *l'une ou l'autre* faculté, celle d'accepter ou celle de répudier, suivant les circonstances.

Pour déterminer les conséquences qu'entraîne l'inaction prolongée pendant trente années du parent, qui se trouvait investi de la saisine, il faut distinguer deux hypothèses. Si l'hérédité a été appréhendée par des successibles du même degré ou d'un degré ultérieur, héritiers légitimes ou successeurs irréguliers, la saisine de droit est éteinte; l'héritier saisi est déchu du droit d'accepter, c'est-à-dire du droit d'écarter par son acceptation les successibles qui sont en possession de l'hérédité. Il n'est pas même nécessaire que ces successibles aient pos-

---

[1] T. V, p. 136, note 5.

sédé l'hérédité pendant trente années ; il suffit que trente ans se soient écoulés depuis l'ouverture de la succession. Si, au contraire, aucun autre successible ne s'est mis en possession de l'hérédité, le parent appelé en première ligne demeure irrévocablement héritier; il est déchu de la faculté de renoncer.

Tel est, en résumé, le système de MM. Aubry et Rau, système qui est la conséquence de la théorie de ces mêmes auteurs sur la *collectivité* de la saisine. D'après cette théorie, le successible du deuxième ou du troisième degré peut appréhender la succession : c'est un droit qui lui appartient, lorsque l'héritier appelé reste inactif ; et, une fois que cet héritier plus éloigné a pris possession de l'hérédité, la prescription du droit d'accepter court contre le parent le plus proche, non pas à partir de la prise de possession de l'hérédité, mais à *compter de l'ouverture de la succession*. Ainsi, la prise de possession de l'hérédité par un parent plus éloigné a pour résultat, d'après MM. Aubry et Rau, d'intervertir pour ainsi dire l'effet de la prescription. Tant que les parents plus éloignés ne prennent pas possession de l'hérédité, c'est l'héritier le plus proche, l'héritier appelé, qui est réputé *acceptant*, et c'est la prescription de la *faculté de renoncer* qui court contre lui. Mais, à l'instant même où un successible plus éloigné prend possession de l'hérédité, le parent le plus proche cesse d'être réputé acceptant ; il est, au contraire, présumé renonçant ; la présomption est intervertie, et, au bout de trente années à compter de l'ouverture de la succession, l'héritier le plus proche devient définitivement *renonçant*. Il s'ensuit que, en supposant trente années moins un jour écoulées depuis l'ouverture de la succession, l'héritier le plus proche, qui est demeuré inactif, sera réputé définitivement acceptant, si les choses restent en l'état pendant un jour de plus; mais si, dans le cours de cette dernière journée qui achève la période trentenaire, l'héritier du second degré prend possession de l'hérédité, tout est changé. L'héritier le plus proche est définitivement renonçant! L'héritier du second degré est irrévocablement acceptant! Ces conséquences ne sont-elles pas la condamnation du système de MM. Aubry et Rau?

Ajoutons que les savants commentateurs de Zachariæ font courir à partir de l'ouverture de la succession, même à l'égard du parent plus éloigné, qui est appelé par la renonciation du parent qui le précède, la prescription qui, suivant les cas, confirme ou résout la saisine de l'héritier. Ainsi, l'héritier le plus proche renonce au moment où la prescription va s'accomplir et sanctionner définitivement son titre; puis la prescription trentenaire s'achève: elle a pour effet de rendre définitivement héritier le parent du deuxième degré saisi par la renonciation de celui du premier degré. On peut encore supposer qu'un héritier est appelé en première ligne à la succession, et que deux autres successibles sont placés l'un au deuxième et l'autre au troisième degré; l'héritier du premier degré restant inactif, le successible du troisième degré a pris possession de l'hérédité; si les trente années s'accomplissent, ce successible sera réputé définitivement acceptant: mais, peu de temps avant l'expiration des trente années, l'héritier du premier degré renonce: celui du deuxième degré est appelé. La prescription s'accomplit presque aussitôt: elle a cet effet, que l'héritier du deuxième degré est définitivement renonçant, et celui du troisième degré irrévocablement acceptant. Il nous semble que ces résultats du système de MM. Aubry et Rau sont inadmissibles; l'héritier plus éloigné, dans le premier comme dans le second cas, se voit appliquer une prescription qu'il n.'a pas eu le temps de prévoir ni d'empêcher; il peut se trouver contre son gré, à l'improviste, acceptant dans le premier cas, renonçant dans le second. Les partisans de ce système prétendent, il est vrai, corriger ces résultats iniques, en admettant avec MM. Aubry et Rau que les parents plus éloignés peuvent, dès avant la renonciation du premier appelé, accepter ou répudier la succession; mais ces acceptations ou ces renonciations anticipées ne sont pas un remède pratique aux inconvénients du système que nous avons exposé.

Cependant, la jurisprudence paraît adopter ce système, en ce sens tout au moins que, si le parent le plus proche reste inactif et qu'un parent plus éloigné ou même un successeur irrégulier se comporte comme héritier, le parent appelé en première ligne est réputé *renonçant*, lorsque trente années sont écoulées à *compter de l'ouverture de la succession*, et non pas à partir de la prise de possession de l'hérédité[1].

— Nous soutenons donc que la prescription de trente ans confirme le droit de l'héritier et le rend irrévocable,

[1] Rouen, 6 juin 1838, Dalloz, J. G., *Successions*, 592. — Civ. Cass., 13 juin 1855, D. P., 55, 1, 253. — Rouen, 23 avril 1856, D. P., 56, 5, 411. — Paris, 11 décembre 1858, D. P., 58, 2, 222. — Requ. 20 janvier 1862, D. P., 6., 1, 273. — Caen, 25 juillet 1862, D. P., 63, 2, 168.

tellement irrévocable, que la prescription étant accomplie, l'héritier ne peut plus accepter sous bénéfice d'inventaire; en effet, l'acceptation bénéficaire est une espèce de renonciation partielle, ou tout au moins une limitation des effets de la saisine; or, il n'est pas logique de prétendre, que l'héritier puisse par sa volonté modifier un état de choses que la prescription a rendu définitif.

Si, au bout de trente années, l'héritier saisi peut perdre le droit d'option et la faculté de renoncer à la succession, en sens inverse il peut arriver que la faculté d'accepter s'éteigne par la prescription ; la loi elle-même le suppose dans l'article 790. Si l'héritier saisi a renoncé à la succession, il peut, sous certaines conditions, revenir sur sa renonciation : l'une de ces conditions est que la faculté d'accepter ne soit pas prescrite. Voilà donc une prescription qui vient éteindre le droit d'accepter, prescription qui confirme un état d'abstention créé par le successible lui-même, comme dans l'article 789, la prescription sanctionne un état de choses préexistant. Ces deux dispositions de la loi sont donc en harmonie l'une avec l'autre.

L'héritier saisi devient donc définitivement acceptant soit par un acte de sa volonté, c'est-à-dire par une acceptation expresse ou tacite, soit par l'effet de la prescription. En sens inverse, il ne devient définitivement renonçant que par une déclaration expresse, suivie de la prise de possession de l'hérédité par d'autres successeurs appelés concurremment avec lui ou à son défaut, ou suivie d'une prescription trentenaire.

Toutefois, il faut ajouter que la seule inaction de l'héritier saisi, jointe à la prise de possession de l'hérédité par d'autres appelés, peut lui enlever son droit héréditaire. Mais, dans cette hypothèse, ce n'est plus la faculté d'accepter qui se trouve prescrite, c'est l'action qui sanctionne le droit de l'héritier, c'est la *pétition d'hérédité*, qui s'éteint au bout de trente années. Ce cas n'est nullement prévu par l'article 789, et il nous semble que MM. Aubry et Rau confondent la prescription spéciale établie par l'article 789 et celle de la pétition d'hérédité, quand ils soutiennent que les successibles appelés à défaut de l'héritier saisi peuvent, en se mettant en possession des biens héréditaires, faire tomber le droit de l'héritier saisi, et cela par une prescription d'une durée très courte peut-être; car MM. Aubry et Rau font, comme nous l'avons exposé plus haut, commencer cette prescription extinctive du droit de l'héritier à l'ouverture même de la succession. Quelle est donc cette nouvelle prescription qui n'a pas de durée fixe, qui commence à n'importe quelle date pour finir à jour fixe ! Nous aurons encore à revenir sur ces questions en traitant de la pétition d'hérédité.

— Quel est le point de départ de la prescription établie par l'article 789 ? Nous pensons que, dans tous les cas, les trente années, au bout desquelles l'héritier est réputé acceptant, commencent à courir au jour de l'ouverture du droit de l'héritier. En effet, la loi n'a pas distingué, et elle a voulu qu'après trente ans l'état de l'héritier fût définitivement fixé. MM. Aubry et Rau et M. Demolombe soutiennent que la prescription ne peut commencer à cou-

rir que du jour où l'héritier a connu le décès[1] ; il leur
paraît impossible de faire courir contre l'héritier la prescription d'une faculté, avant qu'il ait pu exercer cette
faculté. Mais, MM. Aubry et Rau ne vont-ils pas eux-
mêmes beaucoup plus loin, lorsqu'ils admettent que la
prescription de trente ans court du jour de l'ouverture de
la succession non seulement vis-à-vis du parent saisi de
l'hérédité, mais encore à l'égard des parents plus éloignés qui, par suite de la renonciation du premier appelé,
peuvent être appelés à la succession? Nous avons déjà
repoussé cette doctrine; c'est bien le cas de dire qu'une
faculté ne peut se prescrire que du jour où elle est ouverte;
l'héritier du second degré n'étant saisi que du jour où celui
du premier degré renonce, comment peut on admettre que
la prescription, qui doit confirmer en sa personne la saisine héréditaire, puisse courir avant que cette saisine ait
commencé à exister! A cette objection, MM. Aubry et Rau
répondent que le successible du second degré est autorisé à accepter ou à répudier l'hérédité qui lui est éventuellement déférée, avant d'en être saisi par la renonciation du premier appelé. Il n'en est pas moins vrai que la
prescription ne peut commencer à courir que lorsque le
droit est né ; elle ne peut s'appliquer à un droit *éventuel*.

Quant à la prescription d·la faculté d'accepter, ou,
plus exactement, de la faculté de revenir sur la renon·
ciation (art. 790), elle commence à courir du jour où
l'héritier s'est volontairement dépouillé de son titre par

---

[1] MM. Aubry et Rau, t. V, p. 141 — M. Demolombe, *Successions*, t. II.
n° 316, p. 363 et 360.

la renonciation. M. Demolombe admet, au contraire, que le délai de cette prescription a pour point de départ ordinaire le jour de l'ouverture de la succession[1].

Du reste, la prescription ne court ni contre l'héritier mineur pendant sa minorité, ni contre l'héritier interdit pendant son interdiction.

Nous aurons à examiner, lorsque nous traiterons des successeurs irréguliers, quelle est pour eux la conséquence d'une inaction prolongée; nous verrons que la prescription établie par l'article 789 n'a pas à leur égard les mêmes effets qu'à l'égard des héritiers saisis.

§ IV. — 1° LA SAISINE HÉRÉDITAIRE N'EST NI COLLECTIVE NI SOLIDAIRE. 2° ELLE EST SUCCESSIVE

Nous avons vu quels sont les effets de la saisine héréditaire, quelle est la position de l'héritier saisi; nous savons ce qu'il faut entendre par acceptation et par renonciation. Il nous reste, pour compléter notre étude de la transmission qui s'opère au profit de l'héritier saisi, à résoudre quelques questions théoriques très importantes en raison des conséquences pratiques qui en découlent.

La saisine est-elle collective, c'est-à-dire embrasse-t-elle tous les successibles à quelque degré qu'ils se trouvent? Est-elle aussi solidaire, c'est-à-dire s'applique-t-elle pour le tout à chacun des cohéritiers appelés ensemble à

[1] *Successions*, t. III, n° 57 p. 54

l'hérédité? Est-elle, au contraire, restreinte à ceux qui,
par l'ordre et le degré de leur parenté avec le défunt,
sont appelés les premiers à la succession, et n'est-elle
donnée à chacun d'eux que dans les limites de sa vocation
héréditaire? Nous n'hésitons pas à nous prononcer dans
ce second sens, qui nous paraît être le seul conforme à
l'origine et au but de la saisine. En effet, la saisine ne
nous vient-elle pas du droit coutumier, et l'article 318 de
la coutume de Paris ne limitait-il pas ses effets à l'*hoir
le plus proche?* Les cohéritiers n'étaient-ils pas saisis
seulement pour leur part[1]? On a bien prétendu que l'article 724 n'avait pas reproduit cette disposition de la coutume de Paris, et déclarait saisis les *héritiers légitimes,*
sans distinguer s'ils sont seuls ou s'ils ont des cohéritiers, s'ils sont les plus proches ou les plus éloignés[2].
Mais, ce fondement de la doctrine adverse n'est pas très
solide; car, dire que les héritiers légitimes sont saisis.
ce n'est pas dire que tous les parents du défunt aptes à
devenir héritiers légitimes jouissent collectivement du
bénéfice de la saisine. Ceux-là seuls sont héritiers, qui
viennent en première ligne d'après l'ordre établi par la
loi. D'un autre côté, on convient que l'obligation de payer
les dettes n'incombe qu'aux héritiers qui viennent en première ligne; or, ce sont ceux-là que la loi déclare saisis.

Il faut donc, et d'après les traditions coutumières et
d'après le Code lui-même, dire que la saisine n'est pas
quelque chose de vague, qu'elle ne plane pas sur tous les

---

[1] Pothier, *Successions*, ch. III, sect. II (t. VIII, p. 111).
[2] V. MM. Aubry et Rau, t. V, p. 133, note 18.

successibles; il faut admettre, d'une part, qu'elle se fixe sur le plus proche de ces successibles, sur celui qui est appelé en première ligne et qui seul en réalité est héritier, et, d'autre part, qu'elle ne lui est donnée que dans la mesure de son droit héréditaire.

Nous allons rencontrer des conséquences importantes, que l'on prétend tirer de la théorie de la saisine collective; il nous sera plus facile de les repousser, maintenant que notre point de départ est assuré.

Mais, auparavant, nous avons à résoudre une seconde question de principe: la saisine légale n'opère-t-elle qu'une fois au profit des héritiers les plus proches au jour de l'ouverture de la succession? Après la renonciation d'un héritier saisi, son cohéritier ou l'héritier du degré subséquent est-il lui-même saisi de la succession? Cette question est vraiment préjugée dans le second sens; en effet, nous trouvons cette solution adoptée par les anciens auteurs[1]; et on ne saurait trop, lorsqu'on traite de la saisine, recourir aux anciens commentateurs et chercher à s'éclairer par leurs écrits. La doctrine adverse, qui soutient que la saisine n'est donnée qu'une fois à l'héritier premier appelé, se fonde sur l'article 790, et les arguments qu'elle oppose à notre système ont certainement une grande force; si la saisine descendait ainsi de degré en degré par suite des renonciations successives des appelés, dit-on, on ne comprendrait pas comment le successible qui a renoncé pourrait revenir sur sa renonciation

[1] Pothier, *Successions*, ch. iii, sect. ii, et sect. iv, § 5 (t. VIII, p. 112 et 146). — Introd. au titre XVII de la Coutume d'Orléans, art. 301, note 2 fin (t. I, p. 539).

et accepter de nouveau. La disposition de l'article 790, ajoute-t-on, n'existait pas dans l'ancien droit; le Code a donc changé la doctrine coutumière. Quand l'héritier du premier degré a renoncé, la saisine ne passe pas aux degrés subséquents; elle ne se fixe qu'une fois et sur le premier appelé. En outre, dit-on, si la saisi e est successive, les créanciers et légataires ne pourront faire nommer un curateur à la succession vacante, que lorsque tous les parents jusqu'au douzième degré auront été mis en demeure de renoncer; de là des lenteurs indéfinies, puisque chaque successible pourrait demander à son tour un nouveau délai.

Les objections que nous venons d'exposer établissent, si l'on veut, que le Code a fait certaines dérogations à la règle de la saisine successive; mais, elles ne sauraient détruire la doctrine bien précise de la dévolution successive de la saisine au profit des divers successibles appelés par les renonciations de ceux qui les précèdent. La tradition coutumière nous paraît plus puissante que les arguments qu'on nous oppose; et surtout, les textes du Code nous semblent formels dans notre sens. En effet, si les héritiers légitimes sont saisis aux termes de l'article 724, et si le renonçant est censé n'avoir jamais été héritier, il s'ensuit nécessairement que le parent plus éloigné, appelé par suite de la renonciation du parent plus proche, est réputé avoir toujours été seul héritier; donc il est réputé avoir toujours été seul saisi.

D'un autre côté, si le parent plus éloigné n'était pas saisi, comment se ferait-il donc que l'article 790, dont on argumente contre nous, permit à ce successible de se mettre en possession des biens de la succession ? Evidemment, c'est là le rôle d'un successible investi de la saisine. Ce rôle, du reste, est complet, et tous les effets de la saisine se rencontrent dans notre hypothèse ; ainsi, les créanciers de la succession peuvent, avant toute acceptation, poursuivre le successible du deuxième degré appelé au premier rang par suite d'une renonciation. La doctrine adverse est obligée de repousser cette solution.

De plus, si l'argument tiré de l'article 790 était vrai, il faudrait dire que le cohéritier n'est pas saisi par la renonciation de son cohéritier ; en effet, le cohéritier renonçant peut revenir sur sa renonciation, tout comme l'héritier premier appelé qui a renoncé. La doctrine adverse ira-t-elle jusqu'à une pareille affirmation, qui diviserait la position d'un héritier et le ferait saisi pour une partie de la succession, non saisi pour l'autre ? Evidemment on reculera devant une pareille théorie, qui cependant n'est qu'une déduction logique de la doctrine que nous combattons.

Il faut même aller plus loin et dire que, pour que la saisine s'accomplisse au profit du parent plus éloigné ou du cohéritier par suite des renonciations intervenues, il n'est nullement nécessaire que ce successible ou ce cohéritier ait survécu à la renonciation : la survivance au *de cujus* suffit parfaitement. Il s'ensuit que la saisine peut profiter aux héritiers du successible du second rang appelé au premier par la répudiation de celui qui le précédait.

Il ressort de ce qui précède :

1° Que la saisine n'est ni *collective*, ni *solidaire* ;

2° Qu'elle est *successive*, c'est-à-dire que la renonciation d'un héritier a pour effet de la transmettre soit à ses cohéritiers, soit aux héritiers subséquents.

— Nous pouvons maintenant aborder plusieurs questions, qui se rattachent, comme nous l'avons dit plus haut, à ces principes :

1° Le cohéritier, en cas d'inaction de son cohéritier, ou le parent plus éloigné, en cas d'inaction du parent plus proche, peut-il se mettre en possession de l'hérédité ?

Il ne faut pas confondre cette hypothèse et celle dans laquelle on suppose que l'héritier appelé est absent présumé ou déclaré ; ce dernier cas est régi par les règles particulières à l'absence (art. 136). Il faut examiner la question dans l'hypothèse d'un héritier non présent ou négligent ; et alors, on comprend que la position du second appelé est très critique, puisqu'il n'a aucun moyen de forcer le premier appelé à prendre un parti, et que, d'après le système que nous avons adopté, la prescription de trente ans aurait pour effet de rendre ce premier appelé définitivement acceptant. Quoi qu'il en soit, nous ne trouvons dans la loi aucun autre moyen de parer à cet inconvénient, qu'une prise de possession de l'hérédité de la part des parents appelés au défaut de l'héritier saisi ; mais la possession du second appelé sera toujours une possession de fait, puisque le premier degré est seul saisi, possession de bonne ou de mauvaise foi, suivant que le successible du second degré ignorera ou connaîtra l'existence du parent plus rapproché que lui. Pendant trente années, à compter de la prise de possession, le successible du deuxième degré sera soumis à la pétition d'hérédité.

-Nous disons que cette action pourra être exercée pendant trente années à compter de la prise de possession de l'hérédité ; en effet, l'appelé du second degré ne peut pas invoquer le bénéfice de la saisine collective, c'est-à-dire une possession de droit qui aurait précédé sa prise de possession.

D'après le système adopté par MM. Aubry et Rau sur l'article 789, la prise de possession de l'hérédité accomplie par les successibles, qui suivent le premier appelé, aurait cet effet important de rendre le premier appelé renonçant au bout de trente ans d'inaction ; cette prise de possession, véritable droit qu'exerceraient les successibles des degrés subséquents, serait donc un moyen très énergique de vaincre la résistance passive du premier appelé [1]. Mais, nous avons déjà dit que nous ne pouvions admettre ce système, qui nous paraît tout à fait contraire aux vrais principes.

2° Chaque cohéritier est-il autorisé à revendiquer la totalité de l'hérédité, à laquelle il se trouve appelé conjointement avec d'autres personnes ?

La solution affirmative de cette question serait une conséquence du principe de la solidarité de la saisine de plusieurs cohéritiers [2]. Nous nous sommes rangés à l'opinion contraire, et nous soutenons que, dans l'hypothèse prévue, les tiers pourraient opposer l'exception *plurium cohœredum*. En effet, c'est à celui qui revendique à

---

[1] MM. Aubry et Rau, t. V, p. 131 et 135.— Touiller, t. II, n° 345.— Massé et Verger, t. II, p. 297 et 298.

[2] Dumoulin, Coutume de Paris, tit, I, § 33, n° 93. — MM. Aubry et Rau, t. V, p. 132.

prouver qu'il est propriétaire ; or cette preuve n'est pas faite par le parent appelé à une part héréditaire, tant qu'il n'a pas fourni la preuve de la renonciation de ses cohéritiers. Le tiers défendeur aurait bien d'abord à établir qu'il existe des cohéritiers ; mais, une fois cette preuve administrée, l'action du revendiquant devrait être rejetée. C'était du reste la solution admise par le droit romain[1].

3° Les parents appelés à défaut des parents saisis peuvent-ils, lorsqu'ils se sont mis en possession de l'hérédité, assigner les tiers en délaissement des biens qui la composent ?

MM. Aubry et Rau admettent l'affirmative[2]. Les rai sons qu'ils donnent à l'appui de leur solution sont les suivantes : les parents plus éloignés revendiquent l'hérédité à raison du lien de parenté existant entre eux et le défunt, c'est-à-dire en vertu d'un titre nécessairement supérieur à la présomption de propriété, qu'engendre la possession des biens héréditaires en faveur des tiers qui les détiennent. Ces derniers tenteraient donc en vain de se défendre en contestant aux revendiquants la qualité d'héritiers, puisque, d'une part, ils ne peuvent pas eux mêmes se prévaloir de cette qualité, et que, d'autre part, il ne leur est pas permis d'exciper des droits d'autrui, c'est-à-dire des droits des parents les plus proches.

Nous pensons, au contraire, que, du moment que les tiers-détenteurs prouvent qu'il existe des parents plus

[1] L. 1, § 1, D. Si pars hered. pet., v, 4
[2] T. V, p. 131.

rapprochés que ceux qui revendiquent l'hérédité, ces derniers doivent établir soit que les parents plus rapprochés ont renoncé, soit qu'ils ont eux-mêmes le bénéfice d'une prescription trentenaire. Toute revendication suppose la preuve de l'existence du droit de propriété.

Quant à dire que les tiers-détenteurs ne sont pas admis à exciper des droits d'autrui, c'est là une erreur ; les tiers, en effet, excipent d'un défaut de qualité en la personne de ceux qui les actionnent. Certainement les parents plus éloignés ont des droits éventuels à la succession ; mais, ce n'est pas une raison pour leur permettre de revendiquer à titre de propriétaire. Tout ce qu'on peut leur accorder, c'est la faculté de faire des actes conservatoires (art. 1180) ; mais il ne faut pas aller plus loin.

§ V. — DÉROGATION A LA DÉVOLUTION SUCCESSIVE DE LA SAISINE. — EXPLICATION DE L'ARTICLE 790.

La disposition écrite dans l'article 790 du Code civil contient une dérogation à la règle de la dévolution successive de la saisine, dévolution qui est le résultat ordinaire de la renonciation de l'héritier appelé. En effet, d'après le principe rigoureux formulé dans l'article 785, le renonçant devrait être à jamais éliminé de la succession, sauf, bien entendu, les cas dans lesquels cet acte peut être annulé. Le successible, qui venait après le renonçant, devrait donc être saisi, investi définitivement de la succession. L'article 790 en décide autrement : l'héritier qui a renoncé peut revenir sur sa renonciation. Le Code ne suit pas les errements de l'ancienne jurisprudence ; cependant on retrouve la disposition de l'article 790 dans la jurisprudence du parlement de Bordeaux : les enfants qui avaient répudié la succession de leur père y étaient reçus à la reprendre pendant trente ans, à moins qu'elle n'eût été acceptée par un successible du degré subséquent.

Les conditions mises à cette rétractation de la répudiation, la seconde, tout au moins, nous paraissent indiquer dans quel but elle a été permise ; il faut d'abord que la prescription du droit d'accepter ne soit pas acquise contre l'héritier qui a renoncé, et, en second lieu, que la succession n'ait pas été acceptée par d'autres héritiers. Il paraît bien que les rédacteurs du Code ont voulu obtenir une prompte acceptation après la renonciation du premier appelé et diminuer les chances de la vacance héréditaire.

Mais on peut se demander ce que devient la saisine pendant cet intervalle de temps, qui sépare la renonciation du premier appelé de la rétractation que fait ce même héritier ou de l'acceptation de celui du deuxième degré.

Nous avons démontré qu'on exagérerait la portée de l'article 790, si l'on prétendait en conclure que la saisine n'est donnée qu'une seule fois au successible premier appelé. Nous tenons donc pour certain que la saisine est successive, qu'elle passe au successible du second rang après la renonciation de celui du premier rang, à condition cependant que l'acceptation de l'héritier du second rang se produise avant le retour que la loi permet au renonçant ; la loi se réserve de dépouiller le successible du second rang de sa saisine et de la rétablir sur la tête du renonçant, si ce dernier manifeste promptement un retour de volonté. On a prétendu que la saisine, après la renonciation du premier appelé, restait *jacente* jusqu'à l'acceptation du second appelé[1]. Il n'est pas nécessaire d'aller jusque là pour expliquer cette théorie ; on peut dire seulement que la saisine, en descendant ainsi du premier au second appelé, perd de son énergie et peut être résolue par le retour du premier appelé.

— Nous avons à examiner rapidement les conditions que la loi met à l'exercice de la faculté exorbitante accordée par l'article 790. Ces conditions sont au nombre de deux ; du reste, la réalisation de l'une ou de l'autre empêche le renonçant de revenir sur sa renonciation :

1° Il faut que la prescription du droit d'accepter ne soit pas acquise contre l'héritier qui a renoncé. Cette première condition est suffisamment expliquée par ce que nous avons dit sur l'article 789. Le droit d'accepter se prescrit par l'expiration de trente années à compter du jour de la renonciation.

2° Dès que la succession a été acceptée par d'autres héritiers, la faculté accordée par l'article 790 ne peut plus être exercée.

Toute acceptation des nouveaux appelés, qu'elle soit expresse ou tacite, pure et simple ou bénéficiaire, entraîne la perte du droit du renonçant ; la condamnation, pronon-

----

[1] Simonnet. *de la Saisine héréditaire*, p. 271 et 272.

cée sur la poursuite des créanciers de la succession contre les successibles appelés par la renonciation de l'héritier saisi entraînerait l'application de la déchéance.

L'envoi en possession prononcé au profit des successeurs irréguliers équivaut évidemment à une acceptation. Mais doit-on mettre sur la même ligne que l'acceptation la simple demande d'envoi en possession ? Nous le pensons ; en effet, que veut la loi, si ce n'est que le nouvel appelé à la succession fasse connaitre formellement son intention de se porter héritier ? Or, il nous semble que cette intention résulte pleinement pour le successeur irrégulier de sa demande afin d'envoi en possession. C'est l'acte le plus formel qu'il puisse faire pour témoigner son intention d'accepter. Nous sommes donc fondés à lui donner le même effet qu'à l'acceptation faite par un héritier légitime. Nous n'avons aucune raison de ne pas accorder le même effet à la demande d'envoi en possession formée par le légataire universel.

Mais nous n'oserions pas aller jusqu'à prétendre, comme l'ont fait quelques auteurs[1], que la simple occupation de fait des biens héréditaires par les successeurs irréguliers ou les légataires universels suffit à priver le renonçant de la faculté que lui accorde l'article 790, et cela sous le prétexte qu'en renonçant l'héritier s'est privé volontairement de la garantie que lui offrait l'envoi en possession. Nous soutenons que les rédacteurs du Code, en parlant d'acceptation, ont voulu exiger de la part des successeurs irréguliers un acte équivalent à l'acceptation, c'est-à-dire

---

[1] Simonnet, *de la Saisine héréditaire*, p. 272.

l'envoi en possession, ou tout au moins la demande afin d'envoi en possession.

Que faudrait-il décider dans le cas où l'acceptant serait non pas un parent placé au degré qui suit immédiatement celui dans lequel se trouve le renonçant, mais un successible d'un degré ultérieur non saisi de l'hérédité? Nous déciderions, comme Duranton [1], que l'acceptation ne formerait pas dans ce cas obstacle à la rétractation du renonçant. Il nous paraît en effet que le Code, en exigeant qu'il y ait acceptation, a dû entendre une acceptation définitive, qui ne fût exposée à aucune attaque; or, dans l'espèce prévue, l'acceptant n'est pas l'héritier du deuxième degré; il est donc exposé, pendant trente années à compter du jour de son acceptation, à la pétition d'hérédité que dirigerait contre lui l'héritier du deuxième degré saisi par la renonciation de celui du premier degré [2].

Tout ce que nous avons dit sur l'article 790 d'un héritier premier appelé s'applique au cohéritier qui renonce à sa part héréditaire. L'accroissement qui s'opère au profit des autres cohéritiers (art. 786) ne met pas obstacle au retour du renonçant, tant que les autres cohéritiers n'ont pas eux-mêmes accepté. Mais une acceptation, même antérieure à la renonciation de l'un des cohéritiers, priverait ce dernier de la faculté donnée au renonçant par l'article 790.

[1] T. VI, 507 — 4°.
[2] V. en sens contraire MM. Aubry et Rau, t. V, p. 170 et note 19.

§ VI. — DE LA PÉTITION D'HÉRÉDITÉ AU POINT DE VUE DE LA TRANSMISSION DE L'HÉRÉDITÉ

Nous n'avons pas à traiter dans le détail de la pétition d'hérédité ; mais, l'examen des conséquences de cette action, et surtout des conséquences de la prescription de cette action au point de vue de la transmission de l'hérédité, rentre évidemment dans notre étude.

La pétition d'hérédité est l'action par laquelle une personne, qui se prétend appelée à une hérédité, réclame de celui qui en a pris possession le délaissement de tout ou partie des objets qui composent cette hérédité.

L'action en pétition d'hérédité est donnée en principe au parent saisi de l'hérédité ; elle ne peut donc pas, en cas d'inaction de l'héritier saisi, être formée par le successible qui est appelé à l'hérédité à son défaut ou par les autres parents qui se trouvent au degré successible. Le défendeur peut repousser l'action intentée contre lui en prouvant qu'il existe des parents plus rapprochés que le demandeur ; ce dernier doit établir non-seulement sa qualité de parent, mais encore sa qualité de parent appelé à l'hérédité. C'est ce que nous paraît dire Pothier : « Le demandeur qui a intenté la demande en pétition d'hérédité soit en qualité d'unique héritier d'un tel, soit comme héritier d'une certaine partie de ce tel, doit établir et justifier contre le défendeur qui lui dispute la succession de ce tel que cette succession lui appartient ou pour le total

ou pour la partie pour laquelle il se prétend appelé[1]. »
Et plus loin : « Lorsque le demandeur en pétition d'hérédité est un héritier légitime, il doit, pour établir que la
succession qui lui est disputée par le défendeur lui appartient, signifier au défendeur sa généalogie, par laquelle
il établit *son degré de parenté avec le défunt*[2]. » Le
défendeur à l'action en pétition d'hérédité n'est pas tenu
d'établir qu'il existe en sa personne une vocation héréditaire préférable à celle du demandeur ; il peut repousser
l'action, en prouvant seulement qu'il existe d'autres personnes ayant un droit à l'hérédité supérieur à celui du
demandeur ; c'est alors à ce dernier à établir que ces
parents plus rapprochés ont renoncé à la succession.

— Nous devons maintenant envisager l'action en pétition d'hérédité par rapport à la personne contre laquelle
elle est intentée ; cette action peut être formée soit par
un parent plus rapproché contre un parent d'un degré
plus éloigné, qui s'est mis en possession de l'hérédité,
soit par un héritier légitime contre un successeur irrégulier ou contre un héritier testamentaire ou contractuel.
Nous avons à examiner spécialement, dans ces diverses
hypothèses, comment s'accomplit la prescription de l'action en pétition d'hérédité, prescription qui a une influence décisive sur la transmission de l'hérédité.

1° La pétition d'hérédité peut être intentée par le parent appelé en première ligne à la succession contre le
parent plus éloigné qui s'est mis en possession de l'hé

---

[1] *Traité du droit de domaine de propriété*, 2e partie, ch. 11, n° 378.
[2] *Loco citato*, n° 382.

rédité. Mais comment s'accomplira la prescription de l'action ouverte au parent plus rapproché ? Nous pensons que cette prescription s'accomplira par trente ans à compter non pas de l'ouverture de la succession, mais de la prise de possession des biens héréditaires. En effet, le parent du deuxième ou du troisième degré, qui a pris possession de l'hérédité, ne jouit pas, comme on a essayé de le soutenir[1], d'une saisine collective, qui s'étendrait à tous les successibles du défunt ; il ne peut donc pas invoquer une possession de droit antérieure à sa prise de possession. Quant à l'article 777, qui a été invoqué en faveur du successible qui s'empare d'une hérédité à laquelle il n'est pas appelé en première ligne, nous l'écartons pour deux raisons, d'abord parce que l'effet rétroactif donné par cet article à l'acceptation de l'hérédité ne se produit que lorsque l'acceptant est l'héritier saisi ; ensuite, parce que l'article 777 est mal rédigé, comme nous l'avons montré plus haut : cet article reste dans notre Code comme une trace des anciennes résistances aux effets fâcheux pour l'héritier de la saisine héréditaire.

Toutefois, nous devons reconnaître que la jurisprudence a une tendance à faire remonter au jour de l'ouverture de l'hérédité l'effet de l'acceptation de tout successible. D'après la doctrine formulée dans un certain nombre d'arrêts, que nous avons déjà cités[2], le parent le plus proche, qui a laissé passer trente années sans accepter ni renoncer, est déchu de la faculté d'accepter,

---

[1] V. plus haut, p. 160 et 161
[2] V. plus haut, p. 156.

à l'encontre des parents d'un degré ultérieur qui ont pris possession de l'hérédité, alors même que la possession de ces derniers n'a pas duré trente années. Cette juris - prudence se fonde principalement sur la disposition de l'article 777, d'après laquelle l'effet de l'acceptation remonte au jour de l'ouverture de la succession. Nous venons d'indiquer les raisons pour lesquelles on ne saurait tirer un argument concluant de l'article 777, en faveur du successible qui a pris possession d'une hérédité à laquelle il n'est pas appelé.

— La prescription de l'action en pétition d'hérédité courrait à partir de la même époque contre le cohéritier au profit de l'héritier du même degré, qui aurait pris possession exclusive de toute l'hérédité.

— 2° L'héritier légitime peut intenter l'action en pétition d'hérédité contre le successeur irrégulier, qui est en possession des biens héréditaires.

Dans cette seconde hypothèse, comme dans la première, nous avons à rechercher comment s'accomplit la prescription de l'action en pétition d'hérédité.

Nous pensons que le successeur irrégulier, comme le successible légitime, prescrit l'action en pétition d'hérédité, et partant le droit héréditaire, à partir de sa prise de possession de l'hérédité; il n'est pas nécessaire, pour que cette prescription commence à courir, que l'envoi en possession ait été prononcé en faveur du successeur irrégulier. De plus, cet envoi en possession n'a pas pour effet, alors que le successeur irrégulier n'est pas appelé à l'hérédité ou à la totalité de l'hérédité, de faire remonter la possession de ce successeur jusqu'au jour de l'ouverture de la succession, pas plus que l'acceptation d'un successible légitime, qui ne vient pas au premier rang, ne saurait, d'après nous, faire rétroagir la prescription au jour de l'ouverture de la succession. La Cour de cassation a cependant décidé, dans un arrêt du 13 juin 1855[1], que l'envoi en possession du successeur irrégulier faisait rétroagir sa possession jusqu'au jour de l'ouverture de la succession. Mais, il est à remarquer que cet arrêt admet comme point de départ le système, d'après lequel, après trente ans, l'héritier est définitivement réputé renonçant; il s'agit donc, dans cette décision de la Cour suprême, d'appliquer une déchéance et non de faire courir une prescription.

MM. Aubry et Rau soutiennent que l'envoi en possession est nécessaire, pour que le successeur irrégulier jouisse des avantages attachés à la possession d'une universalité juridique; sans cette condition, la possession des successeurs irréguliers ne leur paraît pas de nature à pouvoir être opposée aux héritiers légitimes. Mais, ces auteurs appliquent leur décision au système qu'ils adoptent sur l'article 789, c'est-à-dire au cas où le premier appelé restant complétement étranger à la succession, un successeur irrégulier se met en possession de l'hérédité; d'après MM. Aubry et Rau, au bout de trente années à *compter de l'ouverture de la succession,* le premier appelé est réputé renonçant, à condition que le successeur irrégulier se soit fait envoyer en possession. Nous re-

[1] V. Dalloz P. 55, 1, 253.

poussons cette solution, et nous soutenons, d'une part,
que l'héritier premier appelé ne sera déchu de son action
en pétition d'hérédité que lorsque le successeur irrégulier
se sera comporté lui-même comme héritier pendant trente
années, d'autre part, qu'il n'est pas nécessaire, pour que
la possession du successeur irrégulier soit efficace, qu'elle
ait été précédée d'un envoi en possession. Il nous semble
que ce serait se montrer trop exigeant à l'égard du
successeur irrégulier ; si l'on admet, et nous partageons
cette manière de voir, qu'au bout de trente ans un usurpateur sans titre a prescrit l'action en pétition d'hérédité,
nous ne comprenons pas pourquoi on refuserait le bénéfice de cette prescription au successeur irrégulier qui
est appelé éventuellement à la succession. On ne peut
pas nous opposer la solution que nous avons admise en
expliquant l'article 790, parce que la position n'est plus
la même ; dans l'article 790, la loi exige, pour que le
renonçant soit privé de la faculté qui lui est offerte, que
la succession n'ait pas été *acceptée par d'autres héritiers;*
nous avons conclu de ces termes de l'article qu'une simple prise de possession par un successeur irrégulier n'é-
tait pas suffisante.

Nous avons dit qu'au point de vue de la prescription de
l'action en pétition d'hérédité, nous assimilions le possesseur étranger au successeur irrégulier ; mais, nous
devons ajouter que nous limitons notre solution à la prescription de l'action, et qu'il faut se garder de croire que
les suites de la prescription de l'action soient les mêmes,
qu'il s'agisse d'un successeur irrégulier ou d'un étranger.
Il y a, au contraire, des différences importantes à rele-

ver, même après que trente années sont écoulées, entre la
position d'un étranger qui s'est géré comme héritier et
celle d'un successeur irrégulier; nous reviendrons un peu
plus loin sur cette question.

3° L'héritier légitime peut se trouver en présence de
légataires ou de donataires, qui ont pris possession de
toute l'hérédité, et contre lesquels il avait à faire valoir
soit un droit de réserve, soit une nullité du titre même de
ces légataires ou donataires.

C'est bien une action en pétition d'hérédité, qui appartient à l'héritier contre les légataires ou donataires qui
ont pris possession de la succession. Mais, cette action
pourra devenir irrecevable, alors même que trente années
ne se seraient pas écoulées depuis la prise de possession.
En effet, l'action en réduction ou en nullité, qui appartient
à l'héritier du sang contre le successeur universel, peut
être exercée par cet héritier dès le moment de l'ouverture
de la succession; c'est donc à partir de ce même moment
que la prescription de trente ans court contre cette action.
Et, du moment que la prescription est acquise au légataire, le vice du titre en vertu duquel il a appréhendé la
succession se trouve couvert; ses droits héréditaires sont
consolidés et l'action en pétition d'hérédité n'est plus recevable.

— Une dernière question reste à examiner sur l'action
en pétition d'hérédité: lorsqu'un étranger s'est emparé
sans titre des biens héréditaires, à partir de quel moment
court la prescription de l'action en pétition d'hérédité
ouverte contre lui, et quels sont les effets de l'accomplis ·
sement de cette prescription ? La prescription prend

cours au profit de l'usurpateur à partir du jour où ce dernier commence à se comporter comme successeur universel
du défunt ; elle s'accomplit par trente ans à partir de cette
époque. Dès que la prescription sera acquise à l'usurpateur, la pétition d'hérédité ne pourra plus être utilement
dirigée contre lui par les héritiers ou les autres successeurs universels du défunt. Mais, est-ce à dire que le tiers
qui, sans aucun titre, se gère pendant trente ans comme
héritier, se trouve, au bout de cette période de temps,
dans une situation identique à celle du parent légitime
en présence du parent plus proche, ou du successeur
irrégulier en présence du parent légitime qui l'exclut
pour le tout ou pour partie? Non certainement ; la prescription de trente ans, qui s'accomplit au profit d'un parent
légitime ou d'un successeur irrégulier, confirme définitivement la vocation héréditaire éventuelle de ces personnes; elles acquièrent ainsi, avec la propriété de l'hérédité, celle de chacun des objets qui la composent. Au
contraire, la prescription de trente ans a bien pour effet
d'éteindre l'action en pétition d'hérédité à l'égard de
l'usurpateur ; mais, cette prescription ne lui donne pas le
titre d'héritier qui lui manque. On ne peut pas dire que
ce tiers a prescrit l'hérédité pendant trente ans, parce que
l'hérédité envisagée comme universalité juridique n'est
pas susceptible d'une possession conduisant à la prescription. Le tiers usurpateur reste donc, malgré la prescription de la pétition d'hérédité, soumis à toutes les actions,
telles que la revendication, qui compétiraient au défunt
lui-même au bout de ce laps de temps. Il peut donc être
dépouillé des objets héréditaires individuellement envisa-

gés, à moins qu'il ne puisse se prévaloir pour chacun d'eux d'une prescription utile.

§ VII. DE LA VACANCE DE LA SUCCESSION

La question de la vacance de la succession se rattache à notre étude de la transmission des biens aux héritiers légitimes. En effet, la saisine consistant dans l'investiture de la succession, et notamment dans la soumission de l'héritier à toutes les charges de l'hérédité, on peut se demander quand il y aura lieu, dans notre système de la saisine successive, d'appliquer cette mesure protectrice des créanciers et autres intéressés, qu'on appelle la nomination du curateur à succession vacante.

L'article 811 s'exprime ainsi qu'il suit : « Lorsqu'après l'expiration des délais pour faire inventaire et pour délibérer, il ne se présente personne qui réclame une succession, qu'il n'y a pas d'héritier connu, ou que les héritiers connus y ont renoncé, cette succession est réputée vacante. »

Pour qu'une succession soit réputée vacante, la première condition est donc que les délais pour faire inventaire et pour délibérer soient expirés.

En second lieu, il faut qu'il ne se présente personne qui réclame la succession. Quel est le sens de cette disposition ? Elle nous paraît dans ses termes aussi générale que possible, et nous n'hésitons pas à nous ranger à l'avis de M. Demolombe : « La succession ne saurait être réputée vacante, dit l'éminent jurisconsulte, dès qu'il se présente une personne qui la réclame, quelle que puisse

être d'ailleurs cette personne, héritier légitime, successeur irrégulier, donataire ou légataire universel[1]. »

C'est bien ainsi que l'entendait Treilhar ddans l'exposé
des motifs : « Il peut arriver qu'il ne se présente, pour
recueillir la succession, ni parents, ni enfants naturels,
ni époux survivant, ni même l'État, et que la succession
est alors vacante[2]. »

Il n'est pas nécessaire, pour que la nomination d'un
curateur à la succession vacante soit empêchée ou tenue
pour non avenue, si déjà elle a eu lieu, que le prétendant
qui réclame la succession soit investi de la saisine héréditaire.

L'idée exprimée par l'article 811 est donc qu'on ne
saurait réputer une succession vacante, du moment
qu'elle est réclamée par un successeur universel quelconque ; le législateur s'est servi à dessein des termes
les plus généraux. Ainsi, la réclamation d'un successeur
irrégulier, d'un légataire ou d'un donataire universels
empêche la vacance.

— Enfin, pour que la succession soit réputée vacante,
il faut, d'après l'article 811, qu'il n'y ait pas d'héritier
connu, ou que les héritiers connus aient renoncé à la succession.

Quel est le sens de cette phrase ? Ce sens nous paraît
évident : tant qu'un héritier est connu, tant que les héritiers connus n'ont par renoncé, la succession ne doit
pas être pourvue d'un curateur. C'est bien là ce que dit

---

[1] *Successions*, t. III, n° 404, p. 373.
[2] Locré, t. X. p. 193. n° 24.

l'article 811. Du reste, cette disposition est tout-à-fait conforme aux principes ; elle est en harmonie avec la doctrine que nous avons émise à propos de la saisine successive. Un héritier légitime est saisi ; il renonce : la saisine passe à l'héritier du second rang, et ainsi de suite. Quoi de plus naturel que d'indiquer aux créanciers de la succession, comme seul responsable de toutes les dettes, l'héritier saisi !

Nous savons que les efforts de plusieurs commentateurs ont tendu à éluder le texte si formel de l'article 811, et qu'on a soutenu que l'existence même connue d'un héritier, qui n'a été appelé à la succession que par suite de la renonciation du parent auquel l'hérédité avait été dévolue par le décès du *de cujus*, ne forme point obstacle à la déclaration de vacance de la succession, lorsque cet héritier appelé en seconde ligne ne se présente pas pour recueillir l'hérédité. On a d'abord invoqué l'ancienne jurisprudence ; mais, sans vouloir contester l'autorité de notre ancien droit, autorité bien certaine en matière de saisine, nous demandons si l'on peut invoquer trois arrêts du Parlement de Paris [1], dont le sens n'est pas très clair, en présence du texte si précis de l'article 811. L'autorité de Pothier [2], sur laquelle s'appuie également le système adverse, nous touche davantage ; mais, encore une fois, le texte de l'article 811 est trop formel et les principes du Code en matière de saisine nous paraissent trop certains, pour que nous puissions nous ranger sur cette

---

[1] 21 janvier 1625, 28 mars 1707, 25 avr.l 1785.

[2] Introd au tit. XVII de la coutume d'Orléans, n° 67 (t. I, p. 506)

question à l'opinion du grand commentateur, que nous avons suivie sur tant d'autres points.

Les partisans du système que nous repoussons mettent encore en avant les inconvénients pratiques de notre solution ; on demande si nous exigerons, avant de permettre la déclaration de vacance, que les créanciers aient poursuivi tous les héritiers connus et que ces derniers aient renoncé, et on fait valoir les longueurs que peut entraîner la poursuite préalable d'une longue suite d'héritiers. Mais, il est certain que l'on exagère les inconvénients pratiques de notre système ; nous répondons qu'on arrivera bien vite à ne pas connaître d'autres héritiers que ceux qui ont renoncé. C'est une tendance regrettable que cette préoccupation excessive des inconvénients pratiques d'une solution commandée d'ailleurs par les principes et le texte de la loi. M. Demolombe en donne quelquefois l'exemple, et, notamment, il se décide dans le sens de l'opinion que nous combattons, parce qu'elle est *surtout d'une grande utilité pratique*[1]. La jurisprudence elle-même ne semble par encore fixée, quoique l'on cite quelques arrêts dans le sens de l'opinion que nous repoussons.

Nous devons remarquer que M. Demolombe et les auteurs qui adoptent son système, tout en permettant aux créanciers de faire prononcer la vacance après la renonciation du premier appelé, donnent cependant aux créanciers et autres intéressés la faculté de ne pas suivre cette voie et de poursuivre l'héritier du deuxième degré, de telle sorte que, si ce dernier était condamné, il serait

---

[1] *Successions*, t. III, n° 408 in fine, p. 383.

tenu pour héritier, malgré la déclaration de vacance intervenue sur la demande d'autres créanciers, et que dans ce cas la nomination du curateur serait annulée[1].

Faut-il appliquer la troisième condition de l'article 811 aux légataires ou donataires universels saisis (nous disons *saisis*, car, s'ils ne le sont pas, c'est qu'il existe un réservataire, dont la seule présence empêche la déclaration de vacance) ? Nous ne le pensons pas ; nous croyons qu'il faut entendre le mot *héritiers* dans un sens restreint. Nous nous fondons sur cette raison, que la saisine des héritiers légitimes est établie sur un fait de parenté, fait public de sa nature, puisqu'il s'établit par la notoriété et se vérifie au moyen des registres de l'état civil, dont toute personne est admise à se faire délivrer des extraits, et que, au contraire, la saisine des légataires universels et des institués contractants est basée sur un acte qui n'est pas public dans le véritable sens du mot, c'est-à-dire sur un titre dont toute personne ne peut pas à son gré prendre connaissance. On peut donc, d'après la nature de leur vocation, réputer les légataires inconnus, tant qu'ils ne se sont pas présentés pour recueillir l'hérédité.

— Une succession n'est pas vacante, quand à défaut d'héritiers ou de successeurs irréguliers, l'État se présente pour la recueillir. On dit alors que la succession est présumée en état de *déshérence*. L'hérédité ne tombe définitivement en déshérence, que lorsque les prétentions de l'État ne peuvent pas ou ne peuvent plus être combattues par aucun autre prétendant.

---

[1] M. Demolombe, *Successions*, t. III. n° 418, p. 382.

Certains auteurs ont donné une idée très fausse de la *déshérence*[1]. Il faudrait, d'après eux, distinguer la vacance de la déshérence d'après ce fait, qu'il est ou non constaté qu'il n'existe pas d'héritiers ou successeurs. C'est là une opinion fausse; car, d'un côté, alors même qu'il est certain qu'il n'existe pas d'héritiers ou successeurs, la succession n'en est pas moins vacante, tant que l'État ne se présente pas, et, d'un autre côté, l'État peut se présenter, alors même qu'il n'est pas constaté que d'autres héritiers ou successeurs universels n'existent pas.

[1] Toullier, t. IV, 294. — Malpel, n° 310. — Dalloz, J. G., V°. *Successions.*

CHAPITRE II

DES SUCCESSEURS IRRÉGULIERS

Le plein et entier effet de la transmission héréditaire, que nous avons appelé *saisine héréditaire*, ne se produit qu'au profit des héritiers proprement dits ou légitimes. Les successeurs irréguliers, que la loi appelle à recueillir l'hérédité, sont placés par elle dans une position inférieure. L'article 724 indique cette différence : « Les « enfants naturels, l'époux survivant et l'État doivent se « faire envoyer en possession par justice dans les formes « qui seront déterminées. » Les successeurs irréguliers ne jouissent donc pas du bénéfice de la *saisine :* ils doivent demander l'envoi en possession ou la délivrance, s'il s'agit des enfants naturels, l'envoi en possession, s'il s'agit du conjoint survivant ou de l'État.

On comprend d'abord que la loi ait voulu réserver à l'héritier légitime la possession des biens et obliger le successeur irrégulier, qui doit concourir avec cet héritier, à lui demander la délivrance. Il y avait à cette disposition un motif de haute convenance morale, puisque cette hypo-thèse ne se réalise que dans le cas, où des enfants naturels sont en présence de parents légitimes.

Dans les autres cas, où les successeurs irréguliers viennent seuls à la succession, la saisine leur a encore été refusée, sans doute parce que leur qualité est toujours moins certaine que celle des héritiers légitimes. La pa-renté légitime est de notoriété publique; elle s'établit facilement, et des contestations ne se produisent guère à ce sujet qu'entre parents des degrés les plus éloignés. Au contraire, la qualité d'enfant naturel est fréquemment inconnue; le plus souvent, il n'y a aucune possession d'état, et les rapports naturels qui relient le défunt au successeur sont ignorés du public. Il est vrai qu'il doit exister un titre, un acte de reconnaissance; mais encore importe-t-il d'examiner, de contrôler cet acte.

Quant au conjoint survivant, ses droits, pour être ordi-nairement plus certains, ne sont pas cependant à l'abri de toute critique; ils ont aussi pour base un acte public, mais que la loi devait faire passer sous les yeux de la jus-tice qui représente dans cette fonction tous les intéressés.

Nous avons à établir quels sont les droits des succes-seurs irréguliers venant à la succession; nous examine-rons d'abord quelle est leur condition, quand ils viennent seuls à la succession; nous nous occuperons, dans une seconde section, des successeurs irréguliers venant en concours avec les héritiers légitimes.

SECTION I

Des successeurs irréguliers appelés à défaut d'héritiers.

§I. POSITION DES SUCCESSEURS IRRÉGULIERS AVANT L'ENVOI EN POSSESSION

Nous avons dit que les successeurs irréguliers appelés à défaut d'héritiers légitimes ne sont pas *saisis* de la succession ; mais, à quels points de vue leur condition se distingue-t-elle de celle des héritiers légitimes ?

Tout d'abord, les successeurs irréguliers sont, du moment même du décès, propriétaires de l'hérédité et des objets qui la composent. Les articles 711, 723, 758 et 767 ne laissent pas de doute à ce sujet. Cette propriété des successeurs irréguliers est-elle pure et simple? Nous le croyons ; l'envoi en possession que ces successeurs sont obligés de demander est une condition mise non pas à l'*acquisition*, mais à l'*exercice* de ce droit de propriété. Il s'ensuit qu'en survivant un seul instant au défunt, ces successeurs transmettent à leurs propres héritiers ou successeurs universels les droits qu'ils ont recueillis par le fait même de leur survie, indépendamment de tout envoi en possession. Mais, d'autre part, l'inaction des successeurs irréguliers les rend, au bout de trente ans, complétement étrangers à la succession, à la différence de l'héritier légitime qui, après trente années d'inaction, est réputé définitivement acceptant. Nous reviendrons plus loin sur cette différence.

Le successeur irrégulier est aussi, du moment même du décès, possesseur de l'hérédité et des objets qui la composent, mais sous la même condition d'exercice que pour la propriété, c'est-à-dire sous la condition qu'il formera sa demande d'envoi en possession. Il résulte de cette trans-mission immédiate de la possession, que la prescription commencée par le défunt continue à courir au profit du successeur irrégulier appelé à l'hérédité, sans qu'il soit nécessaire de la continuer comme en droit romain au profit d'une personnalité fictive ; il s'ensuit également que les conditions d'exercice des actions possessoires ne seront pas considérées seulement en la personne du successeur irrégulier, au jour où il pourra les intenter, mais qu'il bénéficiera soit de la position acquise par le défunt, soit de celle qui aura pu s'établir à son profit en sa qualité d'appe-lé, dans l'intervalle de la mort du *de cujus* à l'envoi en possession.

Nous avons déjà dit qu'une autre thèse a été soutenue[1] : on a prétendu que la différence entre la vocation légale du successeur irrégulier et celle de l'héritier légitime était précisément, que le premier n'acquérait pas la possession *ipso jure* et à son insu ; qu'il ne l'acquérait qu'autant qu'il la demandait à la justice et en était investi par elle. Dans ce système, on définit la saisine une fiction légale, en vertu de laquelle un héritier est réputé posséder les biens du défunt même avant de les avoir appréhendés, ou en d'au-

---

[1] V. plus haut, p. 140 et s.

tres termes *l'anticipation légale de la possession et des avantages qui en résultent*[1].

Et voici les conséquences de cette théorie : quand l'hé·ritier n'est pas saisi, la possession qui avait commencé à courir en la personne du défunt, se trouve suspendue tant au point de vue de la prescription qu'à celui de l'exercice des actions possessoires. Mais, un pareil système ne ressort nullement des textes du Code ; en effet, l'article 724 ne parle nullement de la *saisine de la possession* ; tout au contraire, il dit que les héritiers légitimes sont saisis des biens, droits et actions du défunt. La saisine n'est donc pas l'investiture légale de la possession. Il est bien dit, il est vrai, dans l'article 724, que le successeur irrégulier doit se faire *envoyer en possession* de la succession ; mais, ces expressions ne signifient nullement, que la transmission du droit de possession qu'avait le défunt n'a lieu qu'à partir du jour où le successeur irrégulier a obtenu une investiture judiciaire.

Ainsi, nous admettons que le successeur irrégulier réunit, dès avant l'envoi en possession, les qualités de propriétaire et de possesseur de l'hérédité. Nous croyons, en outre, que ce successeur irrégulier est, tout aussi bien que l'héritier légitime, le représentant du défunt au point de vue de ses créances et de ses dettes. Mais, en ce qui concerne l'obligation du successeur irrégulier aux dettes, nous touchons à l'une des questions les plus difficiles et les plus controversées de notre droit, celle de savoir si

[1] M. Bugnet, *sur Pothier*, t. VIII, p. 114, note 2. — Marcadé, t. III, art. 724, n 3. — Duvergier, *sur Toullier*, t. II, n° 82, note 2.

l'on doit restreindre cette obligation à la valeur des biens laissés par le défunt ou l'étendre *in infinitum*. Nous nous réservons de traiter plus loin cette question, de manière à la résoudre tout à la fois pour les successeurs irrégu-liers et pour les légataires universels ou à titre universel.

— Mais, si le successeur irrégulier a les droits princi-paux qui appartiennent à l'héritier légitime, il est bien loin d'avoir une vocation aussi complète : l'article 724 nous dit que le successeur irrégulier doit se faire *envoyer en possession*. Comment faut-il entendre ces mots? Il faut les interpréter en ce sens, que l'*exercice* des droits résultant du titre du successeur irrégulier est soumis à la *condition d'un envoi en possession*. Ainsi, l'exercice des droits héréditaires, mais non l'acquisition de ces droits, est *conditionnel*. Et voici les conséquences de cette théo-rie, conséquences qui toutes établissent des différences entre la position de l'héritier légitime saisi, et celle du successeur irrégulier obligé de demander l'envoi en pos-session. Le successeur irrégulier ne peut pas, de sa propre autorité, appréhender les biens héréditaires, se mettre à la tête de la succession et en exercer les droits; il n'a point, en un mot, qualité pour agir comme héritier, tant qu'il n'a pas fait constater judiciairement son droit à la succession; une simple prise de possession de sa part ne fait point obstacle au retour d'un héritier renonçant dans l'hypothèse prévue par l'article 790. Ce successeur ne peut pas exercer les actions héréditaires, et les tiers par lui poursuivis peuvent lui opposer une exception tirée de son défaut de qualité, qualité dont la justification ne peut se faire qu'au moyen d'un envoi en possession. Réciproquement, le successeur irrégulier ne peut pas être poursuivi ; mais, nous pensons que la simple prise de possession des biens héréditaires suffit pour le soumettre à l'action des créanciers ; car, il ne saurait répudier les conséquences d'une situation qu'il s'est faite à lui-même.

§ II. CONSÉQUENCES DE L'INACTION DU SUCCESSEUR IRRÉGULIER PENDANT TRENTE ANNÉES

Nous avons admis que le successeur irrégulier, appelé seul à l'hérédité, avait la propriété et même la possession des biens héréditaires, mais qu'il ne pouvait *exercer ces droits*, tant qu'il n'avait pas fait prononcer à son profit un envoi en possession. Mais, l'inaction du successeur irrégulier peut se prolonger indéfiniment : quelles seront les conséquences de cette inaction, si elle dure tout le temps de la prescription établie par l'article 789, c'est-à-dire trente années ?

Nous croyons que, à la différence de ce qui se passe pour l'héritier légitime, la prescription a pour effet de rendre le successeur irrégulier complétement *étranger à la succession*, de le dépouiller de ses droits héréditaires. En effet, la loi met à l'exercice des droits du successeur irrégulier cette condition, qu'il *fera prononcer à son profit l'envoi en possession ;* si, pendant trente années, le successeur irrégulier reste dans l'inaction, et néglige le moyen qui lui est offert pour prendre possession de l'hérédité, il est conforme aux principes d'admettre que, sa demande afin d'envoi en possession étant prescrite, le successeur irrégulier ne peut plus accomplir la condition mise à l'exercice de ses droits, et que dès lors il est irrévocablement exclu de l'hérédité.

Nous avons dit, en traitant de la pétition d'hérédité, qu'une simple prise de possession des biens héréditaires permettait au successeur irrégulier de prescrire l'action en pétition d'hérédité ouverte contre lui, et de rendre son droit inattaquable au bout de trente années ; il est donc logique d'admettre que la prise de possession de l'hérédité, accomplie par les successeurs irréguliers, sans aucune formalité, suffit à soustraire l'enfant naturel ou le conjoint survivant à la déchéance qui menace leur droit. Du moment que le successeur irrégulier se gère comme héritier, il échappe aux conséquences rigoureuses qu'eût entraînées son inaction prolongée ; il nous paraît naturel que cet exercice de fait de la qualité d'héritier ait une force égale à l'envoi en possession soit en ce qui concerne la prescription qui court contre le successeur irrégulier depuis l'ouverture de la succession, soit en ce qui touche la prescription de l'action en pétition d'hérédité qui serait ouverte contre lui.

Il est certain que cette possession de fait est un obstacle, d'une part, à la vocation de l'État, et, d'autre part, à la nomination d'un curateur. Quant à ce dernier point, l'article 811 ne permet pas de déclarer la succession vacante, s'il se présente un successeur à l'hérédité.

Nous devons ajouter que la prescription de trente ans, prescription qui éteint le droit du successeur irrégulier, n'est pas applicable à l'État ; en effet, l'État prend les biens héréditaires comme biens vacants et sans maître ; il n'est pas un successeur irrégulier ordinaire.

§ III. DE L'ENVOI EN POSSESSION
ET DES FORMALITÉS
IMPOSÉES AUX SUCCESSEURS IRRÉGULIERS

Les successeurs irréguliers sont tenus de remplir certaines formalités; la loi a voulu, d'une part, avertir dans la mesure possible les héritiers légitimes qui peuvent exister de l'ouverture de la succession, et, d'autre part, garantir dans certaines limites leurs intérêts, pour le cas où ils se présenteraient ultérieurement à la succession.

1° Les successeurs irréguliers doivent faire apposer les scellés et faire procéder à un inventaire, dans les formes prescrites à l'héritier bénéficiaire (art. 769 et 773).

2° Ils doivent demander au tribunal, dans l'arrondissement duquel la succession s'est ouverte, à être envoyés en possession de l'hérédité (art. 770 et 773).

Cette demande est formée par une requête adressée au tribunal. Il n'est pas nécessaire de faire nommer un curateur à la succession vacante pour contredire à la demande d'envoi en possession. En effet, la succession ne peut être réputée vacante, puisqu'il se présente un successeur qui réclame l'hérédité (art. 811).

Le successeur irrégulier doit joindre à sa requête les actes établissant sa qualité.

Si la demande parait au tribunal dénuée de fondement, il peut la rejeter *de plano*. Dans le cas contraire, il ordonne la publication de la demande au moyen de trois affiches et publications faites dans des formes et à des intervalles qu'il est complétement libre de fixer. La cir-

culaire du Grand-Juge, ministre de la justice, du 8 juillet 1806[1], qui trace certaines règles à suivre, lorsque la
régie des domaines forme une demande d'envoi en possession, n'est pas obligatoire pour les tribunaux.

Quelle est la preuve à faire par le successeur irrégulier
qui demande à être envoyé en possession ? Doit-il simplement produire un *acte de notoriété* établissant qu'il ne
s'est présenté aucun héritier légitime ou successeur irrégulier qui lui soit préférable ? Doit-il au contraire prouver
qu'il n'existe aucune de ces personnes ? Il est bien certain,
tout d'abord, que le successeur irrégulier doit établir en
sa personne la qualité, en vertu de laquelle il prétend à
l'envoi en possession : par exemple, s'il est enfant naturel, il doit produire l'acte par lequel le *de cujus* l'a reconnu. Mais, nous pensons que, cette première justification étant faite, le successeur irrégulier n'a qu'à produire
un acte de notoriété établissant qu'aucun autre héritier ou
successeur ne s'est présenté[2]. En effet, l'inaction des héritiers ou successeurs irréguliers plus rapprochés même
connus permet au successeur irrégulier, qui prétend à la
succession, de se gérer, provisoirement au moins, comme
héritier ; cette prise de possession de l'hérédité est, comme
nous l'avons vu, le point de départ d'une prescription
trentenaire, qui peut consacrer définitivement les droits
éventuels des successeurs irréguliers.

D'un autre côté, exiger du successeur irrégulier la
preuve qu'il n'existe pas d'autres héritiers légitimes ou

[1] Locré. *Législation*. t. X. p. 315.
[2] MM. Aubry et Rau, t. V. p. 375.

successeurs irréguliers plus rapprochés que lui, c'est exiger une preuve impossible ; comment, en effet, l'enfant naturel établira-t-il qu'il n'existe aucun parent légitime dans les douze degrés? Comment un conjoint prouvera-t-il que son conjoint n'a eu aucun enfant naturel? Il est évident que la loi n'a pas pu faire dépendre d'une preuve presque impossible à administrer l'envoi en possession des successeurs irréguliers; aussi ne l'exige-t-elle nulle part. Elle s'en est remise à la sagesse des magistrats; Toullier lui-même, qui a soutenu le système radical, arrive à dire que la preuve qu'il impose au demandeur *ne saurait être rigoureuse et que c'est à la prudence des juges de l'apprécier*[1]. C'est, en effet, à la sagesse des juges qu'il faut s'en remettre, puisque la loi n'a tracé aucune règle. Le tribunal fera donc bien, comme le remarquent MM. Aubry et Rau[2], d'exiger la production d'un second acte de notoriété après les affiches et publications, acte qui établira qu'aucun ayant droit préférable au successeur irrégulier ne s'est présenté pour recueillir l'hérédité.

Mais, supposons que le demandeur ait produit ces deux actes de notoriété; il se peut cependant que les juges apprennent, par la rumeur publique ou par des renseignements parvenus au procureur de la République, l'existence de successeurs préférables à celui qui se présente. Que doit faire le tribunal? Nous nous rangeons sur ce point à l'avis de M. Demolombe[3], qui fait une distinction : est-ce

[1] T. II, n° 293 et 299.
[2] T. V, p. 376. — V. aussi M. Demolombe, *Successions*, t. II, n° 212, in fine, p. 270.
[3] *Successions*, t. II, n° 213, p. 272.

l'existence d'un héritier légitime qui est connue? Est-ce celle d'un successeur irrégulier préférable ou égal en droit au demandeur? Dans le premier cas, la demande d'envoi en possession sera rejetée ; dans le second, l'envoi en possession sera prononcé. Il faut appliquer par analogie les règles posées par le Code pour la déclaration de vacance : or, d'après l'article 811, la simple connaissance de l'existence d'un héritier légitime met obstacle à la nomination d'un curateur à la succession.

Le jugement qui intervient, en suite de l'accomplissement des formalités ordonnées par le jugement préparatoire, statue définitivement sur la demande, après conclusions du ministère public.

3° Les enfants naturels et le conjoint survivant sont tenus de faire emploi du mobilier héréditaire, ou de donner une caution suffisante pour en garantir la restitution envers les héritiers du défunt, qui pourraient ultérieurement se présenter. (Art. 771 et 773).

Cette caution est reçue contradictoirement avec le procureur de la République ; c'est une caution légale, à laquelle s'appliquent les dispositions des articles 2018, 2019 1er alinéa et 2041.

L'engagement de cette caution ne garantit que la restitution du mobilier, et ne dure que trois ans à compter du jour où il a été conctracté ; c'est, en effet, un terme à l'obligation de la caution que la loi a voulu établir, et l'on ne saurait comprendre que le délai de trois ans prît cours à un moment où l'obligation de la caution n'existerait pas encore. L'État n'est point astreint à donner caution pour assurer la restitution du mobilier héréditaire.

On a enseigné que les successeurs irréguliers tenus de fournir caution n'étaient, pendant trois ans, que de simples administrateurs du mobilier héréditaire[1]. Mais, cette opi‑ nion, qui tendrait à établir dans notre matière une dis tinction analogue à celle qui existe entre l'envoi en pos‑ session provisoire et l'envoi en possession définitif, lors‑ qu'il s'agit des biens d'un absent, ne repose sur aucun fondement. C'est bien à tort qu'on prétend tirer de la nécessité d'un cautionnement à fournir par les succes‑ seurs irréguliers la conséquence qu'ils ne sont, pendant trois années, que de simples administrateurs. Nous n'hé‑ sitons pas à voir en eux des propriétaires tant de ce mobi‑ lier que des autres biens héréditaires.

§ IV. DES EFFETS DE L'ENVOI EN POSSESSION

L'envoi en possession équivaut complétement pour les successeurs irréguliers à la *saisine légale* des héri‑ tiers légitimes ; on peut dire avec raison que la saisine des successeurs irréguliers est *judiciaire*.

L'envoi en possession a cet effet, que le successeur qui l'obtient est censé avoir été depuis le décès en possession de l'hérédité; mais, cette rétroactivité de l'envoi en pos‑ session ne se produit que lorsque le successeur irrégulier est bien réellement en rang de succéder, de même que l'acceptation de l'héritier appelé à la succession est une confirmation de l'état dans lequel il se trouvait jus‑ qu'alors. Quand il s'agit d'un successeur irrégulier,

[1] Chabot, sur l'article 771, n° 3 et 7. — Duranton, t. VI, p. 356.

qui est exclu de la succession par suite de l'existence d'un parent légitime, l'envoi en possession que prononce le tribunal ne peut avoir pour effet de faire remonter la possession du successeur irrégulier au jour de l'ouverture de la succession. Spécialement, le successeur irrégulier envoyé mal à propos en possession ne peut pas invoquer cette rétroactivité à l'effet d'écarter la pétition d'hérédité, que l'héritier légitime voudrait intenter contre lui. Du reste, on ne comprendrait pas que l'action en pétition d'hérédité pût se prescrire avant d'être née.

Nous devons insister sur les conséquences de l'envoi en possession.

Le successeur irrégulier, dès qu'il est envoyé en possession, devient, au regard de tous, possesseur de tout ce que le défunt possédait, et cela sans aucune appréhension de fait ; sa possession est censée avoir succédé à celle du défunt *à die mortis*. Aussi, peut-il dès ce moment intenter toutes les actions possessoires qui appartenaient au défunt, mais à condition que les tiers contre lesquels il agit n'aient pas possédé pendant le temps suffisant pour acquérir eux-mêmes ces actions. De plus, la prescription acquisitive commencée par le *de cujus* n'a pas été interrompue : le successeur irrégulier en recueille le bénéfice. Nous avons vu plus haut qu'une doctrine opposée avait été soutenue en ce qui touche l'acquisition de la possession par le successeur irrégulier.

Dès que l'envoi en possession est prononcé, le successeur irrégulier peut poursuivre les débiteurs de la succession, et les détenteurs des biens héréditaires.

Enfin, le successeur irrégulier peut être personnellement poursuivi par les créanciers héréditaires ; nous
admettons même qu'il est tenu des dettes de la succession
ultrà vires, à moins qu'il n'accepte sous bénéfice d'inventaire. Cette doctrine de l'obligation *in infinitum* aux
dettes, qui assimile sous ce rapport le successeur irrégulier à l'héritier légitime, est repoussée par la plupart des
auteurs ; nous nous réservons de l'établir tout à la fois
pour les successeurs irréguliers et pour les légataires
universels ou à titre universel.

Le successeur irrégulier a droit aux fruits de la succession à compter du jour de son ouverture, et non pas
seulement à dater du jugement d'envoi en possession. En
effet, ce successeur étant propriétaire dès le moment du
décès, on ne peut pas lui refuser le droit aux fruits qui est
une conséquence de son droit de propriété (Art. 547).

SECTION II

Des successeurs irréguliers venant en concours avec des héritiers légitimes.

Le seul successeur irrégulier qui vienne en concours
avec les héritiers légitimes est l'enfant naturel reconnu.

La position de l'enfant naturel, quand il est appelé
à concourir avec d'autres héritiers, est la même que lorsqu'il vient seul à la succession ; mais, au lieu d'être tenu
de se faire envoyer en possession par le tribunal, il doit

former une demande en délivrance contre les héritiers légitimes.

Il est vrai que la qualité même de *successeur* a été contestée à l'enfant naturel; quelques auteurs, s'appuyant sur l'article 756, d'après lequel *l'enfant naturel n'est point héritier*, ont prétendu que l'enfant naturel, lorsqu'il vient en concours avec des héritiers, n'est qu'une sorte de *créancier* admis à réclamer de ces héritiers le paiement d'une créance que la loi lui accorde.

L'enfant naturel *n'est pas héritier*, dit-on; mais nous l'admettons: il n'est qu'un *successeur irrégulier*, un successeur et non un *héritier saisi*. Mais, de là à prétendre que l'enfant naturel venant en concours avec un héritier légitime n'est qu'un *créancier*, il y a bien loin. Du reste, si telle est, ainsi qu'on l'a soutenu, la conséquence nécessaire de cette première disposition de l'article 756: *les enfants naturels ne sont point héritiers*, il est impossible de diviser la condition de l'enfant naturel; pour être logique, il faut dire que cette condition est la même, soit que l'enfant naturel vienne concourir avec des héritiers légitimes, soit qu'il vienne seul. En effet, l'article 756 est une disposition générale, applicable dans tous les cas à l'enfant naturel; c'est une disposition qui domine l'article 758, et qui régit même le cas où l'enfant naturel est appelé seul à l'hérédité à défaut de parents au degré successible. Eh bien, est-il possible de soutenir que l'enfant naturel appelé seul à l'hérédité, à défaut d'héritiers légitimes, n'est pas un *successeur*, tout comme le conjoint survivant? N'est-il pas évident, dans ce cas, que l'enfant naturel a un *droit héréditaire* préférable à celui du conjoint?

Du reste, ce système n'est que la reproduction des idées qui avaient été admises par les rédacteurs du projet de Code de l'an VIII. « L'enfant naturel, qui n'a point de parenté civile résultant du mariage, était-il dit dans l'article 54 de ce projet, n'est point héritier. La portion, que la loi lui accorde sur les biens de ses père ou mère, n'est qu'une *créance fondée sur l'obligation naturelle qu'ils ont contractée envers lui*[1]. » Et l'article 60 du projet ajoutait que l'héritier légitime avait le droit d'offrir à l'enfant naturel *la valeur de cette portion en argent ou en fonds*[2]. D'après ce projet, c'était bien une *créance* qui appartenait à l'enfant naturel ; c'était bien une *dette* que lui payait l'héritier légitime *en argent ou en fonds*[3]. Mais précisément, cette rédaction ne fut pas admise et ces idées n'ont pas passé dans le Code. Au mot *créance*, qui d'ailleurs était peu en harmonie avec les termes : *portion sur les biens* qui précédaient, on a substitué, lors de la rédaction définitive, les mots : *droits sur les biens ;* quant à l'option qui appartenait, d'après le projet, à l'héritier débiteur, il n'en était déjà plus question au moment où la rédaction était soumise au Conseil d'État. Ne résulte-t-il pas de toutes ces modifications que l'enfant naturel, qu'il vienne concourir avec des héritiers, ou qu'il soit appelé seul à l'hérédité, est vraiment un *successeur ;* qu'il a un droit héréditaire, un droit *réel*, un droit de propriété ou de copropriété ?

Sans doute, l'enfant naturel n'est pas l'égal de l'héri-

---

[1] Locré, *Législation*, t. X, p. 89.
[2] Locré, *loco citato*.

tier légitime; il n'est *pas héritier*, dit l'article 756. Et il faut, ce nous semble, savoir gré aux rédacteurs du Code d'avoir voulu, par cette déclaration écrite en tête des dis - positions réglant les droits des enfants naturels, affirmer que l'enfant naturel n'entre... pas dans la famille et re- pousser ainsi les monstrueuses théories des législateurs de 1793 et de l'an II[1]. Mais, cette disposition de l'article 756 n'a pas, nous le répétons, d'autre but que de mettre l'en- fant naturel hors de la classe des héritiers légitimes et de le placer dans celle des successeurs irréguliers.

— Ainsi, tout ce que nous avons dit de l'état du suc- cesseur irrégulier avant, et après l'envoi en possession, s'applique à l'enfant naturel, avant et après la délivrance. Il ne peut se mettre en possession de l'hérédité de sa pro- pre autorité; il doit, pour obtenir cette prise de posses- sion, former contre les héritiers légitimes une action en délivrance. Cependant, la prise de possession de toute. l'hérédité, ou d'une quote-part plus grande que celle que la loi lui accorde, serait pour l'enfant naturel le point de départ d'une prescription qui, au bout de trente ans, con- sacrerait définitivement la position qu'il se serait faite à lui-même en se gérant comme héritier.

La demande en délivrance, qui est formée par l'enfant naturel, est au fond une véritable action en partage; l'enfant naturel se trouve à l'égard des héritiers légitimes, avec lesquels il est appelé à concourir, dans la position

[1] La loi du 4 juin 1793 décidait que les enfants nés hors le mariage succé- deraient à leurs père et mère, dans la forme qui serait déterminée. Le decret du 12 brumaire an II proclamait (article 2), que les droits de successibilité des enfants naturels étaient *les mêmes que ceux des autres enfants!*

d'un cohéritier ordinaire. Il a donc le droit de se prévaloir de la disposition de l'article 826 et de demander *sa part en nature des meubles et des immeubles de la succession ;* les héritiers légitimes ne sauraient être admis à lui offrir l'équivalent de cette part en *argent* ou *valeurs quelconques :* l'enfant naturel n'est pas un créancier, mais un successeur, un cohéritier dans le sens large du mot.

L'enfant naturel a droit aux fruits de la quote-part de l'hérédité, qui lui est dévolue par la loi, à compter du décès ; on ne peut pas l'assimiler au légataire universel en concours avec des héritiers à réserve. En effet, ce dernier tient son titre du testament, c'est-à-dire de la volonté de l'homme, tandis que l'enfant naturel tient son droit de la loi elle-même ; il est *loco heredis,* puisqu'il a droit, la loi nous le dit, à une fraction de la portion qu'il aurait eue, s'il eût été légitime. On ne peut donc pas appliquer à l'enfant naturel l'article 1005, qui n'accorde au légataire universel le droit aux fruits à compter de l'ouverture de la succession, que dans le cas où il a formé sa demande en délivrance dans l'année du décès. C'est une disposition d'exception, qui ne peut être étendue à un cas qu'elle n'a pas formellement prévu.

DEUXIÈME PARTIE

SUCCESSEURS TESTAMENTAIRES

Il n'entre pas dans notre sujet d'exposer quels legs sont universels, à titre universel ou particulier ; nous devons seulement traiter du legs universel et du legs à titre universel au point de vue de la transmission des biens et des droits des légataires.

§ I. DE L'ACQUISITION DES LEGS

Nous poserons d'abord quelques règles générales sur l'acquisition des legs qui sont applicables dans tous les cas, sans qu'il y ait à distinguer si le legs est universel ou à titre universel.

Le legs pur et simple est acquis de plein droit au légataire dès le moment du décès du testateur ; si le légataire survit, ne fût-ce qu'un instant, au testateur, il transmet le droit au legs à ses propres héritiers. Quoique l'article 1014 ne pose cette règle que pour les légataires à titre

particulier, on ne saurait douter qu'elle ne soit applicable
aux légataires universels ou à titre universel. Il en est de
même des legs faits sous un terme certain ou sous une
condition résolutoire.

Au contraire, si le legs est fait sous une condition suspensive ou subordonné à un terme incertain[1], il n'est
acquis au légataire qu'au moment de l'événement de la
condition ou du terme. Si le légataire décède avant cette
époque, le legs devient caduc (art. 1040).

Mais, il faut ajouter que, si dans l'intention du testateur la condition suspensive ou le terme incertain n'était
apposé qu'à l'exécution de la disposition, le legs serait
considéré comme pur et simple; le légataire l'acquerrait
immédiatement et le transmettrait à ses propres héritiers (art. 1041).

Même avant l'événement de la condition ou du terme
incertain, le légataire peut exercer tous les actes conservatoires de son droit; ainsi, il peut requérir l'inscription
de son hypothèque sur les immeubles de la succession
d'après l'article 2111, demander la séparation des patrimoines et agir contre les détenteurs des immeubles héréditaires compris dans son legs, afin d'interrompre le cours
de la prescription (art. 1180).

Il se peut que le testateur ait mis au legs une condition
suspensive de ne pas faire qui puisse défaillir jusqu'à la
mort du légataire; rigoureusement, on devrait attendre

[1] Dans les legs, le terme incertain rend le legs conditionnel : *Dies incer-
tus conditionem in testamento facit* (L. 75, D. *de condit. et demonst.*
XXXV, 1). Cette règle tient à la nature des legs qui sont toujours censé
faits en faveur des légataires et non point en faveur de leurs héritiers.

cette époque pour vérifier si la condition est accomplie ;
mais, comme cette interprétation rigoureuse est contraire
à l'intention du testateur et à la nature des legs, on
admet généralement qu'il convient de recourir à l'expédient équitable imaginé par les juriconsultes romains
et connu sous le nom de *caution Mucienne*[1]. Le légataire peut demander immédiatement la délivrance du
legs en offrant de fournir caution pour la restitution des
objets légué᷉, dans le cas où il contreviendrait à la condition.

Lorsque le terme incertain arrive ou que la condition
mise au legs s'accomplit, il s'opère quant à la propriété
des objets légués un effet rétroactif au jour de la mort du
testateur (art. 1179); mais, cet effet rétroactif ne s'étend
pas à la capacité du légataire, qui s'apprécie toujours
au moment de l'événement de la condition ou du terme.
Ajoutons que le légataire ne serait pas admis à réclamer
les fruits perçus dans le temps écoulé entre la mort du
testateur et l'accomplissement de la condition; il faut, sur
ce point, suivre les règles des articles 1005 et 1014
alinéa 2 en substituant au jour du décès du testateur
celui de l'événement de la condition ou du terme incertain.

§ II. DE LA DEMANDE EN DÉLIVRANCE

Quoique les légataires soient propriétaires des biens
qui leur ont été légués à compter du jour du décès du tes-

---

[1] Du nom de Quintus Mucius Scœvola qui fit admettre cette caution.

tateur, si le legs est pur et simple, à dater de l'événement de la condition ou du terme, si le legs est conditionnel ou fait sous un terme incertain, le Code soumet les légataires à l'obligation de former une demande en délivrance ; ils ne sont pas *saisis* de plein droit des biens compris dans les dispositions faites en leur faveur. L'obligation de demander la délivrance est imposée aux légataires universels non saisis et aux légataires à titre universel, comme aux légataires à titre particulier (art. 1004, 1011, 1014 et 1016).

Le Code a suivi sur ce point les principes coutumiers. On se trouvait, comme nous l'avons déjà dit, en présence de deux systèmes : l'un, en vigueur dans les pays de droit écrit, donnant la saisine aux héritiers testamentaires comme aux héritiers *ab intestat*, l'autre, dans les pays coutumiers, ne saisissant jamais que les héritiers *ab intestat*. Les rédacteurs du Code adoptèrent en principe le système coutumier : les légataires même universels ne sont pas saisis des biens compris dans les dispositions faites en leur faveur. Puis, par une espèce de transaction entre les deux systèmes, ils accordèrent la saisine au légataire universel, dans le cas où le testateur ne laisserait pas d'héritiers à réserve, ou lorsque ces héritiers renonceraient à la succession (art. 1006). La nécessité d'une demande en délivrance se justifie par cette considération, que le testament doit, avant sa mise à exécution, être vérifié par les personnes qui peuvent avoir intérêt à le contester.

— Au point de vue de la demande en délivrance, il n'y a pas à distinguer entre les légataires étrangers et les héritiers légataires par préciput. On a contesté pour ces derniers la nécessité d'une demande en délivrance ; mais, on peut dire avec Ricard dans notre ancien droit : « La coutume, en déclarant que l'héritier est saisi de plein droit, ne peut s'entendre que jusqu'à concurrence de sa part et portion ; de sorte que, si en vertu d'un autre titre il a d'autres prétentions sur les biens du défunt, il doit être considéré comme un étranger [1]. »

Cette demande en délivrance est même requise de la part des légataires qui se trouvent, au décès du testateur, en possession à n'importe quel titre des objets compris dans leurs legs. On a prétendu le contraire [2] ; mais, les raisons alléguées par les auteurs qui soutiennent cette opinion ne nous semblent pas de force à prévaloir contre la règle formelle établie par la loi. Le système adverse se fonde sur ce que la demande en délivrance n'ayant qu'un but, celui de mettre le légataire en possession, on n'en comprend plus l'utilité, quand le légataire se trouve déjà en fait posséder l'objet légué. Mais, on peut répondre que la loi a surtout voulu, en imposant la demande en délivrance au légataire, appeler l'héritier à contrôler le testament et à le contester, s'il y a lieu. Du reste, les auteurs qui adoptent ce système semblent confondre la mise en possession matérielle du légataire qui est évidemment inutile, du moment qu'il se trouve possesseur de la chose, avec la demande en délivrance, dont l'utilité est facile à saisir soit au point de vue du droit aux fruits

---

[1] *Donations et Testaments,* partie II, ch. III, n° 11.

[2] *Merlin Répertoire.* v° légataire § 5, n° 7. — Delvincourt, sur l'article 1011. — Grenier, t. II, n° 301. — Toullier, t. III, n° 541. — Zachariæ t. IV. § 717 note 2.

et revenus de la chose, soit quant aux actions possessoires ou pétitoires relatives aux choses léguées. Quant à l'opinion de Pothier, invoquée par les auteurs que nous combattons, il suffit de lire le texte pour voir que Pothier ne dispense pas le légataire de la demande en délivrance, mais seulement de la remise de la *possession réelle* de la chose à l'héritier[1]. Il est certain que Pothier partageait sur ce point l'opinion à peu près unanime de nos anciens auteurs.

Il n'est pas au pouvoir du testateur de dispenser les légataires de la demande en délivrance. Cette règle ne souffre aucune exception, même dans le cas où le testateur n'ayant que des héritiers collatéraux aurait institué un légataire universel, en le grevant de legs particuliers ; le testateur ne pourrait pas dispenser ces légataires particuliers de demander la délivrance. Cependant, lorsque le testateur a nommé un exécuteur testamentaire, en lui donnant la saisine du mobilier, ce dernier est autorisé à délivrer les legs mobiliers et à retenir même les legs de cette nature faits en sa faveur. Dans tous les autres cas, la clause par laquelle le testateur dispenserait le légataire de demander la délivrance devrait être tenue pour non-écrite ; elle ne pourrait donc avoir pour effet d'attribuer au légataire les fruits et intérêts du jour du décès[2].

Quand le legs est un legs de libération, la nécessité

---

[1] *Des Donations testamentaires*, ch. V. sect. II, § 2. n° 240 (t. VIII, p. 293).

[2] V. en sens contraire M. Demolombe, *Donations et testaments*, t. IV, n° 646, p. 557.

d'une demande en délivrance n'existe plus ; c'était la doctrine de l'ancien droit[1].

Lorsqu'il s'agit de legs de sommes d'argent, ou de
choses déterminées seulement *in specie*, ces sortes de
legs ne constituant que des créances, la demande formée
par les légataires est une action ordinaire plutôt qu'une
demande en délivrance.

La demande en délivrance ne saurait être remplacée
par une simple sommation de consentir la délivrance. Mais,
cette demande est inutile, quand la délivrance a été volontairement consentie ; la loi n'exige aucune forme particulière pour constater cette délivrance. Il a même été jugé
que la possession prolongée par le légataire des choses qui
lui ont été léguées, possession ayant eu lieu au vu et au su
de l'héritier, sans opposition de la part de ce dernier, suffisait pour établir qu'il y avait eu délivrance[2]. M. Demolombe remarque avec raison que « ce sera là, le plus
souvent, un correctif suffisant à des conséquences dont on
a reproché la dureté à notre doctrine[3]. »

— La demande en délivrance est intentée, suivant les
cas, contre les héritiers réservataires ou contre les légataires universels, contre les héritiers légitimes ou contre
les successeurs irréguliers, enfin contre l'exécuteur testamentaire saisi du mobilier ou contre le curateur à la
vacance (art. 1011). On peut poser en principe que la
délivrance doit être demandée par le légataire au succes-

---

[1] Denizart, *Répertoire*, v° legs. — Merlin, *Répertoire*, v° légataire. § 5.
n° 9.

[2] V. notamment cass. 19, décembre 1840, D. P. 1841, 1, 17.

[3] *Donations et testaments*, t. IV, n° 618 in fine, p. 541.

seur *saisi*, ou à la personne qui est saisie à sa place, c'est-
à-dire à celui qui ayant la possession des biens légués
peut seul en effet en opérer la délivrance.

Enfin, il est certain que cette demande n'est recevable
que lorsque le droit du légataire est ouvert et exigible.
Nous en concluons que la demande en délivrance d'un
legs fait à une commune ou à un établissement public ne
peut être formée qu'après que l'acceptation du legs a été
régulièrement autorisée. Il est vrai que le maire ou les
autres administrateurs ont le droit, avant l'autorisation,
d'accepter le legs provisoirement et de faire tous les actes
conservatoires; mais, la demande en délivrance ne peut
être regardée comme un acte conservatoire. Cependant, il
a été jugé que le droit attribué au maire d'accepter provisoirement les legs faits à la commune emporte celui de
demander la délivrance, et qu'une telle demande fait courir les intérêts des sommes léguées du jour où elle est
faite, sans qu'il soit besoin pour cela que le Gouvernement
ait préalablement autorisé l'acceptation[1].

La demande est portée devant le tribunal du lieu où
la succession s'est ouverte (art. 59, al. 6, C. P. C.).

Les frais de l'instance sont à la charge de la succession, sans néanmoins qu'il puisse en résulter une diminu-
tion de la réserve légale. Cependant, si l'héritier réservataire avait élevé une prétention mal fondée, il pourrait
être dans ce cas condamné aux dépens, sans qu'il y eût à
considérer si sa réserve se trouve atteinte. Les droits

---

[1] Paris, 19 mai 1851, D. P. 52, 2, 223. — Orléans, 8 janvier 1867, D. P.
67, 2, 6. — Civ. r. 2 mai 1864, D. P. 64, 1, 265.

d'enregistrement sont acquittés par le légataire; mais, les legs peuvent être enregistrés séparément au moyen d'un extrait du testament; toutefois, cette règle ne concerne que les légataires à titre particulier. Du reste, le testateur est libre de déroger à ces règles (art. 1016).

— Les légataires n'étant pas saisis de leurs legs, il résulte de ce défaut de saisine plusieurs conséquences importantes :

1° Ils ne peuvent, avant la demande en délivrance, se mettre en possession des biens légués;

2° Leur droit aux fruits est subordonné à cette action (art. 1005 et 1014);

3° Ils sont non-recevables à former soit contre les tiers-détenteurs, soit contre les débiteurs, des actions relatives aux choses léguées; ces derniers peuvent leur opposer une exception tirée de leur défaut de qualité.

Mais, les légataires ayant, avant toute demande en délivrance, un droit acquis à la chose léguée, il s'ensuit :

1° Qu'ils peuvent, avant cette demande et dès le jour du décès du testateur, aliéner les biens qui leur ont été légués;

2° Que leurs créanciers peuvent, avant cette demande, frapper les biens légués de saisie mobilière ou immobilière.

En outre, le légataire peut faire avant sa demande en délivrance tous les actes conservatoires de son droit, de la même manière qu'un légataire conditionnel le peut avant l'événement de la condition.

§ III. DU LÉGATAIRE UNIVERSEL.

La position du légataire universel varie, ainsi que nous l'avons dit, suivant qu'il se trouve en présence d'héritiers réservataires ou qu'il n'existe pas d'héritiers de cette qualité.

S'il existe des réservataires, la loi a fait une position privilégiée aux héritiers légitimes ; elle a voulu leur assurer leur réserve, en ne permettant pas au légataire universel de se mettre de sa propre autorité en possession des biens de la succession : la *saisine* n'appartient pas au légataire universel. Les motifs de cette disposition prouvent assez que c'est là une règle d'ordre public, et qu'il n'est pas au pouvoir du testateur de la modifier.

Il peut arriver que le testateur laisse des héritiers réservataires dans une ligne, et n'en laisse pas dans l'autre : ainsi les héritiers peuvent être la mère et un cousin paternel. Que faut-il décider relativement à la saisine du légataire universel ? Quoiqu'il semble logique au premier abord de donner la saisine au légataire universel à l'encontre du cousin paternel, mais de la réserver à la mère dans l'autre ligne, nous pensons cependant qu'il est plus conforme à l'esprit du Code de ne pas accorder la saisine au légataire universel même pour une moitié de la succession. Le Code a voulu garantir dans tous les cas la réserve aux héritiers légitimes et éviter les détournements que pourrait faire le légataire universel ; or, dans notre hypothèse, nous trouvons une réserve à garantir, celle de la mère.

S'il n'y a pas de réserve à défendre contre les usurpations du légataire, l'héritier légitime ayant été dépouillé de tous les biens par la volonté du défunt, cette volonté devient prépondérante.

Le légataire universel est donc saisi des biens de la succession, lorsqu'au décès du testateur il n'existe pas d'héritiers à réserve, ou que les réservataires ont renoncé à la succession (art. 1006).

— Mais, bien que dans cette hypothèse le légataire universel soit dispensé de demander la délivrance, il a cependant, si le testament est olographe ou mystique, certaines formalités à remplir.

Il doit d'abord observer les formalités générales relatives à l'ouverture des testaments. L'ouverture des testaments par acte public n'est soumise à aucune règle : ce sont des actes authentiques, qui font foi par eux-mêmes et qui sont exécutoires indépendamment de toute autorisation de justice et de toutes autres formalités. Il suffit, dans ce cas, que les légataires se fassent délivrer une expédition du testament qui les institue, expédition que le notaire dépositaire de la minute ne peut leur refuser après le décès du testateur.

Il en est tout autrement des testaments olographes ou mystiques. Tout testament fait en l'une ou en l'autre de ces deux formes doit, avant d'être mis à exécution, être présenté au président du tribunal de première instance de l'arrondissement, dans lequel la succession s'est ouverte. Ce testament est ouvert, s'il est cacheté. Le président dresse procès-verbal de sa présentation, de son ouverture, ainsi que de l'état dans lequel il l'a trouvé, et en ordonne le dépôt entre les mains d'un notaire qu'il commet à cet effet. Quand il s'agit d'un testament mystique, l'ouverture ne peut se faire qu'en présence du notaire et de ceux des témoins de l'acte de suscription qui se trouvent sur les lieux ou eux appelés (art. 1007). Mais, les règles que trace la loi ne sont que des mesures de précaution, qui n'influent en aucune façon sur la validité de ces testaments ; leur inobservation ne saurait donc avoir pour résultat d'anéantir le droit des légataires.

Le président ne peut, sous aucun prétexte, se refuser à ouvrir le testament, à le décrire, et à rendre l'ordonnance de dépôt, du moment que l'acte qui lui est remis offre, du moins en apparence, la teneur d'un testament.

Il existait des règles analogues dans les anciennes provinces de droit écrit. Dans les pays coutumiers, les règles n'étaient à cet égard ni uniformes, ni bien certaines. Le Châtelet de Paris suivait un usage, d'après lequel le ministère du juge n'était requis pour les testaments olographes qu'autant que ces testaments étaient cachetés. Il suffisait de déposer ceux qui ne l'étaient pas chez un notaire [1]. L'ordonnance de 1735 sur les testaments n'avait rien innové en cette matière (art. 69). Les articles 1007 et 1008 du Code ont été rédigés, lorsqu'on eut décidé qu'en l'absence d'héritiers réservataires, le légataire universel aurait la saisine ; c'est ce qui explique la place qu'occupent ces articles. Les règles qu'ils établissent sont générales et doivent être observées pour tout testament olographe ou mystique, quelle que soit d'ailleurs la nature

[1] V Ferrière, sur l'art. 289 de la coutume de Paris, Glos. I n° 16.

du legs que ce testament renferme, et sans qu'il y ait à rechercher si le testateur laisse ou ne laisse pas des héritiers réservataires.

— En outre, si le testament est olographe ou mystique, le légataire universel saisi doit remplir une formalité spéciale : il doit demander l'envoi en possession au président du tribunal de l'arrondissement, dans lequel la succession s'est ouverte (art. 1008). Il eût été dangereux de permettre à toute personne instituée légataire universelle par un testament olographe ou mystique d'appréhender de sa propre autorité les biens de la succession, quand il n'existe pas d'héritiers à réserve. La loi a donc voulu donner au testament olographe ou mystique la force exécutoire qui lui manque : c'est une garantie donnée à la famille.

Le président, en statuant sur la demande d'envoi en possession, agit en vertu d'une juridiction qui lui est propre, juridiction *volontaire* ou *gracieuse* ; il ne peut donc pas, comme lorsqu'il juge en référé, renvoyer à l'examen du tribunal l'opposition formée par les héritiers. Du reste, il n'a pas à apprécier les vices intrinsèques dont le testament pourrait être entaché, tels que l'incapacité du testateur ou du légataire ; tous les droits des héritiers demeurent réservés à cet égard, nonobstant l'ordonnance d'envoi en possession. Mais, le président doit porter son attention sur les points suivants : si le testament a été régulièrement déposé, s'il est fait dans la forme prescrite par la loi, s'il contient un legs universel, s'il n'existe pas d'héritiers à réserve. Le président accorde ou refuse au légataire l'envoi en possession, suivant que la demande lui paraît ou non fondée ; il n'est pas tenu de s'arrêter aux oppositions formées par les héritiers ; il est souverain juge de la gravité des raisons par eux alléguées contre l'envoi en possession.

Les héritiers sont-ils fondés à intervenir avant que l'ordonnance soit rendue pour s'y opposer ? L'ordonnance une fois rendue est-elle susceptible de recours ? Ces questions sont controversées ; la doctrine et la jurisprudence sont très divisées. Nous pensons que les héritiers ne peuvent employer contre l'ordonnance du président ni l'opposition, ni l'appel, et nous nous fondons sur ce que cette ordonnance n'est pas un acte de juridiction contentieuse. Les héritiers ne doivent pas être appelés : l'ordonnance ne change en aucune façon leur position ; leurs droits sont entièrement réservés. Comment dès lors admettre en cette matière l'opposition, voie ordinaire ouverte à une partie défaillante, ou l'appel, qui n'est reçu que contre les jugements qui ont changé en quelque manière la position de l'appelant ?

Mais, si nous refusons aux héritiers légitimes toute voie de recours contre l'ordonnance qui envoie en possession le légataire universel, nous n'hésitons pas à leur reconnaître le droit de prendre toutes mesures conservatoires pour empêcher les fraudes et les détournements du légataire universel, et assurer leurs droits dans le cas où ils arriveraient à faire annuler le legs.

Nous croyons même qu'on peut aller plus loin ; les héritiers légitimes pourraient obtenir la nomination d'un séquestre de la succession, ou même se faire envoyer en possession provisoire pendant le litige sur la validité du testament. Ces mesures pourraient être requises soit devant le tribunal, soit devant le président du tribunal jugeant en état de référé (art. 806 C. P. C.).

— Tant qu'il n'a pas été envoyé en possession, le légataire universel, bien qu'il soit saisi, est non-recevable à agir soit contre les héritiers légitimes qui détiendraient les biens héréditaires, soit contre les tiers. Il ne peut pas, avant d'avoir rempli cette condition, se mettre en possession des biens de la succession. Mais, la prise de possession qu'il ferait de sa propre autorité n'entraî‑nerait pas une déchéance de son legs, et il ne serait pas tenu de restituer les fruits perçus par lui jusqu'à l'envoi en possession; dans ce cas, les héritiers, outre qu'ils pourraient prendre des mesures conservatoires, seraient admis, ainsi que nous l'avons dit plus haut, à provoquer la nomination d'un séquestre; ils pourraient même aller jusqu'à requérir d'être envoyés eux-mêmes en possession.

Le légataire universel saisi est donc dispensé de demander la délivrance; mais, il doit se faire envoyer en possession, quand le testament est olographe ou mystique. Néanmoins, il a, dans ce cas, droit aux fruits à partir du décès du testateur.

On s'est demandé si le légataire universel institué par un mineur, qui ne peut disposer que de la moitié de son patrimoine (art. 904), se trouve saisi de la moitié des biens; nous n'hésitons pas à l'admettre, parce que la moitié des biens, dont le mineur est incapable de disposer à raison de sa minorité, ne constitue pas une réserve au profit de ses héritiers. Nous nous trouvons donc bien dans les termes de l'article 1006 : le legs est universel et il n'existe pas d'héritiers à réserve.

La même question peut se poser, quand le légataire se trouve, à raison de sa qualité d'enfant naturel du défunt, incapable de recevoir au delà d'une certaine quotité (art. 757 et 908). Nous croyons qu'ici encore le légataire doit être saisi. Cette solution a paru douteuse à Duranton, qui se fonde sur cette raison que le légataire n'a pas vocation au tout, étant par suite de sa propre incapacité, qui ne peut cesser, dans l'impossibilité de recueillir toute l'hérédité [1]. Il faut répondre qu'on doit se préoccuper uniquement de la disposition telle qu'elle a été faite, sans s'inquiéter de la possibilité d'une réduction à laquelle le legs se trouverait soumis.

— Sauf l'exception relative à l'envoi en possession que doit demander le légataire universel saisi, quand le testament n'est pas authentique, ce légataire saisi jouit des mêmes droits que l'héritier légitime. Il est propriétaire et possesseur, créancier et débiteur, comme l'était le défunt. Il peut exercer toutes les actions qu'un héritier légitime aurait le droit d'exercer ; notamment, il peut exercer les actions possessoires qui compétaient au défunt avant toute prise de possession réelle. Il faut assimiler complétement la position du légataire universel soit avant, soit après l'envoi en possession, à celle du successeur irrégulier obligé de demander l'envoi en possession. Il est donc inutile de répéter ici les développements que nous avons déjà

[1] T. IX, n° 105. — V. dans le même sens M. Demolombe, *Donations et testaments*, t. IV. n° 566 et 567, p. 490 et 491.

donnés sur la nature du droit des successeurs irréguliers et qui s'appliquent au légataire universel, sur les effets de l'envoi en possession, et sur les conséquences d'une inaction de trente années à compter de l'ouverture de la succession.

Que se passe-t-il lorsque le légataire universel est institué sous une condition suspensive? L'héritier légitime, réservataire ou non, reste provisoirement et jusqu'à l'accomplissement de la condition saisi de l'hérédité. Mais, le légataire peut prendre des mesures conservatoires.

Nous avons déjà remarqué que la condition, lorsqu'elle vient à se réaliser, a un effet rétroactif au jour de la mort du testateur[1]. Ce qui ne doit pas être entendu en ce sens que le legs puisse être acquis aux héritiers du légataire, si ce dernier a survécu au testateur et quoiqu'il soit décédé avant l'événement de la condition; il est bien certain, au contraire, que le légataire doit être vivant et capable au moment de la réalisation de la condition. Mais, la condition, une fois accomplie, rétroagit certainement en ce sens, que les aliénations ou les constitutions d'hypothèques consenties par l'héritier sont résolues comme son propre droit. Ajoutons que cet effet rétroactif ne s'applique pas aux fruits, auxquels le légataire universel n'a droit qu'à partir du jour où la condition s'est réalisée.

— Lorsque le testateur laisse des héritiers à réserve, le légataire universel ne jouit pas de la saisine ; il est obligé de demander la délivrance aux héritiers (art. 1004). Son legs est réduit à la quotité disponible. Mais, le léga-

---

[1] V. plus haut, p. 209.

taire n'en a pas moins, dès le décès du testateur, un droit de copropriété sur les biens laissés par ce dernier. Si ces biens sont aliénés avant la demande en délivrance du légataire, ce dernier est autorisé à les faire comprendre dans le partage et même à les revendiquer entre les mains des tiers-détenteurs, sauf, bien entendu, l'effet des ventes consenties à des tiers de bonne foi par l'héritier apparent. De plus, le légataire même non saisi est un véritable représentant du défunt dans la limite de sa vocation testamentaire; il est créancier et débiteur, débiteur même *ultrà vires*, comme nous l'établirons plus loin. Mais, tant qu'il n'a pas obtenu la délivrance, le légataire universel ne peut former aucune action contre les débiteurs de la succession ou les détenteurs des biens héréditaires, pas plus que les tiers ne seraient admis à exercer des actions contre lui. Il faut, encore ici, assimiler complétement la position du légataire universel à celle d'un successeur irrégulier obligé de demander la délivrance aux héritiers légitimes.

Le légataire universel venant en concours avec des héritiers à réserve a droit aux fruits et intérêts des biens compris dans la disposition à compter du jour du décès, si la demande en délivrance est faite dans l'année à partir de cette époque. Sinon, cette jouissance ne commence que du jour de la demande en justice ou du jour que la délivrance lui a été volontairement consentie (art. 1005). Quand la demande en délivrance est formée dans l'année, le législateur applique la maxime : *fructus augent hereditatem*[1]. Il ne considère pas si l'héritier réservataire

---

[1] L. 20, § 2, D. *de hered. petit.*, v, 3.

est de bonne ou de mauvaise foi, s'il a connu ou ignoré
le legs universel : il pose en règle générale qu'il doit
s'attendre dans l'année du décès à une pareille demande.
Si, au contraire, la demande n'intervient qu'après l'année
du décès, c'est la bonne foi de l'héritier réservataire qui
est légalement présumée.

— En résumé, et d'après les principes que nous avons
posés sur l'acquisition des legs, le légataire universel
acquérant dès le jour du décès ou la propriété de tous les
biens héréditaires, s'il n'y a pas d'héritiers réservataires,
ou la propriété indivise des biens disponibles, s'il existe
des réservataires, est véritablement et en tous cas *loco
heredis*, puisqu'il succède *in universum jus quod defunc-
tus habuit*.

Il a les mêmes droits que les héritiers légitimes soit
contre les débiteurs de la succession, ou les détenteurs
des biens héréditaires, soit contre les héritiers légitimes
eux-mêmes.

Certainement, il y a de la part du légataire universel
non saisi certaines formalités à remplir ; mais, ces formalités ne se rattachent qu'à l'*exercice* des droits, et, une
fois qu'il les a accomplies, le légataire universel est assimilé sous tous les rapports à un héritier ; dès qu'il a
obtenu la délivrance ou qu'il a été envoyé en possession,
il est considéré comme ayant eu lui-même *à die mortis*
la saisine de tous les biens qui font l'objet de son legs.

§ IV. — DU LÉGATAIRE A TITRE UNIVERSEL

Les légataires à titre universel ne sont jamais saisis des biens compris dans la libéralité qui leur est faite; ils sont obligés de demander la délivrance. Ils s'adressent à cet effet aux héritiers réservataires, et à défaut d'héritiers réservataires, au légataire universel; enfin, en l'absence de légataire universel, ils doivent intenter leur action contre les parents légitimes dans l'ordre d'après lequel ils sont appelés à succéder (art. 1014).

Mais, supposons qu'il existe un héritier réservataire et un légataire universel : auquel des deux le légataire à titre universel devra-t-il s'adresser ? Il faut distinguer : si le légataire universel a déjà obtenu la délivrance, c'est à lui que le légataire à titre universel doit s'adresser ; au légataire universel, disons-nous, qui est en possession des biens qui doivent être délivrés. Nous pensons du reste que le légataire à titre universel peut se dispenser de demander la délivrance et intenter *de plano* l'action en partage contre le légataire universel, lorsque ce dernier, en concours avec des héritiers réservataires, a déjà obtenu la délivrance.

Si, au contraire, le légataire universel n'a pas encore obtenu la délivrance, le légataire à titre universel forme son action contre l'héritier légitime, qui seul est saisi; mais, il convient que le légataire universel soit mis en cause, puisque c'est lui qui en définitive doit supporter la charge du legs à titre universel. Si le légataire à titre universel ne le met pas en cause, l'héritier réservataire fera bien de l'y appeler, afin de se mettre à l'abri d'un recours de la part du légataire universel, dans le cas où ce dernier prétendrait que le legs délivré était entaché de nullité.

Quand, à défaut d'héritiers légitimes, l'hérédité est dévolue à des successeurs irréguliers, et que ces successeurs ont obtenu l'envoi en possession, c'est contre eux que doit être formée la demande en délivrance ; car l'envoi en possession équivaut à la saisine pour les successeurs irréguliers.

S'il n'existe pas de successeurs irréguliers, ou s'ils n'ont pas encore été envoyés en possession, le légataire à titre universel devra former sa demande en délivrance contre un curateur à succession vacante.

Mais, quoique tenu de demander la délivrance, le légataire à titre universel n'en est pas moins, dès le décès du testateur, copropriétaire ou propriétaire des biens compris dans son legs. Il est dans la même position que le légataire universel en concours avec des héritiers réservataires : comme ce dernier, il se trouve placé *loco here- dis* et succède *in universum jus defuncti*. Ce que nous avons dit de ce légataire universel s'applique donc ici sans restriction.

Cependant, la loi n'a pas parlé à propos du légataire à titre universel, des fruits et des intérêts de son legs. A compter de quelle époque ce légataire y a-il droit? Faut-il l'assimiler sous ce rapport au légataire universel? Il nous semble qu'on ne peut donner aucune raison vraiment sérieuse de distinguer à ce point de vue le légataire à titre universel du légataire universel, et qu'on ne doit pas hésiter à appliquer l'article 1005 aux légataires à titre universel ; en effet, si la loi a cru devoir donner aux légataires universels venant en concours avec des héritiers réservataires la jouissance des fruits et intérêts à dater du décès du testateur, c'est que ces légataires, quoiqu'ils soient appelés à un autre titre que les héritiers, viennent cependant, comme ces derniers, au partage de l'hérédité envisagée comme universalité juridique. On a donc appliqué la règle : *fructus augent hereditatem*, et décidé que l'universalité juridique s'augmentait des fruits perçus depuis le décès, sous cette condition, il est vrai, que la demande en délivrance intervînt dans l'année qui suit ce décès. A considérer ainsi les choses, n'est-il pas évident que le légataire à titre universel, tout comme le légataire universel, est appelé à une quote-part de l'hérédité ? Et dès lors, les motifs de l'article 1005 ne s'appliquent-ils pas aussi au légataire à titre universel ?

Ajoutons qu'il est de toute équité que le légataire à titre universel, tenu des dettes comme le légataire universel, obligé de les acquitter en capital et intérêts à partir du jour du décès du testateur, bénéficie par contre de la jouissance des biens légués à partir de la même époque.

Enfin, un argument très fort en faveur de notre opinion se tire de l'historique de la rédaction de l'article 1014 et répond à ceux qui prétendent que le Code a suivi la règle coutumière, d'après laquelle aucun légataire ne pouvait prétendre aux fruits et intérêts de son legs qu'à compter du jour de sa demande en délivrance[1]. Dans le projet du Code, cet article était conçu ainsi qu'il suit : « Tout legs pur et simple, fait *soit à titre universel, soit à titre particulier*, donnera au légataire du jour du décès du testateur un droit à la chose léguée, droit transmissible à ses héritiers ou ayants cause. Néanmoins, le légataire ne pourra se mettre en possession, etc.... » Ainsi, le legs universel et le legs à titre universel, qui n'en formaient alors qu'un seul, étaient soumis à la même règle, qui était en effet la règle des pays de droit coutumier. On a supprimé de la rédaction définitive les mots *fait soit à titre universel, soit à titre particulier*, et on a ajouté dans le second membre de phrase le mot *particulier*. Qu'est-ce à dire, si ce n'est que le législateur a voulu restreindre sa disposition au légataire à titre particulier, et qu'on doit s'en référer à l'article 1005, quand il s'agit d'un légataire à titre universel ?

Duranton admet bien que le légataire à titre universel a droit aux fruits à compter du décès ; mais, il fait exception à la règle en ce qui concerne le légataire de l'universalité des immeubles ou d'une quote-part des immeubles[2]. D'après cet auteur, les fruits étant des choses mobilières ne peuvent être compris dans un legs d'immeubles ; mais, il est facile de répondre que la loi n'a pu considérer le legs des immeubles comme un legs à titre universel qu'en supposant que l'ensemble des immeubles constitue une quote-part de l'hérédité ; elle a fait abstraction de la na -

---

[1] V. Pothier, introduction au titre XVI de la coutume d'Orléans, section VI, art. 1 n° 75. (t. I, p. 428).
[2] T. IX, n° 411.

ture des immeubles et les a considérés comme des biens. En se plaçant à ce point de vue, rien ne s'oppose à ce qu'on applique à ce legs la maxime *fructus augent hereditatem*. Du reste, nous ne comprenons pas qu'on puisse faire entre les legs à titre universel cette différence qui ne repose sur aucun texte.

APPENDICE

De l'obligation des légataires et des successeurs irréguliers aux dettes héréditaires.

Nous avons, pour terminer notre étude de la succession testamentaire, à examiner et à résoudre une question très importante, celle de l'obligation aux dettes. Nous avons réservé cette difficulté, lorsque nous avons traité des successeurs irréguliers ; nous avons donc à la résoudre tout à la fois pour les légataires et pour les successeurs irréguliers.

Les légataires universels et les successeurs irréguliers sont-ils à l'égard des créanciers de la succession dans la même position que les héritiers légitimes ? Sont-ils tenus dans la mesure des biens qu'ils recueillent, *intrà vires* ? Sont-ils au contraire obligés indéfiniment et sur leur propre patrimoine, *ultrà vires* ?

Nous ne nous dissimulons pas les difficultés de cette question, qui divise encore les auteurs les plus considérables ; mais, nous croyons que pour la résoudre il est nécessaire de se placer en face des deux systèmes opposés que nos législateurs trouvaient en vigueur en France au moment de la rédaction du Code.

Le système coutumier n'admettait pas l'institution d'héritier par testament ; il traitait les légataires même universels comme de simples *successeurs aux biens*, qui, à l'origine, ne sont pas seulement à l'abri de toute action directe et personnelle de la part des créanciers de la succession, mais encore ne sont pas tenus de contribuer avec les héritiers au paiement des dettes et charges héréditaires. Il est vrai que, plus tard, on reconnut que les légataires devaient contribuer avec les héritiers au paiement des dettes et charges de l'hérédité par application de la maxime : *non sunt bona nisi deducto aere alieno*, et qu'après la rédaction de la nouvelle coutume de Paris, on interpréta largement l'article 334 ainsi conçu : « Et quand ils succèdent les uns aux meubles, acquêts et conquêts, les autres aux propres, ou qu'ils sont donataires ou légataires universels, ils sont tenus à contri - buer au paiement des dettes, chacun pour telle part et portion qu'ils en amendent. » On vit dans cette disposition, qui devint de droit commun, le principe d'une action directe contre les légataires au profit des créanciers de la succession ; mais, on continua à regarder les légataires comme tenus des dettes seulement en vertu d'une *obligation ob rem*, comme successeurs à une quote - part des biens du défunt, et on admit que cette obligation ne pouvait de droit excéder l'émolument de leurs legs. Le principe qui domine la question en droit coutumier est donc celui-ci : l'héritier n'est pas tenu des dettes comme d'une charge des biens auxquels il succède, mais il en est tenu comme successeur, non pas seulement des biens, mais de la personne même du défunt, c'est-à-dire de tous ses droits personnels actifs et passifs, de toutes ses dettes, même au-delà de la valeur de ses biens. Quant aux donataires et légataires universels, ils ne succèdent point à la personne du défunt, mais seulement à ses biens ; ils ne sont tenus des dettes que parce qu'elles sont une charge des biens ; ils n'en sont point débiteurs personnels. « Le légataire qui sait ou doit savoir que la chose qui lui est léguée, renferme une certaine charge, disait Pothier, s'oblige à cette charge en acceptant le legs. En conséquence de ce principe, le légataire universel, ou d'une quotité de biens ou d'une certaine espèce de biens du défunt, comme des meubles, du quint des propres, etc., s'oblige, en acceptant le legs, à l'acquittement des dettes ou de la part des dettes dont est chargée la part des biens qui lui est léguée ; car il sait ou doit savoir que les biens d'une personne renferment la charge de ses dettes, *càm bona non intelligantur nisi deducto ære alieno.* Il contracte cette obligation envers l'héritier qu'il est obligé d'indemniser des dettes pour la part dont en est chargée la part des biens qui lui est léguée, et *il la contracte aussi, celeritate conjungendarum actionum,* envers les créanciers. Au reste, il n'est tenu que *jusqu'à concurrence des biens.* [1] »

---

[1] Introduction au titre XVI de la coutume d'Orléans, sect. VI, art. V, § 2, n° 120 (t. I, p. 444). — V, aussi le même auteur. *Successions*, ch. v. art. 11, § 3, (t. VIII, p. 207-209) — Ferrière, sur l'art 334 de la coutume de Paris. — Merlin, *Répert.* v° légataire. § 7, n° 13 à 15.

Dans un autre passage, Pothier faisait bien ressortir la raison pour laquelle les donataires et légataires universels et les successeurs irréguliers, tels que le Roi et les Seigneurs, n'étaient tenus des dettes que jusqu'à concurrence des biens : « A l'égard des donataires et légataires universels, du Roi et des Seigneurs, qui succèdent par aubaine, confiscation, droit de bâtardise, droit de deshérence, de l'abbé ou du monastère qui succède au pécule de son religieux, toutes ces personnes ne sont tenues des dettes, que jusqu'à concurrence des biens auxquels ils succèdent ; ils peuvent, *en les abandonnant*, se décharger des dettes. *La raison est que toutes ces personnes ne succèdent point à la personne du défunt, mais seulement à ses biens ;* ils ne sont tenus des dettes que parce qu'elles sont une charge des biens ; ils n'en sont point *débiteurs personnels :* or, c'est un principe que, lorsqu'on n'est tenu de quelque dette *qu'à raison d'une chose qu'on possède, on peut s'en décharger en abandonnant la chose* »[1].

Au contraire, le système des pays de droit écrit, puisé dans le droit romain, admettait l'institution d'héritier et soumettait l'héritier testamentaire aux mêmes obligations que l'héritier *ab intestat*[2]. L'engagement de l'héritier, testamentaire ou légitime, était personnel et universel.

Tels étaient, en résumé, les deux systèmes qui se partageaient la France. Quelle a été la conduite du législateur ? A-t-il, comme on l'a soutenu, rejeté entièrement

[1] *Successions*, ch. v⁰ art. III, § I (t. VIII, p. 211).
[2] Domat, *Loix Civiles* II⁰ partie, livre I. t. I, sect. I, n⁰ˢ 2, 8, et 11.

le système des pays de droit écrit, pour adopter en tous points le système coutumier? Nous ne croyons pas qu'on puisse le soutenir, d'abord parce que l'article 967 admet bien qu'un testateur peut instituer un véritable héritier, ce que n'admettait pas le droit coutumier, ensuite parce que l'article 1006 a donné à cette vocation héréditaire son plein et entier effet, en accordant à l'héritier institué la saisine, quand il n'existe aucun héritier réservataire.

Notre Code a suivi un système mixte, puisé tout à la fois dans le droit coutumier et dans le droit romain. Certainement, on peut soutenir que les règles du droit coutumier prédominent dans les dispositions de notre Code; mais, nous n'avons pas à examiner cette question générale; nous devons simplement rechercher si le Code a suivi en ce qui concerne l'obligation aux dettes les principes du droit coutumier. Notre question peut se poser ainsi: faut-il faire, sous le rapport de l'obligation aux dettes, une différence entre les héritiers légitimes, d'une part, et les successeurs irréguliers et les légataires universels ou à titre universel, d'autre part? Nous ne le pensons pas. Il faut éviter, pour résoudre, cette question de se placer à un point de vue étroit; il faut plutôt chercher à saisir l'ensemble des dispositions du Code. Or, il nous semble que la règle de notre Code en matière d'obligation aux dettes peut se formuler en ces termes: tous les successeurs universels aux biens sont obligés de payer toutes les dettes.

L'obligation universelle aux dettes n'est pas, comme en droit coutumier, une conséquence de la *représentation de la personne*; elle ne résulte pas non plus de la saisine héréditaire. D'après nous, elle est une suite nécessaire de la transmission universelle des biens. Nous croyons que, d'après le système du Code, tous ceux qui viennent recueillir l'universalité ou une quote-part de l'universalité des biens d'une personne sont à l'égard des créanciers du défunt dans la même situation que des héritiers, *loco heredum*. Les dénominations sont différentes; mais, au fond, la situation est la même.

Si nous examinons les dispositions relatives aux obligations des légataires universels ou à titre universel, nous voyons que les rédacteurs du Code ont voulu faire à tous les successeurs universels une situation identique. En effet, les légataires universels et à titre universel sont *tenus personnellement pour leur part et portion* (art. 1009 et 1012). Or, ce sont précisément les mêmes expressions que la loi emploie, dans l'article 873, pour les héritiers légitimes : « Les héritiers sont tenus des dettes et charges de la succession *personnellement pour leur part et portion virile*. » Il n'y a donc pas, d'après les textes mêmes, une différence à faire au point de vue qui nous occupe entre les héritiers légitimes et les légataires universels ou à titre universel. Les uns et les autres sont tenus des dettes héréditaires *personnellement*, c'est à-dire, selon l'article 2092, sur tous leurs biens présents et à venir.

Ainsi, il n'est pas exact de dire que les légataires universels ou à titre universel sont tenus des dettes comme *successeurs aux biens* et parce que les dettes sont une charge des biens. Remarquons du reste que, si cette doctrine était vraie, il en résulterait nécessairement pour les légataires tenus seulement *propter rem*, le *droit d'abandon :* en faisant aux créanciers cet abandon, ils pourraient se décharger de toutes les dettes. Pothier, nous l'avons vu plus haut, n'hésitait pas à admettre que les légataires universels pouvaient se soustraire à la charge d'acquitter les dettes, en abandonnant les biens· Or, cette conséquence de la doctrine adverse est formellement repoussée par la loi qui dit que les légataires universels sont tenus *personnellement* (art. 1009 et 1012).

Une seule voie est donc ouverte au successeur universel qui veut soustraire son propre patrimoine aux dettes héréditaires, c'est celle du bénéfice d'inventaire. C'est par ce seul moyen que l'héritier ou le légataire universel peut s'affranchir de l'obligation *in infinitum* aux dettes.

Les partisans de la doctrine que nous combattons se contentent d'un *inventaire;* ils limitent ainsi l'obligation du légataire universel. C'était aussi la doctrine de Pothier : « Pour que les légataires et donataires universels, les successeurs à titre de déshérence, et autres qui succèdent aux biens plutôt qu'à la personne, disait-il, ne soient tenus des dettes que jusqu'à concurrence des biens auxquels ils ont succédé, il faut qu'ils en aient fait constater la quantité par un *inventaire,* ou quelque autre acte équivalent; s'ils s'en sont mis en possession sans cela, et qu'ils aient disposé des biens, ils seront tenus indéfiniment des dettes, et ils ne seront pas reçus, pour s'en décharger, à offrir d'abandonner et de tenir compte des biens, s'étant mis par leur faute hors d'état d'en pouvoir constater la quantité; c'est le sentiment commun, duquel s'écarte Ricard *(Traité des dispositions conditionnelles,* ch. ɪv, sect. I, nᵒˢ 112 et suiv.), qui prétend que, même en ce cas, ils doivent être reçus à l'abandon, et à justifier, par enquête de commune renommée, la quantité des biens ; ce sentiment ne doit pas être facilement suivi[1]. » Les auteurs, qui restreignent *intrà vires* l'obligation du légataire universel aux dettes, exigent donc, comme Pothier, que ce légataire ait dressé un inventaire de l'hérédité ; si le légataire n'a pas fait inventaire, il est tenu *ultrà vires*.

Mais, il est facile de comprendre que cet inventaire n'offre pas des garanties suffisantes aux créanciers et aux légataires à titre particulier. Au contraire, le bénéfice d'inventaire complète ces garanties ; il est organisé de façon à donner toutes sûretés aux créanciers et aux légataires à titre particulier : ainsi, les ventes amiables sont prohibées comme donnant trop de facilités à la fraude. Il serait vraiment bien étonnant que les héritiers légitimes fussent soumis à toutes les formalités protectrices pour les tiers du bénéfice d'inventaire, tandis que les légataires universels ne seraient soumis qu'à un inventaire, dont les estimations sont toujours au dessous de la valeur réelle ! Et cela, quand il est bien certain que la loi voit avec plus de faveur les héritiers légitimes que les héritiers institués ; nous l'avons montré plus haut en parlant de la saisine.

Nous ajouterons que l'article 1085 *in fine* soumet certainement l'institué contractuellement à une obligation semblable à celle que l'article 723 impose aux héritiers légitimes. Or, il est bien évident que l'institué contractuel

---

[1] *Successions*, ch. v, art. II, § 3, (t. VIII. p. 209).

succède par la volonté de l'homme, tout comme le légataire universel; pourquoi donc faire entre eux une distinction quant à l'obligation aux dettes?

Les adversaires du système que nous soutenons ont cherché à tirer un argument de la place occupée dans le Code par les dispositions relatives au bénéfice d'inventaire. Ce bénéfice est accordé, dit-on, aux seuls héritiers légitimes; car la loi n'en parle que dans le titre réservé à la succession légitime. Mais, on peut répondre qu'il est question, dans le titre I du livre III, tout à la fois, des héritiers légitimes et des successeurs irréguliers; et cependant, nos adversaires refusent d'appliquer aux successeurs irréguliers les règles du bénéfice d'inventaire: ils mettent sur la même ligne, au point de vue de l'obligation aux dettes, les successeurs irréguliers et les légataires. On peut encore répondre que le titre des successions renferme plusieurs autres dispositions, qui sont certainement applicables aux légataires, par exemple, celles concernant le partage.

— Il nous paraît donc certain qu'il ne faut pas, au point de vue de l'obligation aux dettes, distinguer entre les héritiers légitimes et les légataires universels, qui sont dans notre droit de véritables héritiers institués (art. 967). Dès lors, nous ne comprenons pas comment on pourrait juridiquement soutenir que les successeurs irréguliers sont dans une position spéciale. Est-il donc logique qu'un enfant naturel, un conjoint, qui recueillent toute la succession, soient moins rigoureusement soumis aux dettes et charges héréditaires qu'un légataire à titre universel qui ne reçoit qu'une quote-part des biens du *de cujus?* Ne paraît-il pas raisonnable d'admettre que la vocation de l'enfant naturel et du conjoint, qui sont appelés par la loi comme les parents légitimes, doit produire au moins les mêmes effets que la succession du légataire universel basée sur la volonté de l'homme?

On ne saurait conclure de l'absence de saisine chez les successeurs irréguliers qu'ils ne sont pas tenus *in infinitum* des dettes héréditaires; l'obligation aux dettes n'est pas une conséquence de la saisine héréditaire. Du reste, c'est tout simplement par mesure de précaution que la loi leur refuse la saisine, et nous avons vu que l'envoi en possession a pour les successeurs irréguliers tous les effets de la saisine.

On ne saurait non plus argumenter contre nous des textes de la loi; si le Code dit que les *biens passent* aux successeurs irréguliers (art. 723), c'est là une simple locution qui n'atténue nullement l'obligation aux dettes : il reste néanmoins certain que ces successeurs irréguliers sont des successeurs universels, et cela nous suffit pour notre démonstration, ainsi que nous l'avons établi plus haut pour le légataire universel.

Quant à l'argument tiré de ce que l'article 724 n'impose pas formellement l'obligation aux dettes à ces successeurs irréguliers, il ne nous paraît pas plus fort que l'argument tiré du précédent article, et se réfute en observant simplement qu'on ne saurait décharger les successeurs irréguliers de l'obligation aux dettes par cette seule raison, que le Code a omis de mentionner formellement cette obligation dans l'article 724.

Nous renouvellerons ici une observation que nous

avons faite en ce qui concerne les légataires universels.
Si les successeurs irréguliers n'étaient tenus des dettes
qu'en tant qu'elles sont une charge des biens, ils n'en
seraient pas même tenus personnellement, de sorte que,
s'ils vendaient la succession à un tiers, avant d'avoir appréhendé de fait les biens héréditaires, ou après avoir
fait rédiger un inventaire, ils échapperaient à toute action
de la part des créanciers, exactement comme celui dont
le bien-serait hypothéqué pour la dette d'autrui et qui
aliénerait l'immeuble hypothéqué : le créancier ne pourrait s'adresser qu'au tiers-détenteur. Ici encore, nous
répéterons ce que nous disions plus haut : comment serait-
il possible que des successeurs qui sont vus par la loi
moins favorablement que des héritiers légitimes soient
cependant mieux traités que ces derniers ?

— Les auteurs qui ont soutenu que les successeurs
irréguliers n'étaient tenus de payer les dettes héréditaires
que *intrà vires*, ont prétendu respecter en suivant ce système une tradition de l'ancien droit conservée par le
Code. C'est là, à notre avis, une grave erreur. Remarquons tout d'abord qu'il ne s'agit pas de l'État : l'État
n'est pas à proprement parler un successeur ; il prend
les biens des personnes qui ne laissent aucun héritier ni
légataire, à titre d'occupation et comme biens vacants ;
donc, pour l'État il ne saurait être question d'obligation
aux dettes *in infinitum*. Nous ne parlons que des enfants
naturels et du conjoint survivant ; est-il donc vrai que,
d'après la tradition de l'ancien droit, ces successeurs
irréguliers doivent être déchargés de l'obligation indéfi-
nie aux dettes ? Pour les enfants naturels on ne saurait le

prétendre ; car ils n'étaient pas héritiers dans l'ancien droit. Quant au conjoint, nous voyons précisément notre doctrine formulée nettement par les anciens auteurs ; c'est ainsi que Pothier dit : « Cette succession *undè vir et uxor* est une vraie succession qui ne diffère en rien des autres successions ; ..... le survivant qui succède à ce titre au prédécédé est un vrai héritier, et il est, de même qu'un parent, suivant l'art. 301 saisi de tous les droits actifs et passifs du défunt dès l'instant de sa mort »[1]. Ce n'est que pour le Roi et pour les Seigneurs, qui n'étaient pas de véritables successeurs, que nous trouvons la doctrine adverse formulée par Pothier : « Le Roi et les Seigneurs hauts-justiciers succèdent aux biens de ces personnes (aubains, Français bâtards décédés intestats et sans héritiers, Français nés de légitime mariage mourant intestats et sans héritiers) comme à des biens *vacants* et non *à la personne* ; c'est pourquoi ils ne sont tenus des dettes qu'autant qu'elles sont une charge des biens et ils peuvent s'en décharger en les abandonnant »[2]. Donc, s'il faut conclure de l'ancien au nouveau droit, on doit se prononcer pour notre doctrine ; s'il existe une tradition, elle est en notre faveur ; car le conjoint, seul véritable successeur irrégulier de l'ancien droit, était tenu de toutes les dettes et devait les payer *in infinitum*.

Enfin, la doctrine, qui distingue sous le rapport de

---

[1] Introduction au titre XVII de la cout. d'Orléans, sect. IV, § 2, n° 35 (t. I, p. 494).— V. aussi Lebrun, l. III, ch. I, art. 12.

[2] Loco citato. n° 131, (t. I, p. 530). — V. aussi *Successions*, ch VI (t. VIII. p. 222 et 223).

l'obligation aux dettes les héritiers légitimes des successeurs irréguliers et des légataires universels, ne va-t-elle pas directement contre l'esprit de notre Code, esprit d'unité, que ses rédacteurs ont tant de fois proclamé et qu'ils se sont appliqués à faire régner dans toutes les parties de leur œuvre ? Cette intention des rédacteurs du Code a une force d'autant plus grande en faveur de notre opinion, que les textes, bien loin de la contredire, appuient au contraire notre système, ainsi que nous avons essayé de le démontrer plus haut.

TROISIÈME PARTIE

SUBSTITUÉS FIDÉICOMMISSAIRES

D'après le cadre que nous nous sommes tracé au commencement de cette étude, nous ne devrions envisager les substitutions qu'au point de vue de la transmission des biens aux grevés et aux appelés, et n'étudier que les droits de ces deux classes de personnes. Mais, il est indispensable à la clarté des développements qui vont suivre d'exposer rapidement quels caractères constituent une substitution et quelles substitutions sont permises par le Code civil.

Notre Code a prohibé, dans l'article 896, les substitutions fidéicommissaires de l'ancien droit, celles par lesquelles le fidéicommissaire est autorisé à conserver pendant sa vie et chargé de rendre seulement à sa mort l'objet de la libéralité à un second gratifié, qui est appelé à lui succéder.

Le caractère d'une substitution est la charge de conserver et de rendre à sa mort imposée à l'héritier, au donataire ou au légataire. On peut donc définir la substitution une disposition par laquelle une personne charge son donataire, son légataire ou son héritier, de conserver et de rendre à sa mort les biens qu'elle lui transmet.

Le Code civil, pour diverses raisons, et spécialement parce qu'elles rendaient inaliénable et indisponible une masse énorme de biens, a défendu en principe les substitutions (art. 896), et ne les a permises qu'exceptionnellement.

La loi du 17 mai 1826, qui avait considérablement étendu le cercle des exceptions, a été abrogée par la loi du 7 mai 1849.

— Deux exceptions sont faites par le Code à la règle de la prohibition des substitutions.

1° Les pères et mères peuvent donner, par actes entre-vifs ou testamentaires, leur quotité disponible en tout ou en partie à un ou plusieurs de leurs enfants, avec la charge de rendre ces biens à leur mort à leurs enfants nés ou à naître, mais au premier degré seulement (article 1048). Une pareille disposition n'a rien, en effet, que de très louable, puisqu'elle réserve les biens à la descendance légitime, en prévenant les dissipations qu'en pourrait faire l'institué.

2° Les frères ou sœurs, décédant sans enfants, peuvent disposer de leur quotité disponible en tout ou en partie au profit de leurs frères ou sœurs, avec la charge de rendre ces biens aux enfants nés ou à naître, au premier degré seulement, des dits frères ou sœurs (article 1049).

Ainsi, la substitution n'est permise qu'aux pères et mères, oncles et tantes, au profit de leurs petits-enfants ou neveux. Encore faut-il que l'oncle et la tante ne laissent pas d'enfants à leur décès. La sollicitude des parents pour l'avenir de leur famille peut certainement s'étendre au delà des termes posés par la loi ; mais le législateur n'a pas voulu sortir du cercle dans lequel il s'enfermait.

Ces limites posées par la loi ne peuvent pas être franchies ; ainsi, il n'est pas permis à l'aïeul de grever de substitution son fils, à l'oncle de donner un substitué à son neveu. Il est également défendu à un père ou à un frère, en grevant de substitution son fils ou son frère d'appeler à recueillir le bénéfice de la substitution les petits-enfants de ce fils ou de ce frère, lors même que les enfants de ces derniers seraient prédécédés.

Une personne qui gratifie son ami ne peut pas garantir les biens qu'elle lui laisse des dissipations de son donataire ou légataire. Cependant, il lui serait possible de ne donner ou léguer que l'usufruit au premier donataire ou légataire et de réserver la nue propriété aux enfants de ce dernier, à condition que les enfants fussent nés ou tout au moins conçus au moment de la donation ou du décès du testateur (art. 906).

Le disposant peut grever de substitution un ou plusieurs de ses enfants, un ou plusieurs de ses frères ou sœurs (art. 1048 et 1049).

Il peut également placer la restitution à une époque

autre que la mort du grevé, par exemple à la majorité
des appelés (argument de l'art. 1053).

— Le Code civil a cherché à établir l'égalité même
dans les substitutions; il ne les a permises que comme un
moyen d'assurer la transmission des biens dans les familles : aussi, ne les a-t-il autorisées qu'autant que la charge
de restituer est établie au profit de *tous les enfants nés
ou à naître* du grevé de restitution, *sans exception ni
préférence d'âge ou de sexe*, ajoute-t-il, inspiré par
le souvenir de ce qui se pratiquait dans les anciennes
familles (art. 1050). La substitution serait entièrement nulle, si le disposant ne l'avait faite qu'au profit
des enfants déjà nés au moment de la donation ou de sa
mort.

Le législateur va plus loin, et, pour maintenir cette
égalité qui le préoccupe si fort, il établit une représentation, mais une représentation toute spéciale des appelés,
et décide que, si à sa mort le grevé laisse des enfants et
des petits-enfants nés d'enfants prédécédés, ces derniers
recueillent par représentation la portion de leurs parents
prédécédés (art. 1051).

Notre Code s'écarte sur ce point de l'ordonnance de
1747, qui n'admettait cette représentation, que lorsqu'elle
avait été formellement ordonnée par l'auteur de la substitution. Mais, pour qu'il y ait lieu à représentation, il faut
qu'il existe encore des enfants du grevé; si ce dernier
n'avait à son décès que des petits-enfants, ils viendraient
comme héritiers et non pas comme *appelés*. En effet, le
prédécès de tous les appelés fait tomber la substitution. Si
l'on admettait les enfants des appelés, la substitution ne

serait plus à un degré; elle s'étendrait jusqu'au second degré, ce qui est défendu par les articles 1048 et 1049. *Dura lex, sed lex!* C'était, du reste, la règle formulée dans l'article 21 de l'ordonnance de 1747.

— La sanction des règles posées par le législateur concernant les personnes par lesquelles et au profit desquelles la substitution peut être faite, est la *nullité de toute la disposition*, par application de l'article 896. La substitution prohibée est considérée comme un tout indivisible et doit tomber tout entière.

— Sur quels biens peut porter une substitution? Elle ne peut atteindre que la quotité disponible (art. 913, 914, 915, 1048, 1049); la réserve étant une partie de la succession que la loi soustrait à la libre disposition du donateur ou du testateur, ne saurait être l'objet d'une substitution. Si la substitution dépassait la quotité disponible, elle ne serait pas nulle pour le tout; mais, le réservataire pourrait intenter une action en réduction, afin d'obtenir que sa réserve fut affranchie de cette charge (art. 920 par analogie).

Toute condition, toute clause, qui auraient pour but d'étendre la substitution au delà de la quotité disponible, devraient être considérées comme nulles et non écrites (art. 900).

La disposition avec charge de restitution peut compren
 'e biens; elle peut être faite soit à titre
p   universel, de l'universalité entière
des biens,   .. .   ~-part de l'universalité.

— La substitution constitue une disposition à titre gratuit, entre vifs ou testamentaire, qui se fait dans les formes et selon les règles ordinaires des donations ou des testaments (art. 1076). [1]

La substitution doit être expressément formulée au moment même de l'acte et ne peut être ajoutée *ex inter-vallo*. Cependant, l'article 1052 permet, au moyen d'une seconde libéralité, d'ajouter la clause de substitution à une libéralité antérieure.

Mais, le caractère particulier des substitutions comporte des règles spéciales. Pour atteindre son but, la loi a dû faire exception en faveur des appelés aux règles ordinaires de capacité; ainsi, il n'est pas nécessaire que les appelés soient nés ni même conçus au moment de la donation ou du décès du testateur; il suffit qu'ils soient capables au moment du décès du grevé de substitution.

Si la substitution est contenue dans une donation entre-vifs, l'acceptation des appelés n'est pas nécessairement requise comme d'ordinaire (art. 932 et 933).

La substitution, lorsqu'elle est faite par acte entre-vifs, constitue un avantage au profit d'un tiers, avantage qui devient immédiatement irrévocable, quoique l'appelé vivant au moment de la donation ne l'ait pas acceptée; c'est une exception remarquable à la disposition de l'article 1121.

—La substitution met en présence trois intérêts rivaux, auxquels le législateur devait pourvoir ; trois classes de personnes sont en présence: le grevé, les appelés et les tiers.

Le grevé est propriétaire ; mais, à un certain moment,

___
[1] V. Pothier, *Substitutions*, sect. I, art. II, n° 10 (t. VIII, p. 458).

il cessera de l'être non seulement pour l'avenir, mais même pour le passé.

Les appelés ont un droit futur et éventuel.

Les tiers peuvent traiter avec le grevé sur la foi du droit de propriété qui paraît lui appartenir ; ils sont donc exposés à de graves dangers, si rien ne vient les avertir de la résolution qui menace le droit du grevé.

La loi a pris, dans l'intérêt des appelés, diverses mesures destinées à assurer la conservation des biens. Ces mesures consistent dans la nomination d'un tuteur à la substitution, la confection d'un inventaire, la vente du mobilier, l'emploi des deniers compris dans la substitution ; de plus, la loi a établi un système de publicité particulier dans l'intérêt des tiers, qui sans cela seraient exposés à traiter avec le grevé dans l'ignorance de sa position. Nous devons examiner rapidement ces deux points, avant d'établir quels sont les droits du grevé et ceux des appelés.

§ 1. — MESURES DE GARANTIE QUI DOIVENT ÊTRE PRISES DANS L'INTÉRÊT DES APPELÉS

1° *Nomination d'un tuteur à la substitution.* — Le disposant peut nommer ce tuteur par l'acte qui contient la substitution ou par un acte postérieur (art. 1055). Dans ce second cas, l'acte doit être authentique ; il nous semble cependant que cette nomination pourrait être contenue dans un testament olographe.

Si le disposant n'a pas nommé un tuteur, la loi impose au grevé l'obligation d'en faire nommer un, dans le délai d'un mois à compter du jour du décès du donateur ou du testateur, ou du jour où l'acte contenant la substitution aura été connu. Si le grevé est mineur, c'est sur son tuteur que pèse cette charge (art. 1056).

Si le grevé ne satisfait pas à la disposition précédente, il est déchu du bénéfice de la disposition, alors même qu'il est mineur, si toutefois il est pourvu d'un tuteur, et la substitution peut s'ouvrir sur la demande des parties, c'est-à-dire des appelés, s'ils sont majeurs, de leurs tuteurs ou curateurs, s'ils sont mineurs ou interdits ; la loi accorde même à tout parent des appelés majeurs, mineurs ou interdits, et au procureur de la République près le tribunal de première instance du lieu où la succession s'est ouverte, le droit de faire prononcer la déchéance et l'ouverture de la substitution (art. 1057).

La déchéance du grevé n'a pas lieu *de plein droit :* elle doit être demandée et prononcée par les tribunaux. Mais la loi, dans l'article 1057, a-t-elle imposé aux juges l'obligation de prononcer la déchéance du grevé, ou bien a-t-elle laissé aux magistrats un certain pouvoir d'appréciation ? Nous inclinons vers la seconde interprétation de l'article 1057. La loi a, sans aucun doute, voulu frapper le grevé d'une peine ; mais, les juges sont libres de la lui appliquer ou de ne pas le faire ; et, en effet, l'article dit : *le droit pourra être déclaré ouvert,* ce qui indique bien que les juges apprécieront souverainement s'il y a eu faute de la part du grevé. Cette interprétation de l'article nous paraît très sage.

2° *Confection d'un inventaire*. — Il doit être procédé à un inventaire qui a pour but d'établir la consistance des biens grevés de substitution. Cet inventaire doit comprendre les immeubles aussi bien que les meubles ; mais, il doit contenir la prisée à juste prix des meubles et effets mobiliers (art. 1058). Cette formalité n'est pas requise, lorsqu'il s'agit d'un legs particulier ou d'une donation entre-vifs ; de plus, l'estimation ne s'applique pas aux créances et aux rentes.

C'est au grevé qu'incombe l'obligation de faire dresser l'inventaire ; il doit y faire procéder en présence du tuteur à la substitution et dans le délai de trois mois à compter du décès du testateur (art. 795 et 1059).

Si le grevé n'accomplit pas son obligation, il est procédé à l'inventaire dans le mois suivant à la diligence du tuteur, et en présence du grevé ou de son tuteur ; il suffit du reste de faire sommation au grevé de s'y trouver (art. 1060). Enfin, l'article 1061 donne aux personnes désignées en l'article 1057, c'est-à-dire à celles qui peuvent faire prononcer la déchéance, le droit de faire dresser l'inventaire.

3° *Vente du mobilier*. — La troisième obligation incombant au grevé consiste à faire vendre les meubles et effets mobiliers compris dans la substitution ; cette disposition ne s'applique pas aux meubles incorporels, tels que les créances, les rentes, les actions ou obligations. Mais, il y aura lieu de convertir les titres au porteur en titres nominatifs.

La vente est publiée par affiches et faite aux enchères. La loi n'a pas fixé de délai ; mais il est facile d'y suppléer, l'article 1062 imposant au grevé l'obligation de faire emploi des deniers provenant de la vente dans les six mois à compter de l'inventaire.

On ne doit pas comprendre dans la vente les meubles meublants et autres choses mobilières, qui auraient été mis au nombre des biens frappés de substitution à la condition expresse de les conserver en nature : ces objets sont rendus par le grevé dans l'état où ils se trouvent lors de la restitution (art. 1063). Le grevé répond du reste de l'usure et des détériorations provenant de sa faute ou de sa négligence (art. 589).

L'article 1064 excepte encore de la vente les bestiaux et ustensiles servant à l'exploitation des terres ; ces cho - ses étant immeubles par destination, il était évident que l'article 1062 ne les atteignait pas ; aussi, cet article 1064, aujourd'hui inutile, ne s'explique-t-il que par sa rédaction antérieure à celle de l'article 524.

4° *Emploi des deniers*. — C'est dans le but de garantir les appelés des dissipations du grevé, que la loi a imposé à ce dernier l'obligation d'employer les deniers qu'il a entre les mains (art. 1065).

Cette disposition s'applique aux sommes faisant l'objet de la substitution, et à celles provenant de la vente du mobilier ou du remboursement des créances.

Le délai de l'emploi varie : il est de six mois pour toutes les sommes que le grevé se trouve avoir à sa disposition avant la clôture de l'inventaire, et, dans ce cas, le délai court de la clôture de l'inventaire ; il est de trois mois pour les sommes qui sont versées au grevé après cette époque. Ces délais peuvent être prolongés (art. 1065 et 1066).

Quant au mode d'emploi, la loi prescrit de suivre la volonté du disposant; s'il ne l'a pas exprimée, l'emploi ne peut être fait qu'en immeubles ou avec privilège sur des immeubles (art. 1067). Cette dernière disposition est sévère : il n'est pas toujours facile d'acheter une créance privilégiée, ou de payer un créancier privilégié en se faisant subroger par lui (art. 1250-1°). Aussi convient-on généralement que le placement par première hypothèque serait suffisant[1].

Nous devons ajouter que, depuis la loi du 3 juillet 1802, le remploi peut être fait en rentes trois pour cent sur l'État.

Les débiteurs ne seraient pas responsables du défaut de remploi; ils n'ont pas besoin d'appeler le tuteur pour se libérer valablement[2].

§ II. — MESURES DE GARANTIE PRESCRITES DANS L'INTÉRÊT DES TIERS
PUBLICITÉ DES SUBSTITUTIONS

Nous abordons l'étude des formalités de publicité prescrites par la loi dans l'intérêt des tiers, pour empêcher qu'ils puissent être induits en erreur sur les droits et la position de fortune du grevé. C'est dans l'ordonnance de

[1] Dalloz. — J. G., *Substitutions*, n° 387.
[2] Dalloz. — J. G., *Substitutions*, n° 390 et 391.

1747, que les rédacteurs du Code ont puisé ces règles. La loi du 23 mars 1855 sur la transcription n'a pas dérogé sur ce point aux règles tracées par le Code (art. 11-6ᵉ al.).

Le législateur a voulu que le testament même fut rendu public, contrairement à ce qui se passe d'ordinaire; on comprend, en effet, combien il est nécessaire d'avertir les tiers que l'héritier légitime du disposant est chargé de restituer par le testament du *de cujus.*

— Pour les immeubles, la substitution est rendue publique, à la diligence du grevé ou du tuteur à la substitution, par la transcription des actes qui renferment la disposition, c'est-à-dire de la donation entre-vifs, du testament, ou des actes contenant acquisition d'immeubles frappés de substitution (art. 1069).

Dans l'hypothèse prévue par l'article 1052, il faut transcrire la nouvelle disposition et la mentionner en marge de la première, afin de la porter à la connaissance des tiers qui constateront cette première donation.

Quant aux sommes placées avec hypothèque ou privilège sur des immeubles, on publie la substitution soit par une annotation écrite en marge des inscriptions déjà prises à raison de ces créances, soit par la relation de l'acte de substitution dans les inscriptions à prendre (art. 1069).

On suit le même mode de publicité pour les sommes placées en remploi; l'article 1069 ne distingue pas entre ces deux espèces de créances. Quant aux acquisitions immobilières de cette espèce, on les rend publiques par la transcription de l'acte d'acquisition qui indique le remploi.

— Supposons que les formalités de publicité ont été remplies; quelle en est la conséquence? Dès ce moment, les tiers qui traitent avec le grevé ne peuvent plus alléguer l'ignorance de la substitution. Ainsi, les tiers qui achètent du grevé les immeubles frappés de substitution, ceux de ses créanciers qui reçoivent des hypothèques sur les biens à restituer, sont présumés connaître la cause de résolution qui menace leurs droits; de même, le débiteur d'une créance hypothécaire comprise dans la substitution, qui se libérerait entre les mains du grevé après l'ouverture des droits des appelés, pourrait être contraint à payer une seconde fois.

Du reste, rien ne saurait remplacer l'accomplissement des formalités que nous avons énumérées, et la connaissance de la substitution que les tiers intéressés pourraient avoir acquise par d'autres voies, ne peut couvrir le défaut de publicité (art. 1071).

L'article 33 du titre II de l'ordonnance de 1747 le décidait déjà. « On aurait pu en douter, disait Pothier; car ces formalités n'ayant été établies que pour empêcher que ceux qui contracteraient avec le grevé ne fussent induits en erreur, il aurait pu sembler que ceux qui n'ont pu être induits en erreur à cause de la connaissance qu'ils avaient de la substitution, ne peuvent se plaindre ni opposer qu'elle n'a pas été insinuée [1]. »

— Quelles personnes peuvent opposer aux appelés le défaut de transcription? L'article 1070 nous répond que ce sont les créanciers du grevé et les tiers qui ont traité

---

[1] *Substitutions*, section I, art VI, § 6, n° 35 (t. VIII, p. 465).

avec lui. Ce sont d'abord les créanciers soit chirographaires, soit hypothécaires; mais, en ce qui concerne les
créanciers simplement chirographaires, nous sommes disposé à admettre qu'ils ne peuvent pas se prévaloir du
défaut de transcription, s'ils n'ont pas frappé de saisie le
bien substitué[1]. Ce sont ensuite les tiers, qui ont acquis
du grevé des immeubles compris dans la substitution, ou
au profit desquels le grevé a constitué à titre onéreux des
droits réels sur ces biens. « La publication et l'insinuation des substitutions étant requises, disait Pothier,
afin que ceux qui pourraient contracter avec le grevé ne
fussent pas induits en erreur, par le défaut de connaissance qu'ils en auraient, il suit de là que le défaut de
publication et d'insinuation peut être opposé par les acquéreurs qui auraient acquis à titre onéreux des biens
substitués, du grevé de la substitution; c'est pourquoi, si
après l'ouverture de la substitution, le substitué les revendique contre eux, ils excluront, par l'exception de ce
défaut, la demande en revendication du substitué. Ce
défaut peut pareillement être opposé par les créanciers
hypothécaires du grevé; c'est pourquoi si ces créanciers
donnent, après l'ouverture de la substitution, une action
hypothécaire contre le substitué qu'ils trouveront en possession des biens compris en la substitution, qui, auparavant son ouverture, appartenaient au grevé, leur débiteur, et que le substitué contre cette demande excipe de la
substitution, et prétende que son ouverture a éteint leur
hypothèque sur les biens substitués, comme elle a éteint

le droit du grevé, leur débiteur, ces créanciers, en opposant le défaut de publication et d'insinuation de la substitution, feront tomber cette exception des substitués[1]. »

Faut-il accorder le même droit aux ayants cause à titre gratuit du grevé ? Nous ne le pensons pas ; nous allons même plus loin : nous disons qu'il existe à cet égard une disposition formelle, celle de l'article 1072. Nous expliquerons plus bas comment nous entendons cette disposition. Du reste, on convient généralement que les ayants cause à titre gratuit du grevé ne peuvent pas exciper du défaut de publicité de la substitution ; on ne se fonde pas comme nous sur le texte de l'article 1072, mais sur le sens de l'article 1070, dont les mots *tiers acquéreurs* paraissent bien s'appliquer seulement aux acquéreurs à titre onéreux[2]. Cette interprétation semble également résulter de l'assimilation que l'article fait des tiers acquéreurs aux créanciers, et de la rédaction de la disposition différente de celle de l'article 941. Enfin, on invoque l'opinion de Pothier, qui n'hésitait pas à refuser aux ayants cause à titre gratuit du grevé le droit d'opposer le défaut d'insinuation[3], mais, précisément, Pothier s'appuyait pour dénier ce droit aux donataires et légataires particuliers du grevé sur un texte formel, l'article 34 du titre II de l'ordonnance de 1747, et, d'après nous, l'article 1072 n'a pas d'autre sens que cet article 34, dont il est la reproduction à peu près littérale.

Quant aux héritiers et légataires universels du grevé,

---

[1] *Substitutions*, sect. I, art. IV, § 6, n° 35 (t. VIII, p. 464 et 465).
[2] MM. Aubry et Rau, t. VI, p. 48, note 47.
[3] *Substitutions*, sect I, art. IV, § 6, n° 38. (t. VIII. p. 465).

il est évident que, succédant à l'obligation personnelle du grevé, ils ne seraient pas recevables à se prévaloir de l'inaccomplissement des formalités de publicité imposées au grevé. D'ailleurs le texte de l'article 1072, tel que nous l'interprétons, nous parait encore formel sur ce point.

En résumé, on peut dire que le défaut de transcription a surtout pour effet de rendre irrévocables les hypothèques et les aliénations consenties par le grevé.

Tel est donc le sens de l'article 1070; telles sont les conséquences du défaut de publicité de la substitution; et l'on voit que la doctrine est arrivée assez facilement à se mettre d'accord sur cette première disposition.

— Il n'en est pas de même de la seconde disposition, celle de l'article 1072; c'est sur cet article que s'est engagée entre les commentateurs une lutte qui ne paraît pas près de finir.

Trois interprétations de l'article 1072 ont été proposées; d'après la première, cet article n'est qu'une copie de l'article 34 du titre II de l'ordonnance de 1747; il faut l'entendre dans le même sens que cet article 34: l'article 1072, inutile en ce qui concerne le grevé et ses successeurs universels, tranche cependant, comme nous l'avons déjà dit, la question de savoir si les ayants-cause à titre gratuit du grevé peuvent exciper du défaut de transcription.

Les partisans de la seconde interprétation, tout en admettant, comme ceux de la première, que l'article 1072 a trait à la transcription de la substitution, soutiennent qu'il ne s'agit pas, dans cette disposition, du grevé et de ses ayants cause à titre gratuit, mais des donataires, légataires et héritiers de l'auteur de la substitution, *autres que le grevé*, et de leurs héritiers, légataires ou ayants cause à titre gratuit ; l'article 1072 n'a plus le même sens que l'article 34 de l'ordonnance ; il n'a même plus aucun sens : c'est une disposition complétement inutile dans le Code.

Enfin, un troisième système est proposé par M. Demolombe ; ce système diffère tout à fait des deux premiers ; d'après l'éminent jurisconsulte de Caen, il n'est pas seulement question dans l'article 1072 de la transcription de l'acte considéré comme substitution, mais aussi *de la transcription de l'acte en tant qu'il contient une première disposition au profit du grevé*. L'article 1072 modifie l'article 941 en matière de substitution : les ayants cause à titre gratuit du disposant ne peuvent pas opposer aux appelés le défaut de transcription de la disposition en premier ordre.

Nous n'hésitons pas à nous rallier à la première interprétation ; nous allons indiquer rapidement les raisons qui nous déterminent ; puis nous exposerons brièvement les deux autres systèmes.

Voici ces raisons qui sont entièrement tirées de l'origine de la rédaction de l'article 1072 : il est évident que les articles 1069, 1070, 1071 et 1072 sont la reproduction presque littérale des articles 18, 32, 33 et 34 du titre II de l'ordonnance de 1747. Cette conformité de rédaction est surtout frappante, lorsque l'on compare l'ancien article 34 et l'article 1072 actuel. L'article 34 était ainsi conçu : « Les donataires, héritiers institués, légataires universels ou particuliers, même les héritiers légitimes de celui qui aura fait la substitution, ni pareillement leurs donataires, héritiers institués ou légitimes, et légataires universels ou particuliers, ne pourront, en aucun cas, opposer aux substitués *le défaut de publication et d'enregistrement de la substitution* ». L'article 1072 dit : « Les donataires, les légataires, ni même les héritiers légitimes de celui qui aura fait la disposition, ni pareillement leurs donataires, légataires ou héritiers, ne pourront, en aucun cas, opposer aux appelés le défaut de transcription ou inscription ». L'article 1072 est bien la copie à peu près conforme de l'article 34 du titre II de l'ordonnance de 1747.

Quel était donc le sens de cet article 34 ? Tous les anciens auteurs, à l'exception de Furgole, admettent que l'article 34 a trait *au grevé lui-même et à ses héritiers ou ayants cause à titre gratuit*. Mais, dira-t-on, il était bien inutile d'écrire, dans l'ordonnance de 1747, une disposition pour défendre au grevé, chargé lui-même de rendre publique la substitution, de se prévaloir de sa négligence ; il était bien certain qu'il ne pouvait pas opposer aux appelés le défaut de publication ! Il semble bien, en effet, qu'il n'eût dû venir à l'esprit de personne que le grevé pût se faire un titre à l'égard des appelés de l'omission d'une formalité qu'il était chargé de remplir ; et cependant, quelques jurisconsultes avaient soutenu, depuis la déclaration du 17 novembre 1690, que ce droit exorbitant appartenait au grevé. Ricard s'élevait avec force contre cette doctrine[1] ; mais, la difficulté parut

---

[1] *Des Substitutions*, partie II, ch. XIII, sect. II, nᵒˢ 12 et s.

assez sérieuse pour devoir être tranchée dans la déclaration du 18 janvier 1712 : elle le fut dans le sens de l'opinion de Ricard. Or, la disposition de l'ordonnance de 1712 passa dans l'article 34 du titre II de l'ordonnance de 1747. C'est ainsi que s'explique la rédaction de cet article 34; il est donc bien certain qu'il avait trait aux donataires, héritiers institués, légataires universels ou particuliers, héritiers légitimes *grevés de restitution*, et à leurs héritiers et ayants-cause à titre gratuit.

Il est vrai que la disposition de l'article 34 pouvait paraître inutile en ce qui concerne le grevé et ses successeurs universels ; et, en effet, il est à remarquer que Pothier ne se réfère pas à l'article 34 quant au grevé et à ses successeurs universels : « Les héritiers du grevé, ses légataires universels, dit-il, ne peuvent opposer le défaut d'insinuation, car ils succèdent à toutes les obligations du grevé, et par conséquent à celle qu'il a contractée de restituer les biens compris dans la substitution aux substitués lors de son ouverture »[1]. Mais, plus loin, Pothier invoque la disposition de l'article 34 pour refuser aux *ayants cause à titre gratuit du grevé* le droit de se prévaloir vis-à-vis des appelés du défaut de publication. « Non seulement les successeurs universels du grevé ne peuvent opposer le défaut d'insinuation, ajoute-t-il, l'ordonnance, *article* 34, veut qu'il ne puisse être opposé *par les donataires et légataires particuliers des biens substitués*. La raison est que ces formalités ayant été établies pour que ceux qui contracteraient avec le grevé ne puissent

---

[1] *Substitutions*, sect. I. art. IV, § 6. n° 38, (t. VIII, p. 465).

être induits en erreur, ce n'est qu'en faveur de ceux qui contracteraient à titre onéreux qu'elles sont établies, et non pas en faveur des donataires et légataires, à qui l'acquisition qu'ils ont faite des biens substitués ne peut jamais préjudicier, puisqu'il ne leur en a rien coûté pour les acquérir »[1].

Nous pensons donc qu'il faut, comme le faisait Pothier pour l'article 34, considérer l'article 1072 comme inutile dans sa première partie, c'est à-dire en ce qui concerne *le grevé*, et même dans sa seconde partie, en ce qui touche *les successeurs universels du grevé*; mais cet article tranche utilement, dans le sens de la négative, la question de savoir si les *ayants cause à titre particulier et gratuit du grevé* peuvent opposer aux appelés le défaut de transcription[2].

—D'après la seconde interprétation de l'article 1072, le Code, après avoir parlé dans l'article 1070 des ayants cause du grevé, s'occupe, dans l'article 1072 des *ayants cause du donateur ;* des ayants cause du donateur, dit-on, parce que, s'il s'agissait d'un testateur, on ne comprendrait pas l'intérêt des ayants cause de ce testateur, à titre gratuit ou onéreux, d'opposer le défaut de transcription ; le grevé seul y aurait intérêt : il ne le peut évidemment pas, puisque c'est à lui qu'incombe l'obligation de faire transcrire. L'article 1072 est la repro-

---

[1] *Loco citato*, n° 38, (t. VIII, p. 466). — V. dans le même sens, Argou, *Institutions au droit français*, t. 1, p. 378. — Thévenot, des *Substitutions*, sect. VI, ch. XLIII, § 3.

[2] V. Mourlon, *traité de la transcription*, t. II. n° 430, et *revue pratique de droit français*, 1864, t. XVII, p. 477. — *Revue critique de législation*, 1859, t. XIV, p. 14 et s.

duction de l'article 34 du titre II de l'ordonnance de
1747, où cette disposition avait été insérée, à ce que l'on
prétend, afin de prévenir toute confusion entre la publicité de la donation, l'insinuation, et la publicité de la
substitution. Aujourd'hui, les règles de la transcription
de la donation sont tracées par les articles 939 à 942 du
Code. L'article 1072 dit que les donataires, les légataires,
ni même les héritiers légitimes, *autres que le grevé*, de
celui qui aura fait la disposition, ni pareillement leurs
donataires, légataires ou héritiers ne pourront, en aucun
cas, opposer aux appelés le défaut de transcription ou
inscription. Mais, il n'était pas nécessaire de le dire ; car
de deux choses l'une : ou la disposition en faveur du grevé
a été transcrite, et, dans ce cas, les ayants cause du donateur, quels qu'ils soient, ne sont pas admis à opposer
le défaut de transcription de la substitution, puisque cette
formalité ne les concerne en rien ; ou la donation faite au
grevé n'a pas été publiée, et alors, sans s'inquiéter de ce
qui peut avoir été rendu public relativement à la substitution, les ayants cause du donateur, soit à titre onéreux,
soit à titre gratuit feront tomber la substitution en atta-
quant par la base la disposition en premier ordre. Mais,
en aucun cas le grevé ne pourrait se prévaloir à l'égard
des appelés du défaut de transcription, pas plus que ses
héritiers ou ayants cause à titre gratuit [1]. Tel est ce second
système qui tient l'article 1072 pour inutile dans le Code,
mais qui, en résumé, aboutit aux mêmes résultats pratiques que la première interprétation.

[1] M. Bugnet sur Pothier, t. VIII, p. 466. note I.

— Une troisième explication a été tentée : on a voulu donner un autre sens à cette disposition de l'article 1072 qui, d'après la seconde interprétation, est complétement inutile, et qui, d'après notre système, est en grande partie sans utilité ; on a dit que les deux dispositions des arti-cles 1070 et 1072 n'ont pas trait, comme nous le soutenons, seulement à la publicité de l'acte considéré comme substitution, mais qu'elles se réfèrent à la publicité de l'acte envisagé tout à la fois comme donation et comme substitution[1]. Il s'ensuivrait que le défaut de transcription de la disposition en premier ordre ne serait plus régi par l'article 941, c'est-à-dire que toute personne inté-ressée ne pourrait pas opposer le défaut de transcription de la donation ; il faudrait recourir à nos dispositions exceptionnelles et il ne serait pas permis, d'après l'article 1072, aux ayants cause à titre gratuit du donateur de se prévaloir du défaut de publicité. C'est la reproduction de l'opinion isolée de Furgole dans notre ancien droit.

Il est vrai qu'en général les partisans de cette doctrine ajoutent que l'article 941 a été modifié par nos deux arti-cles seulement *en faveur des appelés*, et que, si les dona-taires ou légataires de l'auteur de la substitution ne peuvent opposer aux appelés le défaut de transcription de l'acte considéré dans son ensemble, ils sont, d'après l'article 941, admis à opposer *au grevé* le défaut de transcription de la donation faite à son profit. En pareil cas, les biens resteraient, d'après ce système, entre les mains des donataires ou légataires, mais *avec la charge*

<hr>

1 M. Demolombe, *Donations et testaments*, t. t. V. n° 536, p. 474 et s.

de les restituer, quoique cette obligation ne leur ait pas été imposée à eux-mêmes, comme ils seraient restés entre les mains du grevé, si la transcription de la donation avait eu lieu[1].

— Telles sont, dans leur ensemble, les mesures prescrites par la loi dans l'intérêt des appelés et des tiers. Nous devons maintenant revenir à ce qui est l'objet propre de notre étude ; nous avons à établir aussi nettement que possible quels sont les droits du grevé et des appelés.

§ III. — DROITS DU GREVÉ.

Jusqu'au jour de l'ouverture de la substitution, le grevé doit être considéré comme propriétaire des biens compris dans la substitution. Pothier déclare que le grevé est avant l'ouverture de la substitution *le vrai et seul propriétaire des biens substitués*[2]. Sans doute, le droit du grevé est soumis à une condition résolutoire, ou, pour parler plus exactement, ce droit *finira peut être un jour* ; mais, le grevé n'en est pas moins propriétaire actuel des biens substitués.

Le grevé a le droit de se comporter en maître absolu des biens frappés de substitution[3]. Il est vrai que sa faculté de disposition est restreinte quant aux meubles

---

[1] M. Demolombe, n° 511. — MM. Aubry et Rau, t. VI, p. 49, note 49.

[2] *Substitutions*, section V, art. I, n° 154, (t. VIII, p. 506).

[3] Requêtes, 5 mai 1830, Dalloz., J. G. *Substitutions*, 391, 1. Civ. cas. 20 janvier 1840, Ibidem 394, 2° — Paris 25 juillet. D. P. 1851. — 2 — 270.

(art. 1062); mais, elle est pleine et entière quant aux immeubles. Les aliénations par lui consenties, les servitudes ou les hypothèques qu'il établit, ne peuvent en aucune manière être contestées par les appelés ou par les tiers avant l'ouverture de la substitution.

Mais, les appelés et le tuteur seraient-ils autorisés à faire, avant cette époque, des actes conservatoires? Nous le pensons : les appelés ont, en effet, un droit éventuel aux biens, droit qui suffit à légitimer de pareilles mesures (art. 1180). Ainsi, ils pourraient agir contre les tiers acquéreurs, à l'effet d'interrompre le cours de la prescription.

On comprend assez facilement que le grevé est propriétaire sous condition résolutoire; mais, ces termes ne suffisent pas à déterminer exactement sa position; en effet, étant placé le plus souvent par la volonté du disposant à la tête d'un patrimoine, ce n'est pas seulement d'actes de disposition que nous avons à nous occuper, mais aussi d'une foule d'autres actes plus ou moins importants, auxquels le possesseur d'un patrimoine est exposé.

Il est assez difficile, quand on entre dans le détail de ces actes, d'établir quels seront leurs effets à l'égard des appelés. Notre Code ne s'est pas expliqué sur ce point ; mais son silence même semble bien nous indiquer qu'il s'en est référé aux dispositions de l'ordonnance de 1747 et aux principes généraux.

Il nous paraît évident que le grevé est préposé, par la volonté du disposant, à l'administration des biens substitués dans l'intérêt commun de tous les ayants droit, il peut donc faire leur condition meilleure. Mais faut-il s'en tenir là ? Ce serait une décision bien rigoureuse. Il vaut mieux suivre la doctrine de nos anciens auteurs qui faisaient du grevé une sorte de représentant des appelés, dont on validait même les actes qui pouvaient compromettre les droits des appelés, lorsqu'il y avait nécessité de le faire.

—Nous allons passer en revue les principaux actes, qui peuvent être accomplis pendant la jouissance du grevé.

Le grevé est autorisé à poursuivre la rentrée de toutes les créances faisant partie de la substitution et à en donner quittance, sans le concours du tuteur nommé à l'exécution. Si cependant ce dernier avait formé opposition entre les mains des débiteurs, le paiement ne pourrait être valablement fait hors sa présence.

Nous avons vu que le grevé était tenu de faire emploi des deniers qui lui sont versés; mais, ce n'est pas là une condition de la validité des paiements qui lui sont faits. Et cela, même en ce qui concerne les rentes et les capitaux, à l'égard desquels la formalité prescrite par l'article 1069 a été remplie[1]. M. Demolombe admet cependant que, lorsque l'emploi a été fait conformément à l'article 1068 en présence du tuteur, l'opposition n'est pas nécessaire pour que le tuteur ait le droit d'être présent au remboursement[2]; ce serait d'après lui une condition de la libération des débiteurs.

Le grevé peut-il céder les créances comprises dans la

---

[1] Ordonnance de 1747, t. II, art. 15,
[2] *Donations et testaments*, t. V, n° 564, p. 501 et 505.

substitution ? Les appelés peuvent-ils, après l'ouverture de leurs droits, faire annuler les cessions par lui consenties ? Nous croyons que le grevé étant propriétaire, quoique sous condition résolutoire, il a le droit de céder les créances. En effet, on ne comprendrait pas qu'il ne pût pas céder des créances, lorsqu'il a le droit de les toucher et d'en donner quittance. Peut-être faut-il admettre que les appelés pourraient réclamer contre les tiers porteurs les créances cédées, qui existeraient encore en nature au moment de l'ouverture de leurs droits, et à l'égard desquelles les formalités de publicité auraient été remplies. Cette opinion est partagée par M. Demolombe[1].

Il nous paraît hors de doute que le grevé puisse consentir des baux ; comment lui contesterait-on ce droit qui est accordé à un simple usufruitier (art. 595) ? Nous pensons même que ces baux seraient obligatoires pour les appelés, dans le cas où ils auraient été faits pour plus de neuf années, s'ils avaient été passés sans fraude (art. 1673), et s'ils n'arrivaient pas à constituer par leur durée un des actes que la loi de 1855 soumet à la formalité de la transcription (art. 2).

Quant aux actions, il est incontestable que le grevé a qualité pour exercer toutes celles, personnelles ou réelles, qui sont relatives aux biens compris dans la substitution. Réciproquement, les tiers peuvent faire valoir contre le grevé tous les droits qu'ils prétendent avoir sur ces mêmes biens. Mais, quel est le sort des jugements rendus en faveur du grevé ou contre lui ? Quant aux premiers, ils

---

1 *Loco citato*, n° 563, p. 505.

profitent évidemment aux appelés. Les seconds, au contraire, sont à leur endroit *res inter alios acta*, même rendus sans fraude ni collusion, à moins qu'ils n'aient été prononcés contradictoirement avec le tuteur nommé à la substitution et sur les conclusions du ministère public. L'ordonnance de 1747 (t. II, art. 49 et 50) décidait déjà que les jugements et arrêts rendus contre le grevé n'étaient opposables aux appelés que sous la double condition, qu'ils auraient été rendus contradictoirement avec le tuteur à la substitution et sur les conclusions des gens du Roi. Si ces deux conditions sont remplies, les appelés ne pourront attaquer les jugements que par les voies ouvertes au grevé lui-même.

Le grevé ne pourrait pas procéder seul au partage des biens frappés de substitution ; il devrait y appeler le tuteur à la substitution. De plus, ce partage ne pourrait avoir lieu que dans les formes prescrites pour les partages dans lesquels des mineurs se trouvent intéressés.

— En ce qui concerne la prescription, est-ce la personne du grevé qui doit être considérée, pour savoir si la prescription a pu ou non courir au profit des tiers, avant l'ouverture de la substitution ? Cette question est très controversée. D'après nous, c'est contre le grevé que s'accomplissent les prescriptions qui courent durant sa jouissance et les appelés ne peuvent en aucun cas prétendre, lorsque s'ouvre la substitution, que la prescription n'a pas pu courir contre eux. C'était la doctrine qui prédominait dans notre ancien droit[1].

---

[1] Domat, *Lois civiles* liv. V, titre III, sect. III, n° 13. — Ricard, *des Substitutions*, ch. XIII, n°° 92 à 13.

Du reste, nous ne parlons ici que des tiers qui ne tiennent pas leurs droits du grevé, et c'est pour eux seulement que nous disons que la prescription, qui s'accomplit contre le grevé, s'accomplit en même temps contre les appelés. Nous aurons, lorsque nous nous occuperons des droits des appelés, à revenir sur cette question de la prescription en ce qui concerne les actions que peuvent exercer les appelés contre les tiers ayants cause du grevé.

Notre question étant ainsi délimitée, il nous semble qu'on ne rencontre dans les dispositions du Code aucune cause de suspension, qui puisse être invoquée en faveur des appelés. Quant à la maxime : *contrà agere non valentem non currit præscriptio*, dont quelques auteurs ont prétendu faire l'application à notre matière[1], il est évident que les appelés ne sauraient s'en prévaloir, puisque, dès avant l'ouverture de leurs droits, eux-mêmes et, à leur défaut, le tuteur à la substitution peuvent interrompre le cours de la prescription.

Les mêmes auteurs ont encore prétendu trouver en faveur des appelés une cause de suspension de la prescription dans le caractère conditionnel de leur droit; ils ont invoqué l'article 2257 pour prouver que la prescription ne doit pas courir contre les appelés même majeurs. Mais, ces auteurs se prévalent à tort de l'article précité; car la règle qu'il établit ne s'applique qu'à la prescription libératoire, et non pas à la propriété conditionnelle; or, l'appelé est propriétaire conditionnel des biens substitués : par conséquent son droit est prescriptible.

---

1 Grenier, t. III, p. 333. — Vazeille., *des prescriptions*, t. I. p. 300 et 304.

On a mis en avant un autre argument fondé sur la prétendue inaliénabilité des biens compris dans la substitution ; il est facile de répondre qu'on ne peut pas voir, en matière de substitution, une véritable inaliénabilité ; cette idée est fausse : nous ne trouvons en notre matière qu'une résolution du droit du grevé, résolution qui se produit au moment où s'ouvrent les droits des appelés.

Enfin, Duranton, tout en admettant que la prescription devait s'accomplir au préjudice des appelés, même avant l'ouverture de leurs droits, a prétendu trouver dans l'état de minorité ou d'interdiction des appelés une cause de suspension de cette prescription[1] ; mais, l'éminent commentateur nous paraît avoir confondu deux classes d'actions : oui, sans doute, s'il s'agit de prescription ac - quisitives s'accomplissant au profit de tiers qui tiennent leurs droits du grevé, la minorité des appelés pourrait être une cause de suspension ; mais pourquoi ? Parce que dans cette hypothèse, les tiers prescrivent non pas contre le grevé, qui ne serait pas recevable à attaquer les aliénations qu'il a consenties, mais contre les appelés, qui seuls ont le droit de critiquer ces aliénations. Il faut même aller plus loin et dire que ces actions ne se prescrivent pas contre les appelés. Au contraire, s'il est question, comme nous l'avons supposé, de prescriptions extinctives de créances comprises dans la substitution ou de prescriptions acquisitives en faveur de tiers qui possédent sans titre ou qui ne tiennent pas leur titre du grevé, les actions prescrites sont celles qui appartiennent au

____
[1] T. IX, n° 610.

grevé; les appelés n'en ont pas d'autres : par conséquent ces actions se prescrivent contre le grevé et non contre les appelés.

Cette distinction était déjà faite par nos anciens auteurs. Pothier écrivait : « En vain le substitué alléguerait-il qu'il était mineur pendant que cette prescription a couru, ou même qu'il n'était pas né, ni même conçu, et qu'ainsi la prescription n'a pu courir contre lui. La réponse est que ce n'est pas aussi contre lui qu'a couru ni dû courir la prescription de ces droits, puisque ce n'était pas en sa personne qu'ils résidaient; qu'elle n'a couru et dû courir que contre la personne de l'héritier grevé, en la personne seule duquel ils résidaient[1]. »

En règle générale, la prescription accomplie en faveur du grevé doit profiter aux appelés, qu'elle soit extinctive ou acquisitive.

— Nous reconnaissons sans hésiter au grevé le pouvoir de transiger relativement aux biens compris dans la substitution. La raison et la nécessité exigent que nous lui accordions cette faculté; mais, nous ajoutons que la transaction ne serait pas opposable aux appelés, si elle n'avait pas été faite avec le concours du tuteur, et avec les formalités prescrites pour les transactions qui intéressent des mineurs (art. 467 et 2045. — Ordonnance de 1747, t. II, art. 53).

— Le grevé, en sa qualité de propriétaire, administre et entretient les biens; l'éventualité de restitution qui pèse sur lui l'oblige à apporter à cet entretien et à cette con-

---

[1] Des *Substitutions*, sect. V, art. I, n° 156. (t. VIII, p. 506).

servation des biens *tous les soins d'un bon père de famille*. De là, l'obligation d'interrompre toutes les prescriptions qui courraient au profit de tierces personnes.

Le grevé est-il tenu de faire toutes les réparations, même celles qui sont qualifiées par le Code *grosses* réparations et dont un usufruitier est déchargé (art. 605)? Nous le pensons; c'était déjà la doctrine de notre ancien droit[1]. Mais, le grevé pourra répéter ses impenses contre les appelés, quand il leur restituera les biens; il faut même admettre qu'il devrait être autorisé par justice soit à contracter un emprunt, dont le capital serait à la charge des appelés, soit même à vendre une partie des biens sub - stitués.

Supposons que le grevé ait élevé des constructions nouvelles ou qu'il ait fait d'autres améliorations aux biens qu'il est tenu de restituer; devons-nous à cet égard l'assimiler à un usufruitier et le priver de tout recours (art. 599 2ᵉ al.)? Nous ne le pensons pas; il est impossible que le grevé, quoique propriétaire sous condition résolutoire, n'ait pas dans son administration des biens plus de latitude que l'usufruitier. Ce dernier peut s'adresser au nu-propriétaire avant d'entreprendre des améliorations ou de faire des constructions sur les biens dont il jouit; de là vient la disposition rigoureuse de l'article 599. Le grevé, au contraire, ne peut pas consulter les appelés; il est bien contraint d'agir *motu proprio*; dès lors il serait injuste de le priver de tout recours. Du reste, nous n'ad-

---

[1] Pothier, *Des Substitutions*, sect. IV, art. II, § 2, nᵒˢ 136-138, (t. VIII p. 500).

mettons une réclamation de la part du grevé que dans la limite de la plus-value qu'il a donnée aux biens qu'il restitue. Pothier indiquait cette solution[1].

Mais, il faudrait décider autrement s'il s'agissait de dépenses voluptuaires, ou d'une acquisition nouvelle faite par le grevé[2]. La portion indivise d'un bien substitué acquise par le grevé ne rentrerait pas dans la substitution: c'est là une acquisition nouvelle[3].

— Quant aux fruits des biens substitués, il est bien certain qu'ils appartiennent au grevé aussi longtemps que le droit des substitués n'est pas ouvert; mais, à partir de quel moment cessent-ils d'appartenir au grevé? A quelle époque les appelés y ont-ils droit? C'est là une question très controversée, question qui avait également été agitée dans l'ancien droit, et tranchée définitivement par l'article 40 du titre I de l'ordonnance de 1747, qui fixait à la demande en délivrance ou à la délivrance volontairement consentie le point de départ de la jouissance des appelés.

Le Code n'a pas reproduit cette disposition, soit quant à la demande en délivrance, soit quant à l'entrée en jouissance des appelés. Aussi plusieurs systèmes ont-ils été soutenus sur cette question. Quelques auteurs ont proposé d'appliquer ici les règles posées par la loi en matière de legs; d'après cette opinion, les appelés ont droit aux fruits à compter de l'ouverture de la substitution, si elle est universelle ou à titre universel, à condition que la de-

---

[1] *Loco citato*, n° 138 (t. VIII, p. 501).
[2] Pothier, *loco citato.* § 1, n° 125, (t. VIII, p. 497).
[3] V. en sens contraire, Pothier, loco citato, n° 122 in fine, (t. VIII p. 495.)

mande en délivrance soit formée dans l'année (art. 1005). D'autres ont préféré suivre les traditions anciennes, et décider que les appelés n'ont droit aux fruits qu'à partir de la demande en délivrance [1]; les partisans de ce système font remarquer avec raison que la position des appelés n'est pas la même que celle des légataires; que ces derniers peuvent ignorer la disposition faite en leur faveur; que les appelés, au contraire, connaissent nécessairement leurs droits dès avant leur ouverture.

Nous n'hésitons pas à repousser l'une et l'autre de ces solutions et nous croyons que le grevé n'a jamais droit aux fruits que jusqu'au jour de l'ouverture de la substitution. Notre opinion se rattache, du reste, à la solution que nous donnerons plus loin sur la question de savoir si les appelés sont *saisis* des biens compris dans la substitution ; qu'il nous suffise de dire pour le moment que, d'après nous, les appelés n'ont pas à former une *demande en délivrance*. Aux termes de l'article 1053, les *droits des appelés sont ouverts à l'époque où la jouissance du grevé cesse;* l'ouverture de la substitution a donc pour effet *d'éteindre tous les droits* du grevé et de *faire naitre tous les droits* des appelés. Et, si les droits des appelés sont ouverts *ipso jure*, sans aucune formalité, il n'y a aucune raison de leur contester le droit aux fruits, droit qui est la conséquence nécessaire du droit de propriété (art. 546)[2].

[1] MM. Aubry et Rau, t. VI, p. 51.

[2] M. Demolombe, *Donations et testaments.* t. V. n° 6 6 et 617, p. 511-513.

— Nous pensons qu'il doit être fait raison au grevé des frais de labours et de semences des immeubles, sur lesquels il existe des fruits au moment de la restitution. C'est la règle ancienne, dont la disposition exceptionnelle de l'article 585 ne nous autorise pas à nous écarter[1].

— La disposition rigoureuse de l'article 618 est-elle applicable au grevé qui commet des abus de jouissance? Plusieurs auteurs l'ont admis[2]. D'après d'autres, le grevé pourrait, selon les circonstances et selon les modifications indiquées par l'article 618, être déclaré déchu de son droit de jouissance et d'administration, sans que du reste aucune atteinte fût portée à son droit de propriété; quant aux appelés, leur position resterait ce qu'elle était avant cette déchéance[3].

Mais, c'est avec raison qu'on a critiqué cette extension de l'article 618 aux substitutions, en se fondant sur ce motif que la disposition dont il s'agit constitue une peine, qu'on ne saurait appliquer à des cas qui ne sont pas formellement prévus par la loi; or, le grevé n'est pas un usufruitier : il est propriétaire, et cette seule raison suffit pour écarter l'article 618. D'ailleurs, le tuteur à la substitution ne doit-il pas surveiller la jouissance du grevé? Ce dernier ne peut-il pas être condamné à des dommages-intérêts? Enfin, les juges n'ont-ils pas le droit, si le

---

[1] V. Pothier, des *substitutions*, section IV, art. II, § 2, n° 139 in fine (t. VIII, p. 501).

[2] Duvergier sur Toullier, t. III, n° 782. — Duranton, t. IV, n° 601. — Dalloz, J. G. *Substitutions*, n° 458.

[3] MM. Aubry et Rau, t. VI, p. 54.

grevé commet de graves abus de jouissance d'ordonner
le séquestre des biens ?[1]

— En résumé, le grevé est propriétaire des biens
compris dans la substitution jusqu'au jour où s'accomplit
la condition qui donne ouverture au droit des appelés; à
ce moment, le droit du grevé est résolu, et, de son passage dans l'hérédité, il ne subsiste que les actes dans lesquels il peut être considéré comme ayant représenté les
appelés, d'après les distinctions que nous avons faites.
Ses actes de disposition sont résolus ; les droits qu'il a pu
concéder à des tiers sont affectés de la même condition
résolutoire qui affecte son propre droit. C'est ainsi que la
saisie et la vente des biens substitués, pratiquées par les
créanciers du grevé, ne porteraient pas atteinte aux
droits des appelés[2].

Nous avons vu cependant que certaines aliénations
consenties par le grevé, dans l'intérêt de la substitution
elle-même, doivent être considérées comme inattaqua-
bles, lorsqu'elles ont été précédées d'une autorisation
judiciaire.

En outre, la loi a fait une exception remarquable au
principe de la résolution des droits des tiers : l'hypothèque légale de la femme du grevé, pour sûreté du capital
de ses deniers dotaux, reste efficace malgré l'ouverture
des droits des appelés, si l'auteur de la substitution a,
pour le cas d'insuffisance des biens libres du mari,

---

[1] M. Demolombe, *Donations et testaments*, t. V. n° 576, p. 510-512.
[2] Un arrêt de la cour de Paris a décidé que les biens substitués ne peuvent pas être saisis par les créanciers du grevé (Paris, 12 janvier 1847.—D.
P. 1847, 2, 6).

accordé à la femme de ce dernier un recours subsidiaire sur les biens substitués (art. 1054). Cette disposition est tirée de l'ordonnance de 1747 (art. 44 et 45 du titre I), qui accordait *de plein droit* à la femme du grevé une hypothèque subsidiaire sur les biens substitués, mais seulement pour sa dot et son douaire[1].

Il faut remarquer, d'une part, que le recours subsidiaire de la femme sur les biens substitués n'existe pas de plein droit et doit être établi expressément par le disposant ; d'autre part, qu'il n'est permis de l'établir que lorsque la dot est constituée en argent et pour le capital seulement. Le législateur, voulant limiter d'une manière précise cette hypothèque, a défendu qu'elle pût s'étendre à des créances éventuelles dont le chiffre est indéterminé. Il a craint aussi que les époux n'augmentassent par collusion le chiffre de la créance garantie. Il faudrait déclarer nulle la clause, par laquelle l'auteur de la substitution aurait accordé à la femme une hypothèque non subsidiaire et pour la garantie de toutes ses créances matrimoniales[2]. Nous ajouterons que l'hypothèque peut être établie, quel que soit le régime sous lequel les époux sont mariés ; l'ordonnance de 1747 l'admettait déjà.

[1] V. Pothier, *Des Substitutions*, sect. V, art. II, § 1-6 (T. VI I, p. 10.-513).

[2] M. Demolombe, *Donations et testaments*, t. V, n° 591, p. 522-524.

§ IV. DROITS DES APPELÉS

Jusqu'au moment où s'ouvre la substitution, les appelés n'ont que des droits éventuels, subordonnés à la condition de leur survie au grevé. Pothier disait déjà dans l'ancien droit : « Le substitué, avant l'ouverture de la substitution, n'a, par rapport au bien substitué, *aucun droit formé, mais une simple espérance*[1]. » Mais, nous avons déjà reconnu que, dès avant l'ouverture de la substitution, en vertu de leur droit conditionnel, les appelés peuvent exercer des actes conservatoires par eux-mêmes ou par l'intermédiaire du tuteur à la substitution soit contre le grevé, soit contre les tiers auxquels ce dernier aurait transmis des droits.

Avant d'entrer dans le détail des droits des appelés au moment de l'ouverture de la substitution, nous devons nous arrêter à l'examen d'une question importante : que devient la substitution, quand le grevé institué par testament *ne peut* ou *ne veut* recueillir le legs fait à son profit ? Cette question comprend deux hypothèses distinctes; il convient d'étudier séparément le cas où le grevé ne peut recevoir, et celui où il répudie.

Supposons d'abord que le grevé ne peut recueillir le legs, étant à la mort du testateur ou déjà décédé lui-même ou devenu incapable ; le legs fait en premier ordre au

---

[1] *Des Substitutions*, sect. V. art. III, n° 174 (t. VIII. p. 513).

grevé est *caduc ;* mais, reste-t-il un legs en second ordre
fait au profit de ceux qui eussent été appelés ? Nous le
croyons; Pothier tenait déjà pour certain que la caducité
du legs en premier ordre n'entraînait pas celle du legs
en second ordre. « Dans nos pays coutumiers, disait-il,
où nous n'avons pas d'institution d'héritier d'où dépendent nos testaments, et nos testaments n'étant proprement que des codicilles *ab intestat*, et n'ayant d'autres
héritiers que ceux qui sont appelés par la loi, il est
évident que les substitutions testamentaires, soit universelles, soit particulières, ne peuvent jamais recevoir
d'atteinte, soit de la part de l'héritier, soit de la part
des légataires universels qui en sont grevés; car, soit
que l'héritier, ou légataire, ou donataire universel, ou
particulier qui a été grevé de la substitution universelle
ou particulière, prédécède, soit qu'il répudie la succession, son legs ou son don universel, ceux qui recueilleront
les biens à leur défaut, ou en leur place, ou même la
succession vacante, *seront tenus des substitutions;* arrêt
du 26 février 1715, au tome VIe du *Journal des au-
diences* (l. V, ch. XI); arrêt du 1er fevrier 1718, au tome
VII (l. I, ch. x)[1]. »

La doctrine est à peu près unanime à admettre que la
disposition en second ordre subsiste, malgré la caducité
de celle faite en faveur du grevé. Mais, la controverse
s'établit, quand il s'agit de savoir à quel titre il faut
maintenir cette disposition en second ordre, et quels sont
ceux qui doivent en profiter. M. Troplong a émis l'opi-

---

[1] *Des Substitutions,* sect. VII, art. 1. § 2, n° 206 (t. VIII, p. 526).

nion, que la disposition en second ordre était bien, par la
caducité de la première, réduite au rang de simple
substitution vulgaire, mais qu'il fallait en régler les
effets par les règles de la substitution fidéicommissaire [1].
M. Demolombe soutient que la caducité du legs fait en
premier ordre n'entraîne pas la caducité de la substitution fidéicommissaire faite au profit des appelés [2].

Nous ne pouvons suivre les avis de ces éminents jurisconsultes, en ce qui concerne la caducité résultant de
l'incapacité ou du prédécès du grevé ; en effet, le grevé
étant, au moment où le testament produit son effet, complétement incapable de recueillir, la substitution fidéicommissaire n'a jamais pu exister ; car on ne peut pas
comprendre qu'il y ait charge de conserver et de rendre
grevant une personne, qui est considérée par la loi comme
n'existant pas en ce qui concerne le testament qui la gratifie. C'est en vain que M. Demolombe allègue que le
testateur a écrit une disposition permise par la loi, quand
au moment de la confection de son testament, il a fait à
son fils ou à son frère, alors vivant et capable, un legs
avec charge de restitution aux enfants nés ou à naître de
ce fils ou de ce frère, et que le legs en second ordre doit
valoir tel qu'il a été fait malgré le prédécès ou l'incapacité
du grevé [3]. Nous ne pouvons admettre cette conclusion :
nous contestons précisément qu'il y ait un legs en second
ordre, puisqu'il n'existe pas de disposition en premier
ordre ; on ne peut pas, d'une part, supprimer la person-

[1] T. IV. 2246 et 2247.
[2] *Donations et testaments*, t. IV, n° 664, p. 585-589.
[3] *Loco citato*, p. 587.

nalité du grevé en ce qui touche le legs en premier ordre, et, d'autre part, rejeter à sa mort les effets définitifs du legs au profit des appelés. Il y a dans ce système une contradiction impossible à résoudre. Nous pensons qu'on doit régler les effets de la disposition en second ordre comme ceux d'une disposition directe : il s'ensuit que les appelés nés ou conçus au moment du décès du testateur sont seuls appelés à en profiter, que leur droit s'ouvre immédiatement, et qu'il ne serait pas résolu, si tous les appelés décédaient avant le grevé[1].

— Bien différents seraient les effets d'une renonciation du grevé au legs en premier ordre; car, au moment où décède le testateur, la substitution existe valablement au profit des appelés. Si le grevé renonce, ses droits s'étei-gnent; mais, ceux des appelés nés ou à naître sont main-tenus, et la substitution fidéicommissaire produit tous les effets qu'elle aurait produits, si le grevé eût accepté la disposition faite à son profit. En effet, il ne peut pas dépendre de la volonté du grevé de changer les dispo-sitions du testateur et de modifier les droits des appelés les uns à l'égard des autres. Le testament renferme en réalité deux legs, l'un au profit du grevé, l'autre au profit des appelés; si le grevé renonce au legs en premier ordre, sa renonciation n'entraîne pas la caducité de la disposition en second ordre. Cette disposition continue à exister et produira les effets que le testateur a voulu y attacher. Duranton change vraiment le caractère de la substitution fidéicommissaire, quand il prétend qu'elle ne

---

[1] MM. Aubry et Rau, t. VI, p. 55 et note 70.

produira ses effets qu'au profit des appelés nés au moment
de la renonciation du grevé[1] ; son erreur est bien dé-
montrée par la contradiction dans laquelle il tombe un
peu plus loin ; car il admet que l'abandon anticipé de la
jouissance fait par le grevé profite à tous les appelés nés
ou à naître. Quelle raison sérieuse aurait-on de distinguer entre ces deux hypothèses ? Dépendrait-il donc de
la volonté du grevé de changer les droits des appelés en
renonçant à son droit un peu plus tôt ou un peu plus
tard ? Non évidemment ; ces deux décisions du savant
commentateur sont impossibles à concilier et la seconde
doit régir toute la matière. Nous sommes encore confir-
més dans cette opinion par la certitude de la tradition
historique sur ce point (Art. 27 du titre I de l'ordonnance
de 1747)[2].

Voici donc comment doivent être réglés les droits des
appelés, lorsque le grevé répudie le legs en premier ordre :
existe-t-il déjà des appelés à ce moment ? Les biens compris
dans la substitution leur sont immédiatement délivrés,
sauf le règlement définitif qui ne pourra être fait qu'après
la mort du grevé entre tous les appelés existant à ce moment. Toutefois, nous devons reconnaître que Pothier
décidait que les biens frappés de substitution demeuraient
dans tous les cas en la possession de l'héritier *ab intestat*
ou de ceux qui étaient chargés de l'acquittement du legs

<hr>

[1] T. IX, p. 602.

[2] V. Furgole, sur l'art. 26 du titre I de l'ordonnance de 1747. — M. Demolombe, *Donations et testaments*, t. V. n⁰ˢ 657-659, p. 557-581. — MM. Aubry
et Rau. t. VI, p. 56 et note 71.

jusqu'au moment où les droits des appelés se fussent ouverts, si le grevé n'eût pas répudié [1].

S'il n'existe aucun appelé au moment de la renonciation, les biens substitués restent provisoirement entre
les mains des personnes tenues d'acquitter le legs, et
sont remis au premier appelé qui vient à naître.
Cependant, si parmi les personnes tenues de l'acquittement du legs se trouve le grevé, ce dernier ne pourra
avoir aucun droit aux biens substitués, qui profiteront
exclusivement à ses cohéritiers. Si le grevé est seul héritier, les biens dont s'agit seront considérés comme vacants
jusqu'au moment de la naissance d'un appelé ou jusqu'au décès du grevé; on pourvoira provisoirement à
l'administration des biens en nommant un curateur ou un
séquestre.

S'il existe des appelés au moment de la renonciation
du grevé, les personnes tenues de l'acquittement du legs
ne peuvent en aucun cas réclamer la restitution des
biens frappés de substitution, alors même que tous les
appelés décéderaient avant le grevé.

Quant aux rapports des appelés entre eux, ils sont
réglés comme s'il s'agissait d'une substitution fidéicommissaire ordinaire. D'une part, les appelés qui ont obtenu la délivrance doivent faire participer aux biens
substitués les appelés nés ultérieurement; d'autre part,
les appelés qui décèdent avant le grevé, sans laisser
de descendants, sont déchus de leurs droits, et la substi-

---

[1] *Des Substitutions*, sect. VII, art. 1, § 2, n° 206. in fine (t. VIII, p. 526).

tution ne profite qu'à ceux qui vivent au moment du déc's du grevé et aux descendants des prédécédés.

— Quand le grevé a recueilli la libéralité faite en sa faveur, l'époque normale de l'ouverture de la substitution est celle de son décès.

C'est à ce moment que nous devons nous placer pour apprécier la capacité des appelés; si ces derniers sont tous décédés avant le grevé, la disposition fidéicommissaire est caduque et le droit de propriété du grevé devient irrévocable, lors même que les appelés ou quelques-uns d'entre eux auraient laissé des enfants (art. 1048 et 1049). Si un seul des appelés survit, la substitution s'ouvre et profite aux enfants des autres appelés prédécédés, qui viennent recueillir par représentation la part de leur auteur dans les biens substitués (art. 1051).

Mais, d'autres événements peuvent donner ouverture à la substitution, soit d'une manière absolue, soit à l'égard de certaines personnes et sous certains rapports seulement; nous allons les examiner successivement :

1° La substitution s'ouvre par l'arrivée du terme ou de la condition, quand le disposant a fixé la restitution à une époque autre que celle de la mort du grevé, ou l'a fait dépendre d'un événement incertain autre que la survie des appelés. Dans ce cas, la substitution est ouverte d'une manière absolue, *ergà omnes*. Nous devons cependant ajouter que cette cause d'ouverture de la substitution est contestée; on a soutenu que le règlement des droits des appelés devait dans tous les cas intervenir au décès du grevé (Art. 1050).

2° La déchéance prononcée contre le grevé, qui a commis des abus de jouissance, est regardée comme une cause d'ouverture de la substitution par ceux qui pensent que l'article 618 est applicable à notre matière; mais, nous avons repoussé cette opinion ;

3° La déchéance prononcée contre le grevé qui a négligé de faire nommer un tuteur à la substitution donne ouverture à la substitution (art. 1057). Mais, cette ouverture anticipée, définitive à l'égard du grevé, ne peut pas préjudicier au droit éventuel des appelés qui n'étaient pas encore nés ni même conçus au moment où elle a eu lieu; elle ne peut pas davantage porter atteinte aux droits des tiers, sans qu'il y ait à distinguer si la substitution avait été ou non transcrite. Il faut donc appliquer ici ce que nous allons dire de la restitution volontairement consentie par le grevé avant l'époque normale de l'ouverture des droits des appelés.

On a prétendu que la déchéance prononcée contre le grevé pouvait être opposée aux tiers[1]; mais cette interprétation de l'article 1057 nous paraît trop rigoureuse. Le législateur a voulu frapper d'une véritable peine le grevé qui néglige de remplir ses devoirs; étendre cette pénalité aux tiers qui tiennent des droits du grevé, à ses créanciers, ce serait évidemment dépasser le but de la loi. Cette solution était déjà donnée dans notre ancien droit par Furgole sur les articles 41 et 42 du titre I de l'ordonnance de 1747, articles qui ne réservaient les droits des tiers que dans le cas de restitution anticipée consentie par le grevé et à propos desquels avait déjà été

____
[1] MM. Aubry et Rau, t. VI, p. 44.

posée la question que nous discutons sur l'article 1057.

Nous devons remarquer que s'il n'existait aucun appelé au moment où la déchéance est prononcée, la substitution ne serait pas caduque, comme elle le serait dans le même cas par la mort du grevé.

4° La substitution peut s'ouvrir par la restitution volontairement consentie par le grevé, avant l'époque normale de l'ouverture des droits des appelés (art. 1053). Cette restitution anticipée est définitive en ce qui concerne les rapports du grevé et des appelés. En effet, le grevé est libre de renoncer à son droit ; et, dans ce cas, les appelés doivent être considérés comme recevant non du grevé mais du disposant, *non à gravato sed à gravante*. D'où la conséquence que la restitution anticipée n'est pas soumise aux formes solennelles des dona-tions, et que le grevé ne pourrait plus répéter les biens substitués, lors même que la condition sous laquelle il devait les restituer viendrait ensuite à défaillir, comme dans le cas où tous les appelés décéderaient avant le grevé.

Mais, cette restitution anticipée reste sans conséquences à l'égard des tiers et ne porte aucune atteinte à leurs droits : *Nemo ex alterius facto prægravari debet* (art. 1053). Ainsi, d'une part, les appelés, auxquels les biens ont été restitués, ne peuvent, avant le décès du grevé, agir en revendication contre les tiers qui auraient acquis des immeubles du grevé. D'autre part, les créanciers du grevé antérieurs à l'abandon seront admis à poursuivre les biens substitués entre les mains des appelés, comme s'il n'y avait point eu de restitution anticipée et sans être

obligés d'attaquer cette restitution comme frauduleuse et
de la faire annuler.

Mais, quels sont les créanciers du grevé qui peuvent
invoquer les dispositions protectrices de l'article 1503 ?
Les créanciers hypothécaires ont certainement ce droit ;
mais, il faut également le reconnaître aux créanciers
chirographaires : l'article 42 du titre I de l'ordonnance de
1747 le disait formellement, pourvu que ces créanciers
fussent antérieurs à la restitution et que leurs créances
eussent date certaine avant cet abandon. D'ailleurs, nous
pensons avec Pothier que les créanciers ne peuvent ténir
pour non avenue la restitution consentie par le grevé, que
dans le cas où leur débiteur est devenu insolvable précisément par suite de cet abandon anticipé. « Les créanciers
chirographaires du grevé, lorsqu'il s'est mis hors d'état de
les payer par la restitution anticipée qu'il a faite des biens
substitués, disait Pothier, peuvent exercer contre le substitué l'action révocatoire, et se venger sur les dits biens,
jusqu'au temps de l'accomplissement de la condition de la
substitution [1]. »

D'autre part, les appelés existant au moment du décès
du grevé ont droit à la substitution, quoiqu'ils ne fussent
pas nés ni même conçus lors de l'abandon consenti par le
grevé ; car, ce dernier ne peut pas par son fait dépouiller
de leurs droits les appelés qui surviennent depuis la restitution volontaire, ni avantager les premiers-nés de ses
enfants.

Bien plus, les appelés qui existent à la mort du grevé

---

[1] *Des Substitutions*, sect. VI, art. I, § 2, n° 193 (t. VII, p. 540).

ont droit aux biens substitués à l'exclusion des successeurs
de l'appelé, auquel a profité la restitution volontaire et
qui est décédé avant le grevé sans laisser de postérité.
Toutefois, ce dernier point donnait lieu à de graves con-
troverses dans l'ancien droit, et, sous l'empire du Code,
on a encore prétendu que l'appelé qui mourait avant le
grevé transmettait à ses successeurs, *quels qu'ils fussent*,
la part des biens substitués qui lui était échue dans le
partage des biens restitués volontairement par le grevé.
On soutient donc que les droits des appelés, ouverts par
la restitution anticipée faite par le grevé, sont définitivement fixés par le partage qui intervient entre les appelés
existant au moment de l'abandon [1]. Mais, nous pensons
que cette espèce de renonciation anticipée aux chances
d'accroissement, faite par les appelés au moment du
partage des biens restitués volontairement, constitue un
pacte sur succession future proscrit par notre Code; d'un
autre côté, c'est interpréter bien hardiment la volonté des
appelés que de supposer qu'en partageant les biens avant
le décès du grevé, ces appelés ont assuré dès ce jour les
droits de chacun d'eux et renoncé aux chances d'accrois
sement.

D'ailleurs, les conséquences de l'opinion que nous combattons, dans le cas d'une déchéance prononcée contre le
grevé nous paraissent suffire à faire repousser ce système.
Nous avons dit plus haut qu'il fallait appliquer aux conséquences de la déchéance les mêmes principes qu'à

---

[1] Delvincourt, t. II, p. 403. — Duranton, t. IX, n° 606. — Troplong, t. IV.
n° 2242.

l'abandon volontaire. Eh bien, d'après le système que
nous repoussons, la déchéance arriverait à profiter au
grevé, alors qu'elle est prononcée contre lui *à titre de
peine!* En effet, le grevé qui encourt la déchéance est
nécessairement le père ou la mère des appelés; et, si l'un
des appelés décède avant le grevé, ce dernier viendra à
sa succession avec les autres appelés; il trouverait donc
dans cette succession une partie des biens qu'il a été obligé
de restituer! Nous ne croyons pas que ce résultat puisse
être admis; c'est, à notre avis, une raison décisive de
repousser la doctrine adverse[1].

5° La révocation de la libéralité faite au profit du
grevé, prononcée conformément aux articles 954, 955 et
1046, c'est-à-dire pour cause d'inexécution des conditions ou d'ingratitude, a pour effet de donner ouverture à
la substitution au profit des appelés nés ou à naître, sans
qu'il y ait à distinguer si la substitution est contenue dans
une donation entre-vifs ou dans un testament (art. 1053).
On suit, dans ce cas, les régles que nous avons exposées
en traitant de la renonciation du grevé à la disposition
faite en sa faveur. Le réglement définitif ne peut intervenir entre les appelés qu'à l'époque de la mort du grevé[2].

En ce qui concerne les tiers, nous pensons qu'il faut
appliquer les dispositions des articles 954 et 958; c'est-
à-dire que la révocation pour cause d'inexécution des conditions aurait immédiatement effet à l'égard des tiers

---

[1] V. en ce sens M. Demolombe, *Donations et testaments*, t. V, n⁰ˢ 622 et
631, p. 548 et 549, p. 560-562. — Marcadé, sur l'art. 1053.
[2] V. Demolombe, *loco citato*, n⁰ 640, p. 567.

ayants cause du grevé; au contraire, la révocation pour cause d'ingratitude ne pourrait préjudicier aux tiers qu'à l'époque normale de l'ouverture de la substitution.

Quant à la révocation de la donation pour cause de survenance d'enfants, elle ferait tomber tout à la fois la donation faite au grevé et la substitution (art. 960). Du reste, cette cause de révocation ne peut évidemment s'appliquer qu'à une substitution faite au moyen d'une donation par un oncle au profit de ses neveux ou nièces.

6° La substitution est ouverte provisoirement par la déclaration d'absence du grevé.

— Au moment où la substitution s'ouvre, les appelés ont la faculté de l'accepter ou de la répudier. On ne saurait objecter que, dans le cas où la substitution a été faite par donation, il est possible que l'acceptation ait déjà été faite par les appelés ou par leur tuteur. Car, ce qui a fait l'objet de l'acceptation, c'est précisément un droit éventuel et conditionnel, avec la faculté de l'accepter ou d'y renoncer, s'il venait à se réaliser.

Si les appelés acceptent la substitution, le droit du grevé est résolu; les substitués deviennent propriétaires des biens compris dans la disposition, et sont considérés comme les recevant du disposant et non pas du grevé, d'après ce principe: *substitutus capit à gravante non à gravato.* De là, le droit incontestable des appelés de renoncer à la succession du grevé et d'accepter cependant la substitution.

Nous avons déjà dit que l'ordonnance de 1747 (art. 40 du titre I) imposait au substitué l'obligation de demander la délivrance du fidéicommis. Cette disposition n'a pas été reproduite par notre Code ; tout au contraire, l'article 1053 dit que les droits des appelés sont *ouverts* au moment où cesse la jouissance du grevé. Qu'est-ce à dire, si ce n'est que, du moment que le droit du grevé s'éteint, celui de l'appelé *s'ouvre de plein droit ?* La loi, en employant le mot *jouissance*, parait bien avoir en vue le droit aux fruits, d'une part, et l'exercice de toutes les actions, d'autre part. La propriété de l'appelé succède de plein droit et sans interruption à celle du grevé, dès que la condition, qui tenait en suspens le droit de l'appelé, vient à se réaliser. Nous admettons donc que l'appelé est *saisi de plein droit*, et sans qu'il ait à remplir aucune formalité[1].

Quant aux fruits, nous admettons qu'ils appartiennent aux appelés à partir de l'ouverture de la substitution ; nous avons examiné plus haut les divers systèmes proposés sur cette question[2].

— L'ouverture de la substitution n'a pas seulement pour effet d'anéantir pour l'avenir la propriété du grevé ; elle résout également ses droits dans le passé : il s'ensuit que les appelés sont autorisés, à partir de l'ouverture de la substitution, à demander la restitution ou le délaissement des biens substitués que le grevé a pu transmettre ou livrer à des tiers à un titre quelconque. Toutefois, les tiers qui possèdent de bonne foi des meubles que le grevé leur a vendus ou livrés sont protégés par la maxime : *en fait de meubles, possession vaut titre* (art. 2279).

---

[1] M. Demolombe, *Donations et testaments*, t. V, nᵒˢ 616 et 617, p. 539-543.

[2] V. plus haut, p. 274.

Nos anciens auteurs exceptaient aussi de la résolution les aliénations faites par le grevé pour payer les dettes de la substitution, pour faire de grosses réparations, ou pour toute autre cause d'urgence ; mais, ils exigeaient que ces aliénations eussent été précédées de l'autorisation de justice[1]. Nous admettons ce tempérament si raisonnable de la règle de la résolution des aliénations consenties par le grevé ; nous maintiendrions ces actes d'aliénation, à condition qu'ils eussent été autorisés par la justice et que le tuteur à la substitution y eût figuré.

Si les appelés acceptent purement et simplement la succession du grevé, peuvent-ils invoquer contre les tiers la résolution des droits que le grevé a concédés à ces derniers ? Peuvent-ils, par exemple, évincer un tiers acquéreur d'un bien compris dans la substitution ? Certainement non : les appelés étant devenus les représentants du défunt, doivent garantir le tiers-acquéreur qui a traité avec lui, c'est-à-dire le maintenir dans les droits que le grevé lui a concédés ; ils ne peuvent donc pas l'évincer. L'ordonnance de 1747 (art. 31 du titre II) avait méconnu cette doctrine, en décidant toutefois que le substitué, héritier pur et simple du vendeur, ne pouvait déposséder le tiers-acquéreur *qu'après l'avoir remboursé entièrement du prix de l'aliénation, frais et loyaux coûts*. Aussi, n'est-il vrai de dire que les appelés ne sont pas tenus de respecter les aliénations ou constitutions de servitudes ou d'autres droits réels, faites par le grevé, que lorsque ces

---

[1] Furgole, sur l'art. 31 de l'ordonnance de 1747. — Thévenot, ch. xxxviii.
12.

appelés renoncent à la succession de ce dernier, ou ne l'acceptent que sous bénéfice d'inventaire.

Les actions, qui compètent aux appelés aux effets ci-dessus indiqués, sont-elles soumises aux prescriptions de droit commun? Ces prescriptions commencent-elles à courir pendant la durée de la jouissance du grevé? Nous ne le pensons pas. MM. Aubry et Rau admettent que les tiers commencent à prescrire contre les appelés, avant l'ouverture de la substitution, soit au moment où ces tiers entrent en possession, soit à la date des actes passés par le grevé; mais, ils décident que ces prescriptions sont suspendues au profit des appelés par les causes ordinaires de suspension[1]. Nous allons plus loin et nous suivons la doctrine que présentait déjà Pothier, et qui nous paraît éminemment raisonnable: « Il suit de notre principe, di-sait-il, que non-seulement le grevé de substitution, mais même les tiers-détenteurs qui ont acquis de lui, soit immé-diatement, soit médiatement, des immeubles sujets à la substitution ne peuvent avant l'ouverture de la substitution en acquérir par prescription la libération, quand même l'héritage leur aurait été vendu comme franc et quitte de toute substitution, et qu'ils l'auraient possédé comme tel pendant le temps requis pour la prescription; car il est impossible qu'on puisse acquérir la libération d'un droit, avant qu'il ait commencé d'exister : le droit du substitué ne commençant à exister que lors de son ouverture, on ne peut pas en acquérir auparavant la libération »[2]. Nous

---

[1] T. VI. p. 61.

[2] *Des Substitutions*, sect. V, art. 1:1, n. 174, in fine d. VIII. p. 514)

n'hésitons pas à adopter pleinement ces idées: oui, les tiers, qui ont acquis du grevé des immeubles compris dans la substitution, ne prescrivent pas contre les appelés avant l'ouverture de la substitution, par cette raison péremptoire qu'on ne peut pas prescrire une action qui n'existe pas encore, et que les actions des appelés ne naissent qu'au moment où meurt le grevé[1].

Nous appliquerions même la solution qui précède au tiers, qui se serait rendu adjudicataire d'un bien substitué en suite d'une expropriation poursuivie par les créanciers du grevé[2].

Mais si, au contraire, il s'agit de tiers qui ont pris possession sans titre des immeubles compris dans la substitution, nous pensons qu'ils prescrivent contre les appelés comme contre le grevé, même avant l'ouverture de la substitution ; car les appelés n'ont pas contre eux d'autre action que celle qui appartient au grevé. On peut vraiment dire dans cette hypothèse que les appelés ont été représentés par le grevé. C'était la distinction que faisait déjà Pothier avec cette précision remarquable, qui caractérise les écrits de ce grand jurisconsulte : « Si c'était un possesseur, disait-il, qui n'eût acquis ni médiatement, ni immédiatement, du grevé l'héritage sujet à la substitution, il pourrait acquérir, par prescription, un droit de propriété de cet héritage, qui (le droit) n'étant pas celui qu'avait le grevé, *ne serait pas sujet à la substitution comme l'était celui du grevé*; la sujétion à la substitu-

---

[1] V. en ce sens M. Demolombe, *Donations et testaments*, t. V. nᵒ 555, p. 494-496. — En sens contraire, M. Bugnet. sur Pothier, t. VIII, p. 514, note 1,
[2] V. en ce sens, Pothier. *loco citato*, nᵒ 173, in fine (t. VIII, p 513).

tion, *causâ fideicommissi*, étant une qualité du droit de
propriété qu'avait le grevé, et l'extinction d'une chose
entraînant celle de toutes les qualités de la chose, le droit
de propriété qu'avait le grevé venant à s'éteindre par la
prescription qui s'est accomplie envers lui, la résolubilité
de ce droit au profit du substitué, dans le cas d'ouverture
de la substitution, qui était une qualité de ce droit, et en
quoi consistait l'affectation de l'héritage de la substitution, ne peut plus subsister »[1]. Sur ce passage de Pothier,
M. Bugnet écrivait en note ce qui suit : « On voit par là
que Pothier ne regardait pas les biens substitués comme
absolument imprescriptibles : seulement il ne veut
pas que le grevé ou ceux qui ont traité avec le grevé puissent invoquer la prescription »[2]. Cette doctrine de Pothier,
que M. Bugnet repousse dans la note précédente, nous
paraît être la seule conforme aux principes.

[1] *Loco citato*, nᵒ 175 (t. VIII, p. 514).
[2] T. VIII, p. 514, note 2.

QUATRIÈME PARTIE

INSTITUÉS CONTRACTUELS [1]

L'institution contractuelle est destinée à favoriser le mariage en assurant aux futurs époux les ressources nécessaires pour subvenir aux charges de leur union, sans cependant dépouiller actuellement le donateur. Elle tient tout à la fois de la donation entre vifs, en ce qu'elle est, comme cette dernière, irrévocable, et du legs, en ce qu'elle ne dessaisit pas le donateur avant l'époque de son décès.

Quoique l'institution contractuelle réponde certainement à un véritable besoin de la pratique, elle n'a pas conservé de nos jours la grande faveur dont elle jouissait dans notre ancien droit.

---

[1] Nous n'hésitons pas à employer cette dénomination, quoiqu'elle ne se trouve pas dans le Code ; peut-être les rédacteurs ont-ils voulu maintenir au moins dans les mots la classification qu'ils ont faite dans l'art. 893 des modes de disposer à titre gratuit.

Nous n'étudierons l'institution contractuelle qu'au point de vue des effets qu'elle produit, c'est-à-dire des droits des personnes qui sont appelées à en bénéficier. Mais il est indispensable de dire auparavant ce qu'est une institution contractuelle, sur quels biens elle peut porter, et au profit de quelles personnes elle peut être faite.

De Laurière, dans notre ancien droit, la définissait *une convenance de succéder :* « un don irrévocable de succession ou d'une partie de succession, fait par contrat de mariage, au profit des époux ou des enfants qu'ils doivent avoir ensemble [1]. »

On peut dire que l'institution contractuelle est une disposition faite par contrat de mariage et qui, bien qu'elle ait pour objet la totalité ou une partie des biens devant composer l'hérédité de l'instituant, est cependant irrévocable en ce sens que ce dernier ne peut, si ce n'est dans des limites très étroites, y porter atteinte par d'ultérieures dispositions à titre gratuit (art. 1082 et 1083).

Elle a pour caractères d'abord d'être à certains égards irrévocable, ce qui la distingue du legs et de l'ancienne donation à cause de mort, et, en second lieu, de ne porter que sur des biens à venir, ce qui la différencie de la donation entre-vifs ordinaire [2].

Elle ne peut être faite que dans un contrat de mariage.

---

[1] *Traité des institutions et des substitutions contractuelles*, ch. i, n° 21.

[2] L'institution contractuelle est-elle soumise à la formalité de la transcription quant aux immeubles (art. 939) et de l'état estimatif du mobilier (art. 948) ? On décide généralement que, en raison du caractère spécial de l'institution contractuelle, cette double formalité ne lui est pas applicable. V. dans ce sens M. Demolombe, *Donations et testaments*, t. VI, n° 277, p. 304 et suiv. — MM. Aubry et Rau, t. VI, p. 252. — Pau, 2 janvier 1827, Dalloz. J. G., *Disp. entre vifs*, 2057 et 173, 2°. — Cir. R., 4 février 1847, D. P., 67, 1, 65.

— Quels biens peut comprendre une institution contractuelle ? Elle peut avoir pour objet *tout ou partie des biens* que le donateur laissera au jour de son décès (art. 1082), c'est-à-dire soit l'universalité ou une quote-part de l'universalité de l'hérédité de l'instituant, soit la totalité où une partie aliquote du patrimoine mobilier ou immobilier que l'instituant possèdera au moment de sa mort.

Mais l'institution contractuelle peut-elle, comme une disposition testamentaire, porter sur des biens individuellement envisagés, des corps certains ou des quantités ? Nous le pensons ; quoique le législateur se soit principalement occupé, dans les articles 1082 et 1083, des dispositions universelles et à titre universel, il n'a certainement pas exclu les dispositions à titre particulier ; nous croyons donc qu'il faut donner effet à de pareilles dispositions [1].

— L'institution contractuelle peut être faite par toute personne capable de faire aux futurs époux une donation entre vifs (art. 1082). Le donateur doit avoir la capacité nécessaire pour faire une donation ; la capacité de tester ne serait pas suffisante. Il s'ensuit que les personnes qui ont, comme le mineur âgé de seize ans, la capacité de faire un testament, mais qui n'ont pas celle de faire une donation entre-vifs, ne peuvent pas disposer de leurs biens par une institution contractuelle (art. 903, 904, 499, 513, 223, 905).

Cette institution ne peut avoir lieu qu'au profit des

[1] M. Demolombe, *Donations et testaments*, t. VI, n° 280, p. 300. — MM. Aubry et Rau, t. VI, p. 250.

futurs époux et des enfants à naître de leur mariage (art. 1082).

Faite en faveur de toute autre personne, l'institution contractuelle est nulle; c'est ainsi que la *clause d'association*, qui avait été admise dans notre ancien droit, est certainement prohibée par le Code. On appelait ainsi la clause, par laquelle, en instituant contractuellement un des futurs époux, on l'obligeait à faire participer à cette institution telle ou telle personne, comme ses frères ou sœurs. L'association était donc une charge mise à l'institution, dont elle faisait partie : c'était pour ainsi dire un legs que devait acquitter l'institué. Le Code n'a permis que par exception et en faveur du mariage de disposer par acte entre-vifs de biens à venir. Les arguments qui ont été donnés par Merlin en faveur de la validité de cette clause ne nous paraissent aucunement probants[1]; car cet auteur ne croit pouvoir maintenir la clause d'association qu'en en faisant une donation à cause de mort; or, le Code a prohibé absolument cette espèce de donation[2].

Mais, que deviendra, dans notre système, la portion de la succession qui devait, dans l'intention du testateur, profiter aux associés? Accroîtra-t-elle à l'époux institué ou retombera-t-elle dans l'hérédité? Merlin a avancé que les partisans du système de la nullité étaient contraints d'admettre que la part destinée aux associés par le testa-

---

[1] Répertoire. V. Institutions contract., p. 5, n° 9.
[2] M. Demolombe, *Donations et testaments*, t. VI, n° 294, p. 323 et suiv. — MM. Aubry et Rau, t. VI, p. 254 et 255.

teur devait bénéficier aux institués : c'est, croyons-nous, une erreur. Qu'est en réalité la clause d'association, sinon une institution contractuelle faite indirectement au profit des frères et sœurs de l'époux institué. Il y a donc deux institutions distinctes, l'une au profit de l'époux, l'autre au profit des frères et sœurs de ce dernier. La nullité de la seconde disposition ne doit pas augmenter la part qu'assurait la première disposition à l'époux appelé à en bénéficier; attribuer aux institués toutes les parts qui devaient revenir aux associés, ce serait aller complétement contre la volonté du testateur, qui a eu certainement l'intention de limiter les parts des institués au moyen de la clause d'association : les parts des associés doivent donc tomber dans la succession *ab intestat*. Telles, sont d'après nous, les conséquences ordinaires de la nullité de la clause d'association [1].

Les futurs époux peuvent être appelés conjointement à recueillir le bénéfice de l'institution contractuelle ; mais cette disposition peut être restreinte à l'un d'eux.

Enfin, l'institution peut être faite au profit des futurs époux seulement, ou étendue aux enfants et descendants à naître de leur mariage. Dans ce dernier cas, les enfants et descendants sont substitués aux époux, c'est-à-dire appelés à recueillir à leur défaut le bénéfice de la disposition. Ces enfants étant appelés à recueillir les biens du donateur par une disposition qui leur est propre, par dérogation à la règle de l'article 906, l'instituant ne pour-

---

[1] M. Demolombe, *Donations et testaments*, t. VI, n° 205, p. 323. — MM. Aubry et Rau, t. VI, p. 254 et 255, note 24.

rait pas, même de concert avec l'institué, anéantir le droit éventuel des enfants.

La loi présume même cette substitution dans le silence de l'instituant (art. 1082 2ᵉ al.); si donc le disposant ne veut pas étendre aux enfants et descendants à naître l'effet de l'institution contractuelle, il doit le déclarer formellement dans l'acte. Du reste, le droit de l'instituant de ne disposer qu'au profit des époux et d'exclure les enfants à naître du mariage est incontestable, bien qu'on ait avancé le contraire.

Sous la dénomination d'*enfants à naître du mariage*, il faut certainement comprendre les enfants déjà nés qui seraient légitimés par le mariage. L'article 1082 ajoute: *et descendants à naître du mariage;* ce qui doit s'enten·dre des petits enfants ou plus généralement de la posté-rité issue du mariage (art. 1089).

—Les expressions de l'article 1082: *dans le cas où le donateur survivrait à l'époux donataire*, sont elles limi·tatives? Nous ne le pensons pas : nous croyons qu'il faut dire de la renonciation de l'époux ou des époux institués ce que nous avons dit de leur prédécès. Cette solution a été contestée par des auteurs qui, se fondant sur la lettre de l'article 1082, ont voulu restreindre au seul cas de prédécès des institués l'ouverture de la substitution ; mais on peut répondre que dans un très grand nombre de dispositions de notre Code ces mots : *en cas de prédé-cès*, équivalent à ceux de *à defaut* (art. 750, 753, 759, 766) ; que, d'un autre côté, nous ne faisons qu'appliquer ici l'effet général de la substitution (art. 898). Enfin, l'intention du disposant n'est elle pas en général d'assurer son patrimoine en tout ou en partie à la famille de l'institué ?

L'instituant pourrait-il restreindre l'effet de la substitution, qui est établie par la loi au profit de tous les enfants et descendants à naître, à certains de ces enfants ? Pourrait-il assigner des parts inégales à ces enfants ou descendants ? Nous ne le pensons pas ; il nous semble parfaitement conforme à l'esprit du Code de ne permettre la substitution expresse des enfants et descendants à naître du mariage que dans les termes où la loi elle-même la présume, quand elle n'est pas stipulée expressément. Cet esprit d'égalité est certainement celui qui a inspiré les dispositions du Code : l'article 1050 en fournit la preuve à propos des substitutions permises. Mais, la nullité de la substitution, faite au profit de quelques-uns seulement des enfants ou dans des proportions inégales, entraînerait-elle la nullité de toute la disposition ? Nous ne pensons pas que telle soit la conséquence nécessaire de la nullité de la substitution ; à notre avis, il faudrait tenir pour non écrite la clause relative à cette substitution, et les enfants issus du mariage bénéficieraient tous de la disposition de l'article 1082 qui les appelle également, quand le donateur ne s'est pas expliqué sur ce point [1].

Enfin, nous pensons qu'il faudrait annuler une institution contractuelle, par laquelle les enfants et descendants des futurs époux seraient seuls institués à l'exclusion de leurs père et mère ; l'article 1082 (1er alinéa) est

[1] M. Demolombe, *Donations et testaments*, t. VI, n°s 100 et 201. p. 310. 321. — MM. Aubry et Rau, t. VI. p. 256.

bien formel : la disposition peut avoir lieu *tant au profit des dits époux qu'au profit des enfants à naître de leur mariage ;* mais, le droit des enfants ne s'ouvre que lorsque l'institution des père et mère manque son effet. Cette institution est une condition indispensable de la substitution vulgaire des enfants et descendants. L'article 1082 étant une dérogation exorbitante au principe fondamental qu'on ne peut pas donner à une personne qui n'est pas encore conçue (art. 906), on doit s'en tenir rigoureusement aux termes de la loi.

SECTION I

Effets de l'institution contractuelle à l'égard du donateur.

L'instituant conserve jusqu'au jour de son décès la propriété des biens qu'il possédait lors de l'institution et de tous ceux qu'il acquiert dans la suite. Il ne s'opère aucune transmission actuelle des biens formant l'objet de l'institution (art. 1082).

Quoique l'instituant conserve la pleine propriété de son patrimoine, son droit de disposition se trouve restreint en ce sens que les aliénations, qu'il ferait ultérieurement *à titre gratuit* des biens compris dans l'institution contractuelle, seraient nulles au regard de l'institué (art. 1083).

« L'effet de l'institution contractuelle, disait Pothier, en tant qu'elle est clause d'un contrat de mariage, est que l'instituant n'y peut donner aucune atteinte. Mais il n'est

pas censé y donner atteinte en aliénant et engageant
sans fraude ses biens par contrat entre-vifs depuis la dite
institution. La coutume de Bourbonnais, article 220, en
a une disposition. La raison est que l'institution contractuelle étant la donation que l'instituant fait de sa succession, et sa succession n'étant que des biens qu'il laissera
lors de son décès, les biens dont il dispose entre-vifs ne
font pas partie de cette institution; d'où il suit qu'il n'y
donne pas atteinte en les aliénant[1]. » Ainsi, au point de
vue des dispositions à titre onéreux, le donateur reste
absolument libre ; il peut donc aliéner, hypothéquer, constituer des servitudes, plaider, transiger, etc... Mais
l'exercice de son droit de propriété est restreint dans
d'étroites limites en ce qui concerne les dispositions à
titre gratuit: c'est là surtout ce qui constitue l'irrévoca-
bilité de l'institution contractuelle, ainsi que le remarque
M. Demolombe[2].

A quelles libéralités s'applique la prohibition de l'article 1083? Il faut entendre cette disposition très largement,
et l'appliquer dans tous les cas où il s'agit de dispositions
à titre gratuit, quelles que soient ces libéralités et sous
quelque forme qu'elles se produisent; la nullité s'étend
donc aux libéralités ouvertes ou déguisées, directes ou
indirectes, aux donations ordinaires ou à celles faites par
contrat de mariage, aux legs universels, à titre universel ou à titre particulier.

[1] Introduction au titre XVII de la Coutume d'Orléans, appendice, § 2,
n. 26 (t. I, p. 537 et 538).
[2] *Donations et testaments*, t. VI, n° 315, p. 3.3.

Mais, la règle de l'interdiction des libéralités n'est pas absolue et inflexible ; la loi réserve sagement à l'instituant la faculté de disposer de *sommes modiques, à titre de récompense ou autrement*. Ces expressions semblent bien n'avoir trait qu'à des dispositions à titre particulier ; Dumoulin disait déjà : *Non impeditur quædam particularia legare, manente institutione in suâ quotâ* [1]. Du reste, il est difficile d'indiquer avec plus de précision quelles libéralités sont permises à l'instituant ; les termes de la loi laissent aux magistrats une très grande latitude d'appréciation. Ces libéralités doivent être appréciées relativement à la fortune de l'instituant et à l'objet de l'institution [2]. Mais une disposition à titre particulier serait-elle annulable, si elle paraissait excessive ? Nous ne le croyons pas ; il vaut mieux décider qu'il appartiendrait aux tribunaux de la réduire à de justes proportions. Il en serait autrement, si la libéralité était faite à titre universel ; car elle sortirait des termes de la faculté réservée à l'instituant de disposer encore à titre gratuit ; dans ce cas, il serait très juste d'annuler la disposition pour le tout. Rien n'empêche que l'instituant se réserve dans le contrat le droit de disposer d'une manière plus large, par exemple de disposer de certains objets individuellement désignés ou d'une somme fixe à prendre sur ses biens.

L'instituant, avons-nous dit, conserve la pleine propriété de son patrimoine, tant des biens qu'il peut acquérir après l'institution contractuelle, que de ceux qu'il

---

[1] Sur l'article 222 de la Coutume du Bourbonnais.
[2] Dalloz, J. G., *Dispositions entre-vifs*, n° 2087.

possédait déjà, lorsqu'il l'a faite. Son droit de disposition ne reçoit pas d'autres limitations que celles qui ressortent des termes de l'article 1083. « L'instituant peut bien aliéner sans fraude ses biens depuis l'institution, disait Pothier; et il n'y a aucun soupçon de fraude, lorsqu'il les aliène à titre de vente ou autre titre de commerce; mais il y a fraude toutes les fois que l'instituant cherche à favoriser d'autres personnes, au préjudice de l'héritier contractuel, par des donations qu'il leur ferait[1]. » L'instituant est donc libre d'aliéner tout ou partie des biens compris dans l'institution contractuelle; peu importe qu'il vende ou échange, que le prix soit un capital une fois payé, ou une rente perpétuelle ou viagère[2]. Du reste, l'institué aurait toujours le droit de prouver que l'aliénation n'est pas sérieuse, et qu'elle a été faite en suite d'un concert frauduleux entre l'instituant et le tiers-acquéreur, dans le but de réduire l'institution contractuelle.

Mais, supposons qu'une aliénation moyennant une rente viagère ait été faite par l'instituant au profit d'un successible en ligne directe; l'institué pourra-t-il se prévaloir de l'article 918, qui présume dans ce cas que l'aliénation cache une véritable libéralité? Pourra-t-il demander la nullité de cet acte? Non: ce serait étendre hors de ses termes une disposition toute spéciale, une présomption légale qui n'est écrite que pour garantir les droits des héritiers réservataires; l'article 918 est tout à fait étran-

---

[1] Introduction au titre XVII de la Coutume d'Orléans, appendice, § 2, n° 26, (t. I. p. 538).

[2] Requêtes, 15 novembre 1836. — Dalloz, J. G., *Dispositions entre-vifs*, n° 1070. — Riom, 4 décembre 1810. — D., *eodem loco*.

ger à notre matière. Du reste, il ne faut pas confondre
avec cette hypothèse celle où l'institué demanderait à
prouver, ainsi qu'il a incontestablement le droit de l'établir, que l'aliénation consentie moyennant une rente viagère est une libéralité déguisée.

L'instituant peut contracter des emprunts et des obligations quelconques; il peut plaider, transiger, faire le
commerce et s'associer; il a la faculté d'hypothéquer ses
biens et de les grever de servitudes. On ne saurait cependant admettre que ses pouvoirs aillent jusqu'à agir de mauvaise foi et en haine de l'institution. S'il en était ainsi,
les institués auraient-ils le droit de faire annuler les
actes faits par l'instituant? Nous croyons qu'ils le pourraient, à condition qu'ils établissent la complicité des tiers
qui auraient traité avec l'instituant ; il faudrait d'ailleurs
mettre la plus grande réserve à prononcer cette nullité.

On voit que l'institution contractuelle, quoique irrévocable en ce sens que le donateur ne peut pas disposer à
titre gratuit, est loin cependant d'assurer au donataire
tout ou partie du patrimoine de l'instituant. Aussi cher-
che-t-on quelquefois à garantir plus efficacement les
droits du donataire. Quel serait l'effet de la clause par
laquelle l'instituant s'interdirait la faculté de disposer à
titre onéreux des biens compris dans l'institution ? Nous
n'hésiterions pas à la déclarer nulle ; les régles de l'institution contractuelle doivent être suivies d'une manière
d'autant plus rigoureuse, qu'il s'agit d'une exception aux
principes généraux. La clause en question n'est-elle pas
un pacte sur succession future frappé de nullité par les
articles 791 et 1130 ! Or, il n'est pas permis de faire

d'autres dérogations à la prohibition des pactes sur successions futures que celles qui sont formellement exprimées dans les articles 1082 et 1083. Nos anciennes coutumes réservaient formellement le droit d'aliéner à titre onéreux, et, sans aucun doute, on eût déjà déclaré nulle la clause par laquelle le donateur eût renoncé à cette faculté[1]. Ajoutons que, d'après le projet du Code, l'instituant pouvait s'interdire, en tout ou en partie, la faculté d'aliéner ses biens à titre onéreux; cette disposition ne se retrouve plus dans la rédaction définitive : évidemment, c'est pour rester fidèles à la doctrine coutumière que les rédacteurs du Code ont supprimé la dernière partie de l'article 1083 (art. 148 du projet).

SECTION II

Effets de l'institution contractuelle à l'égard de l'institué

§ I. — DROITS DE L'INSTITUÉ PENDANT LA VIE DE L'INSTITUANT

La position de l'institué est beaucoup plus difficile à préciser que celle de l'instituant, et cette question a amené des divergences assez notables dans la doctrine et dans la

---

[1] Pothier, Introduction au titre XVII de la coutume d'Orléans, appendice, § 2, n° 26. — MM. Aubry et Rau, t. VI, p. 262 et 263. — M. Demolombe, *Donations et testaments*, t. VI, n° 344, p. 341-343. — Riom, 4 décembre 1810. — Dalloz, J. G., *Dispositions entre-vifs*, n⁰ˢ 2070 et 2071. — En sens contraire, Toulouse, 18 janvier 1820. — J. G., *eodem loco*. n° 2074.

jurisprudence. Il nous semble que l'institué est, du jour même de l'institution, *investi irrévocablement d'un droit éventuel à la succession de l'instituant*[1]. En effet, on ne peut nier que l'institué ait un véritable droit à la succession et non pas seulement une espérance, comme l'ont prétendu certains auteurs[2]. M. Jaubert disait dans son rapport au Tribunat : « Il faut distinguer le titre et l'émolument. Le titre est irrévocable... Mais, quant à l'émolument, il ne pourra être véritablement connu qu'au décès »[3]. L'institué a un droit successif, droit subordonné, il est vrai, tant au décès de l'instituant qu'à la survie de l'institué, droit dont les objets ne seront déterminés qu'au moment où arrivera ce décès; mais ce droit diffère notablement de celui d'un héritier ordinaire, puisqu'il est à peu près garanti contre toutes les dispositions à titre gratuit.

Est-il vrai qu'on puisse considérer l'institué comme un héritier *réservataire* des biens, pour lesquels il a été institué? Cette assimilation n'est pas parfaitement exacte; car on ne peut pas dire que le droit du réservataire existe du vivant du *de cujus*. Ce qui le prouve, c'est qu'une loi pourrait, sans violer le principe de la non-rétroactivité des lois, enlever au réservataire l'expectative de la réserve, tandis qu'il faudrait certainement faire rétroagir une loi pour révoquer le droit de l'institué déjà établi au moment de la promulgation.

---

[1] M. Demolombe, *Donations et testaments*, t. VI, n° 309, p. 336 et 337.
[2] Toullier, t. V, 835. — Favard de Langlade, Répertoire, V° Institution contractuelle.
[3] Locré, *Législation*, t. XI, p. 481.

Il faut donc dire que, du jour du contrat, l'institué est investi d'un *droit éventuel de succession*. Mais MM. Aubry et Rau vont trop loin, quand ils disent : « Quelle est la nature du droit de l'institué : c'est évidemment un *droit de propriété*, lequel ne porte toutefois que sur des *biens à venir*, c'est-à-dire sur des biens qui n'existeront comme matière de ce droit que lors de l'ouverture de la succession de l'instituant[1]. » D'après ces auteurs, la propriété de l'institué ne frappe pas des biens actuellement déterminés, mais des *biens à venir*. Si le droit est conditionnel quant à son ouverture, il ne l'est pas dès le jour du contrat quant aux objets auxquels il s'applique ; il est simplement *éventuel :* aussi la transmission de propriété ne s'opère-t-elle au profit de l'institué qu'au moment où décède l'instituant, et lorsque ses biens deviennent biens héréditaires. Il s'ensuit que cette transmission ne s'accomplit pas avec rétroactivité, comme cela aurait lieu, s'il s'agissait d'un droit simplement conditionnel.

Tel est le système de MM. Aubry et Rau. Mais il nous semble que les savants commentateurs de Zachariæ vont trop loin ; il nous paraît impossible de dire que l'institué a du vivant de l'instituant un droit de propriété abstrait, qui n'est ni actuel, ni conditionnel ; nous ne pouvons pas comprendre qu'on puisse être propriétaire d'une hérédité du vivant même du *de cujus*. On aura beau amonceler les subtilités ; on ne parviendra pas à détruire cette idée si simple.

[1] T. VI, p. 263.

— L'institué pourrait-il, du vivant même de l'instituant, céder son droit ? MM. Aubry et Rau se fondant sur la nature du droit de l'institué, lui reconnaissent sans hésiter cette faculté ; il ne s'agit par ici, disent-ils, d'un pacte sur succession future et les articles 791, 1130 et 1600 ne peuvent trouver dans ce cas leur application ; car, bien différent du droit de l'héritier ordinaire, le droit de l'institué est actuel et irrévocable, si on le considère abstraction faite des objets auxquels il ne s'applique qu'éventuellement. Aussi MM. Aubry et Rau reconnaissent-ils encore à l'institué le pouvoir de renoncer à exercer son droit au détriment d'un tiers intéressé à accepter une pareille renonciation ; cet acte ne détruit pas la faculté qui appartient à l'institué d'accepter ou de répudier la succession de l'instituant ; il exercera cette faculté au décès du donateur. Mais il faut, d'après le système que nous exposons, que le tiers au profit duquel intervient la renonciation ait lui-même un droit actuel et irrévocable : tel serait un donataire de biens présents ou même un donataire de biens à venir gratifié par l'instituant postérieurement à la première institution. On ne peut pas dire qu'il y ait de la part de ce donataire un pacte sur succession future ; en effet, il assure dans ce contrat un droit déjà né en sa faveur et irrévocable : cet acte ne tombe donc pas sous le coup des articles 791, 1130 et 1600. Il en serait autrement, si la renonciation avait lieu au profit des héritiers *ab intestat* de l'instituant ; car ce n'est qu'en raison de l'expectative de la succession que ces personnes traiteraient avec l'institué : dès lors, ce contrat constituerait bien une stipulation sur succession future et serait frappé de nullité en vertu des articles que nous avons cités.

Une question qui paraît plus délicate à MM. Aubry et Rau est celle de savoir, s'il faudrait maintenir la renonciation faite par l'institué au profit de l'instituant lui-même. Ils remarquent d'abord que l'instituant n'a personnellement aucun intérêt à faire une semblable stipulation ; car la restriction, qui est mise à sa faculté de disposer de ses biens, ne produit jamais ses effets de son vivant ; les actions en nullité fondées sur l'article 1083 ne compétent aux institués qu'après le décès de l'instituant. Ce ne serait donc que pour maintenir après lui des libéralités entre-vifs ou testamentaires, que l'instituant stipulerait la révocation de l'institution contractuelle, ou bien pour faire parvenir à ses héritiers *ab intestat* les biens dont il les a privés par l'institution contractuelle. Dans l'un et l'autre cas, l'instituant ne stipule-t-il pas sur une succession future, la sienne propre ! Et d'un autre côté, l'institué lui-même ne renonce-t-il pas par un pareil acte et par anticipation à la succession de l'instituant ! C'est par ces motifs que MM. Aubry et Rau admettent la nullité d'un pareil contrat.

Nous avons exposé dans leur ensemble les conséquences que les commentateurs de Zachariæ tirent de leur système sur la nature du droit de l'institué. Mais nous ne pouvons accepter cette doctrine, et nous n'hésitons pas à suivre l'opinion de M. Demolombe[1], et à admettre que l'institué ne peut jamais du vivant de l'instituant céder

---

[1] *Donations et testaments*, t. VI. nº 324, p. 348-351.

son droit ni y renoncer. Il nous paraît évident qu'on ne peut, quoi qu'on fasse, écarter l'application des articles 791, 1130 et 1600, qui défendent de renoncer à la succession d'une personne vivante, et d'aliéner les droits éventuels qu'on peut avoir à cette succession. Or, c'est bien un droit éventuel à la succession d'un homme vivant, que l'institué aliénerait, ou auquel il renoncerait. Qu'importe que ce droit dérive d'un contrat, qu'il soit irrévocable! Ces considérations, ces modifications du droit n'en changent pas la nature. Le texte de la loi prohibe donc d'une manière absolue les conventions dont il est question.

A un autre point de vue, on peut ajouter que la renonciation ou la cession faite par l'institué constituerait certainement une modification, un changement du contrat de mariage prohibé par l'article 1395. D'ailleurs, les motifs qui ont inspiré les dispositions des articles 791, 1130 et 1600, peuvent incontestablement trouver ici leur application; les contrats dont il est question ne présentent-ils pas en effet tous les caractères d'incertitude, tous les dangers de spéculation et d'immoralité qui ont frappé le législateur et l'ont amené à prohiber les pactes sur successions futures? La jurisprudence paraît se fixer dans le sens de la doctrine que nous adoptons[1].

— Nous avons dit que l'institué, quoique investi irrévocablement d'un droit éventuel à la succession de l'instituant, ne devient propriétaire des biens qui en sont l'ob-

---

[1] Dalloz, J. G., *Contrats de mariage*, 330; *Dispositions entre-vifs et testamentaires*, 2099, 2326; *Obligations*, 447. — Lyon, 16 janvier 1838, et sur pourvoi, Civ. Req., 16 août 1841, J. G., *Obligations*, 447.

jet qu'au décès de l'instituant. Nous pouvons tirer de ce principe quelques conséquences touchant les pouvoirs de l'institué du vivant de l'instituant. Il est certain d'abord que l'institué ne peut pas, avant le décès de l'instituant, disposer à titre onéreux ou à titre gratuit des biens qu'il doit recueillir en vertu de l'institution. Les hypothèques conventionnelles, légales ou judiciaires, qui frappent le patrimoine de l'institué, ne grèvent les biens compris dans l'institution qu'à dater du décès de l'instituant[1] ; cette règle s'applique même à l'hypothèque légale de la femme.

Enfin, l'institué ne peut pas, durant la vie de l'instituant, poursuivre l'annulation des actes à titre gratuit par lesquels ce dernier aurait disposé des biens compris dans l'institution ; il ne lui serait pas même permis de prendre des mesures conservatoires relativement à ces mêmes biens. On peut justement comparer à ce point de vue, c'est-à-dire quant aux biens qui forment l'objet de l'institution, la position de l'institué et de l'héritier réservataire. Le droit de l'un et de l'autre porte sur des biens à venir, c'est-à-dire sur des biens héréditaires ; on ne peut donc pas comprendre qu'il s'exerce alors que les biens n'ont pas encore revêtu le caractère qui seul les fait tomber sous le coup du droit. Aussi ne peut-on permettre ni à l'un ni à l'autre de prendre des mesures conservatoires. C'est encore pour cette raison que nous ne pouvons pas admettre que le droit de l'institué ait un effet rétroactif, quand il s'ouvre au décès de l'instituant ; en effet, les

---

[1] Bordeaux, 22 février 1827. — Dalloz, J. G., *Dispositions entre-vifs*, 2104.

biens compris dans l'institution sont des biens héréditaires, et on ne saurait les atteindre à un moment où ils n'avaient pas encore ce caractère.

Mais, nous dira-t-on, pourquoi, si le droit de l'institué ne s'exerce pas rétroactivement, annuler les dispositions à titre gratuit faites par l'instituant? Le motif de cette disposition de l'article 1083 ne se trouve certainement pas dans une idée de rétroactivité du droit de l'institué ; il est dans une véritable fiction, par laquelle la loi considère encore comme biens héréditaires et comme n'étant pas sortis du patrimoine de l'instituant, les biens aliénés à titre gratuit. C'est par suite de la même fiction que la loi permet à l'héritier réservataire d'exercer contre les tiers-détenteurs une action en réduction, lorsque le *de cujus* a disposé à titre gratuit de ses biens au détriment de la réserve (art. 930).

§ II. — Droits de l'institué après le décès de l'instituant

Quand survient le décès, l'institué devient propriétaire des biens qui forment l'objet de l'institution ; mais il peut répudier la succession de l'instituant, alors même qu'il aurait formellement accepté dans son contrat de mariage l'institution contractuelle ; car il n'a accepté que la disposition telle qu'elle lui était faite et non pas une succession qui n'était pas encore ouverte. L'institué peut accepter purement et simplement ou sous bénéfice d'inventaire.

L'institué jouit-il de la saisine héréditaire comme un

héritier légitime ? Nous ne le pensons ; as ; il faut appliquer en cette matière la disposition de l'article 1006 et
ne déclarer l'institué saisi que lorsque la donation est
universelle et qu'il n'existe pas d'héritiers à réserve.
C'est, en effet, une tradition de notre ancien droit coutumier de faire de l'institué contractuel un héritier testamentaire saisi. Pothier disait dans son introduction au
titre des successions : « L'institution contractuelle, en
tant qu'elle est institution d'héritier, a les mêmes effets
que l'institution testamentaire dans les provinces où
elle est admise..... L'héritier contractuel étant un vrai
héritier, lorsqu'il accepte la succession, il en est censé
saisi, de même que tout autre héritier, dès l'instant de la
mort de l'instituant suivant la règle : le mort saisit le vif ;
et il peut se mettre en possession de tous les biens qui en
dépendent, sans en demander aucune délivrance[1] ».
Nous ne voyons aucune raison sérieuse de ne pas suivre
ces règles coutumières, en tant que notre Code le permet ;
nous étendons donc la disposition de l'article 1006 aux
institués contractuels.

Mais les institués contractuels, qui ne sont pas saisis,
sont-ils tenus de former une demande en délivrance,
comme les légataires non saisis, pour avoir droit aux fruits
et pour pouvoir exercer contre les tiers les actions relatives aux biens compris dans l'institution ? M. Demolombe[2] et MM. Aubry et Rau[3] soutiennent que, si les

---

[1] Introduction au titre XVII de la Coutume d'Orléans, appendice, § 2,
n° 23 (t. I, p. 536).

[2] *Donation et testaments*, t. VI, n° 334, p. 359-362.

[3] T. VI, p. 267 et 268.

institués n'ont pas la saisine *légale*, ils ont la saisine *contractuelle* que leur a conférée l'instituant. C'est ce système qui est généralement suivi par la pratique[1]. Ordinairement on se borne à faire aux héritiers du donateur une simple sommation au nom des institués ; mais, même avant cette sommation, on admet ces derniers à former contre les héritiers ou contre les tiers toutes les actions possessoires ou pétitoires relatives aux biens compris dans l'institution ; en outre, on leur reconnaît le droit aux fruits et intérêts à compter du jour de l'ouverture de la succession. Mais, à notre avis, cette solution est fort critiquable; il nous paraît plus juridique d'assimiler complétement les institués contractuels aux légataires et de les soumettre à l'obligation de demander la délivrance, quand ils ne sont pas saisis[2].

— Après le décès de l'instituant, l'institué est autorisé à faire rétracter les actes de disposition à titre gratuit faits par le donateur. L'action qui lui appartient est plutôt une action en restitution qu'une action en nullité; en effet, l'institué, comme l'héritier réservataire, réclame certains biens comme n'étant pas à son égard sortis du patrimoine. Nous n'hésitons donc pas à appliquer à cette action les mêmes règles qu'à l'action en réduction ouverte au réservataire pour faire réduire les libéralités qui excèdent la quotité disponible. Elle peut donc être exercée non-seulement contre les donataires, mais encore contre les tiers-détenteurs (art. 930). Elle a pour effet

---

[1] Dalloz, J. G., *Dispositions entre-vifs*, n° 2106.
[2] V. en ce sens Duranton, t. IX. n°ˢ 719 et 720

de faire évanouir toutes les servitudes et hypothèques établies sur les biens donnés par les donataires ou les tiers-détenteurs (art. 929). Cette action se prescrit par trente années, qui commencent à courir au jour de l'ouverture de la succession de l'instituant.

— Quant aux obligations des institués contractuels relativement aux dettes héréditaires et charges de la succession, autres que les legs, nous croyons qu'il faut faire l'assimilation la plus complète entre eux et les légataires. En ce qui concerne les legs, l'institué n'est tenu d'acquitter que ceux qui sont valables à son égard d'après la disposition de l'article 1083. Pothier disait déjà : « Le donataire des biens que le donateur laissera lors de son décès, ou d'une quotité de ces biens, est tenu, pour la part dont il est donataire, de toutes les dettes qui se trouvent lors du décès du donateur, et des frais funéraires ; car *les biens qu'il laissera lors de son décès* renferment la charge de toutes ses dettes et des frais funéraires. Mais il ne sera pas tenu des legs ; car il ne doit pas être au pouvoir du donateur de diminuer l'effet de sa donation par des legs [1]. » Et, dans son introduction au titre des successions de la coutume d'Orléans, le grand commentateur, après avoir assimilé l'institué contractuel à l'héritier institué des pays de droit écrit, déclarait qu'il était tenu de payer les dettes *in infinitum*. « Il (l'institué) succède, de même que tout autre héritier, en tous les droits actifs et passifs du défunt, disait-il, et par conséquent il est tenu des dettes de la succession, même

____

[1] *Successions,* ch. v, art. ii, § 3 (t. VIII, p. 208.)

ultrà vires, s'il n'a pas eu recours au bénéfice d'inventaire [1]. » Telle est la tradition coutumière. Du reste, nous croyons avoir établi que l'obligation aux dettes n'est plus, dans notre droit actuel, comme en droit coutumier, une conséquence de la représentation parfaite de la personne [2]; nous admettons donc que l'institué contractuel est tenu des dettes *ultrà vires*, comme le légataire universel et le successeur irrégulier. D'ailleurs, on peut bien dire qu'il existe dans le Code une disposition formelle à l'égard de l'institué contractuel; c'est l'art. 1085 *in fine*, qui dit : « en cas d'acceptation..... il sera soumis au paiement de *toutes* les dettes et charges de la succession. »

[1] Introduction au titre XVII; Appendice, § 2, n° 23 (t. I, p. 536).
[2] V. plus haut, p. 230 et suiv.

POSITIONS

I. La succession testamentaire est antérieure à la succession *ab intestat.* — P. 1 et 100.

II. L'*usucapio pro herede* a son origine dans la possession des biens qui restait aux membres de la famille, lorsqu'il n'existait pas de testament. — P. 2 et 100.

III. Les règles du droit civil et celles du préteur relatives à l'institution ou à l'exhérédation des descendants n'eurent pas pour résultat de violer directement la règle : *nemo partim testatus, partim intestatus decedere potest* ; il n'en fut pas de même de la *querela inofficiosi testamenti.* — P. 8.

IV. La loi 16 pr., au Code *de jure deliberandi* (VI, 30), n’innove pas en ce qui concerne le terme de l’*infantia* ; cette constitution de Théodose le Jeune et Valentinien a pour objet d’étendre à l’adition d’hérédité la représentation du pupille *infans* par son tuteur. — P. 60.

V. Il n’est pas possible d’expliquer logiquement toutes les applications de la règle *memo partim testatus, partim intestatus decedere potest ;* il est probable que cette règle n’eut pas à l’origine toute l’extension, qui lui fut donnée dans le dernier état du droit. — P. 4.

VI. Dans la loi 25, § 17, au Digeste *de hereditatis petitione* (v, 3), Ulpien prévoit les diverses hypothèses qui peuvent se présenter, quand le possesseur de l’hérédité a aliéné une chose héréditaire ou a reçu un paiement d’un débiteur de l’hérédité. — P. 102.

VII. Cette phrase de la loi 78 pr. au Digeste de *heredibus instituendis* (xxviii, 5) *: interpositis propter actiones cautionibus*, a trait aux stipulations que le juge de l’action *familiæ erciscundæ* faisait intervenir entre les cohéritiers, pour assurer à chacun d’eux tout l’émolument et lui faire incomber toutes les charges du patrimoine distinct que lui avait assigné le testateur. — P. 115.

DROIT FRANÇAIS

I. La saisine héréditaire est l'investiture légale qui fait de l'héritier le représentant juridique de la personne du défunt. — P. 137.

II. L'héritier n'est pas saisi sous la condition suspensive de son acceptation. — P. 145.

III. La prescription établie par l'article 789 confirme la saisine de l'héritier, qui est resté dans l'inaction pendant trente années. — P. 150.

IV. La saisine n'est ni collective ni solidaire. — Elle est successive. — P. 160.

V. Les successeurs irréguliers et les légataires universels ou à titre universel sont tenus des dettes héréditaires *ultrà vires*. — P. 230.

VI. Le légataire à titre universel a droit aux fruits à partir du décès, s'il a formé sa demande en délivrance dans l'année. — P. 227.

VII. L'article 1072 n'a trait qu'à la transcription de la substitution, et non à la transcription de la donation faite en faveur du grevé; cet article s'applique au grevé lui-même, à ses héritiers ou successeurs universels, et à ses ayants cause à titre gratuit. — P. 258.

VIII. La prescription court contre le grevé au profit des tiers avant l'ouverture de la substitution, quand ces tiers ne tiennent pas leurs droits du grevé. — P. 269.

IX. Les appelés ont droit aux fruits à partir du jour de l'ouverture de la substitution ; ils n'ont à former aucune demande en délivrance. — P. 274 et 291.

X. Le prédécès ou l'incapacité du grevé, qui rend caduc le legs en premier ordre, n'entraîne pas la caducité de la substitution, qui reste efficace en tant que disposition directe. — P. 279.

XI. La renonciation du grevé au legs qui lui a été fait n'entraîne pas la caducité de la substitution fidéicommissaire, qui reste efficace comme telle. — P. 282.

XII. Les appelés vivant à la mort du grevé ont droit aux biens substitués à l'exclusion des successeurs de l'appelé, auquel a profité la restitution volontaire faite par le grevé et qui est décédé avant le grevé sans laisser de postérité. — P. 288.

XIII. Les tiers, qui ont acquis du grevé un immeuble faisant partie des biens substitués, ne commencent à prescrire contre les appelés qu'au moment de l'ouverture de la substitution. — P. 269 et 294.

XIV. La clause d'*association* est prohibée par le Code civil. — P. 300.

XV. L'institué ne peut pas, du vivant de l'instituant, céder son droit ni y renoncer. — P. 312.

XVI. L'institué ne jouit pas de la saisine héréditaire ou contractuelle. — P. 317.

HISTOIRE DU DROIT

La maxime coutumière : *le mort saisit le vif*, a son origine dans la réaction qui s'opéra contre la nécessité de l'investiture féodale; elle est posée d'abord pour la succession des alleux et des terres roturières ou vilainages, et plus tard pour celle des fiefs.

DROIT INTERNATIONAL

I. L'article 2 de la loi du 14 juillet 1819 est applicable, lorsque l'exclusion totale ou partielle, qui frappe les Français appelés à succéder en pays étranger en concours avec des étrangers, a pour cause non pas la qualité de Français, mais le sexe, l'âge ou le degré de parenté.

II. La femme française séparée de corps ne peut pas se faire naturaliser en pays étranger sans l'autorisation de son mari.

DROIT ADMINISTRATIF

I. Le propriétaire auquel un établissement industriel, même autorisé, cause un préjudice appréciable, de quelque nature qu'il soit, peut réclamer des dommages-intérêts, et l'autorité judiciaire est dans tous les cas compétente pour statuer à cet égard.

II. Les ouvrages établis par les propriétaires riverains des rues et places, conformément à la destination de la voie publique, constituent au profit des bâtiments adjacents une servitude, dont l'administration ne peut pas gêner l'exercice, et qu'elle ne peut pas à plus forte raison supprimer.

PROCÉDURE CIVILE

I. L'ordonnance d'envoi en possession d'un légataire universel n'est susceptible d'aucune voie de recours.

II. Les immeubles par destination dépendant d'un immeuble saisi sont compris dans l'adjudication, alors même qu'il n'en est fait mention ni dans le procès-verbal de saisie, ni dans le cahier des charges.

DROIT CRIMINEL

I. Lorsque deux personnes sont poursuivies à raison d'un seul et même fait, l'une comme auteur principal, l'autre comme complice, et qu'il est décidé que la première n'est pas coupable, il peut être jugé contre la seconde tout à la fois que le fait matériel du crime ou du délit existe et qu'elle s'en est rendue complice.

II. La personne, qui concourt directement à la consommation d'un suicide, se rend coupable d'un meurtre.

DROIT COMMERCIAL

La femme d'un commerçant n'a pas d'hypothèque légale sur les portions d'immeubles acquises par son mari pendant le mariage, soit dans un partage moyennant une soulte, soit en suite de licitation moyennant un prix, alors même que le mari était copropriétaire de ces immeubles avant le mariage.

VU :

Le Doyen de la Faculté.
G. COLMET D'AAGE.

VU :

Le Président de la thèse,
ALBERT DESJARDINS.

VU ET PERMIS D'IMPRIMER :
Le Vice-Recteur de l'Académie de Paris,
A. MOURIER.

TABLE DES MATIÈRES

DROIT ROMAIN

DES DIFFÉRENTES CLASSES D'HÉRITIERS
DE LA DÉLATION ET DE L'ACQUISITION DE L'HÉRÉDITÉ
TESTAMENTAIRE

DROIT FRANÇAIS

DE LA TRANSMISSION DE L'HÉRÉDITÉ
DE LA SAISINE HÉRÉDITAIRE. — DE L'ENVOI EN POSSESSION
DE LA DEMANDE EN DÉLIVRANCE

PREMIÈRE PARTIE

Successeurs ab intestat.

DEUXIÈME PARTIE

Successeurs testamentaires.

TROISIÈME PARTIE

Substitués fidéicommissaires.

QUATRIÈME PARTIE

Institués contractuels.

LYON. — IMP. PITRAT AÎNÉ, RUE GENTIL, 4.

LYON. — IMPRIMERIE PITRAT AÎNÉ, RUE GENTIL, 4.

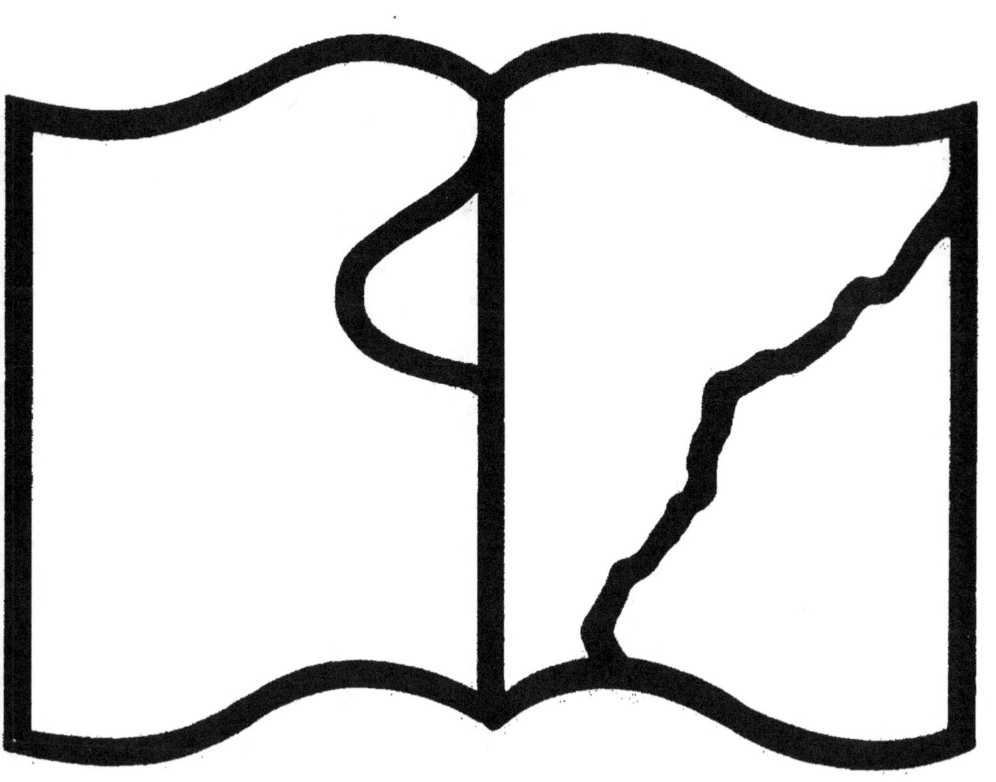

Texte détérioré — reliure défectueuse

NF Z 43-120-11